紛争化させられる過去

紛争化させられる過去

橋本伸也 編
Nobuya Hashimoto ed.

アジアとヨーロッパにおける歴史の政治化

岩波書店

はじめに——紛争化させられる過去

橋本伸也

二〇一六年五月二七日、当時のアメリカ合衆国大統領バラク・オバマは広島を訪問し、原爆慰霊碑に献花するとともに、みずから八歳で被爆しながら、長く米兵捕虜の被爆者のことを調べ続けてきた森重昭氏の肩を抱き寄せた。この感動的な光景は「歴史的抱擁」として大きく報じられた。それから半年余、年の瀬も迫った一二月二八日(日本時間)には、米大統領による広島訪問への答礼のごとくに、日本国内閣総理大臣安倍晋三がハワイの真珠湾を訪問し、オバマ大統領と並んで日本軍による真珠湾攻撃の犠牲者に慰霊の献花を行った。これらは、「ヒロシマ・ナガサキ」の記憶と「パール・ハーバー」の記憶へと引き裂かれてきた両国の戦争記憶に「平和」と「和解」が訪れたものと解された。年も明けて一月五日には宝島社が、全国主要五紙などの見開き二ページ全面を使って真珠湾攻撃時の上空からの写真と原爆によるきのこ雲の写真とを並列させ、「忘却は、罪である。」との企業広告を打った。そこには、「人間は過ちを犯す。しかし学ぶことができる。世界平和は、人間の宿題である。」とのキャプションが添えられていた。歴史の教訓に学び恩讐を越えて和解をめざす両国首脳の叡智を讃える意図が込められているように見えた。トランプ政権成立とともにたちまち雲散霧消し、もはや誰も顧みなくなっているとはいえ、この当時の日本の報道ぶりは、日米両国の歴史的和解の一色に染め上げられていた。

平和と和解を讃える声に異を差し挟むのはいささか憚られるとはいえ、これらは、なんとも落ち着きの悪い、摩訶不思議な光景であった。いかにも唐突であるだけでなく、悪ふざけが過ぎるとの感もないではない。もちろん両国の歴史意識のあいだにズレや軋轢が皆無というわけではない。真珠湾攻撃と原爆が両者間のズレの最たるものであることは、周知のとおりである。だが、単独占領から日米安保体制へと形を変えながらも、戦争終結から七〇年余にわたって事実上の宗主国と従属国としか呼びようのない関係を構築し維持してきたアメリカと日本とのあいだの「和解」とはいったいなになのか。盟主の要求のままに沖縄の空と森と海を差し出すことにまったくためらいを覚えぬ日本政府は、ことさらに和解を必要とするほどの緊張関係をアメリカとの間に抱えてきたのか。すでに全世界を想定した緊密な軍事同盟関係を誇ってきた両国が、いまさらそのような演出をすることにいったいどのような意味があるのか。そもそもオバマ大統領はなにを思い立って広島を訪問したのだろうか。原爆投下への謝罪が目的ではないことが、こともあろうに日本政府側から何度も強調されたが、そうだとしたらこの訪問にはどんな意図がこめられていたのか。就任時に掲げた「核なき世界」の理想を、退任を前に再度世界に呼びかけるためというような説明が流布されたとはいえ、幾分かの真実が込められているにしても、とてもそのまま真に受けられるようなものではない。少しばかり立ち止まって眺めてみると、あまりにも不可解なことだらけである。

ほとんど誰からも注目されていないが、オバマ大統領の広島訪問の隠された一因には、原爆投下をめぐる国際政治上のさやあてと揺さぶり、すなわち、オバマ政権とプーチン政権のもとで緊張の度を極度に深めた米露関係、とりわけ、「ヒロシマ・ナガサキ」によって象徴されるアメリカの戦争犯罪を国際法廷の場で糾すよう呼びかけたロシアによる執拗な歴史政治キャンペーンへの対応があったものと推察される（念のため、それが唯一の決定的原因だと主張したいわけではない）。ウクライナ問題をめぐる包囲網に表向き加わりながらも、「領土」問題を巧みに操ったロシアからの秋波に飛びつく一方、「歴史認識」問題でオバマ政権とギクシャクする日本の政治を翻弄する深慮遠謀も、そこには介在したのかもしれない。拙著『記憶の政治――ヨーロッパの歴史認識紛争』（岩波書店、二〇一六年）でも論じたとおり、実はここ数年、「ヒロシマ・ナガサキ」は、ユーラシア大陸をまたにかけた歴史と記憶をめぐる強面の政治を展開するプーチン政権の手で、最重要の争点のひとつとして浮上させられ、これにはイランの最高指導者ハーメネイー師も呼応していた。当事者であるはずの日本国家はまったく顧みてこなかったにもかかわらず、原爆投下の戦争責任／戦争犯罪を問いただす動きが新冷戦の囁かれる対立状況下に生まれていた。

ここではその経緯の詳述は控えるが、考えてみたいのは、このような過去をめぐる政治ショーが世界規模で繰り広げられる現代的な文脈である。この文章を書いているまさにそのさなかに進展した朴槿恵韓国大統領の罷免・逮捕による空文化が避けられないだろうし、それがさらに新たな紛争要因となることも容易に予想されるとはいえ、安倍首相のハワイ訪問のちょうど一年前に繰り広げられた従軍「慰安婦」問題をめぐる「最終的かつ不可逆的な解決」合意ももちろん同根である(さらに一年を経て、二〇一七年の年末には実際、再紛争化の気配が濃厚になった)。どうしてかくも軽々しく過去のできごとが政治家によって取り上げられるのか。悲劇的な過去が政治的資源としてしばしば思慮を欠いたまま安易に動員され、無造作に費消されるその様相をこそ問う必要がある。むろん、問われるべきはバラク・オバマや朴槿恵と安倍晋三の演じた「和解」の物語だけではない。近年のグローバルな政治の場を彩るのは、世界の各所で過去が政治化され紛争化させられる実にさまざまの局面である。そこには空々しく映る和解の物語もあれば、胸を痛めずにはおられないような対立と紛争の構図もある。もちろん、大量殺戮や人権侵害を生んだ過去に正面から向き合おうとする真摯な努力も多くの国や地域に存在した。そして、先に述べた二つの事例はともに、和解と紛争という一見相反する事態が、実は同一次元上にあって複雑に絡み合っていることを、はしなくも明るみに出している。現代は、過去が政治化され紛争化させられる時代なのである。

言うまでもなく、過去の恣意的な政治利用自体は現代に固有のできごとではない。歴史なるものが国家や集団のアイデンティティと強固に結びつき、近代歴史学(国民史)自体が国民国家による統合の政治とともに誕生したものである以上、むしろこれは陳腐である。だが、冷戦体制が揺らぎ始める頃からの各国の国際・国内政治の展開を見た時に、これまでとは異なる新たな局面が現れており、過去をめぐる政治のあり方が新たな段階に突入したことはまちがいない。日本も関与した上の二例にとどまらず、アメリカ合衆国が第二次世界大戦下の日系人の強制収容に謝罪・賠償し、リヴァプール市議会が奴隷貿易の過去について謝罪決議をあげ、ローマ教皇ヨハネ・パウロ二世が、第一次ヴァチカン公会議以来の不可謬性ドグマにもかかわらず、古来カトリック教会の行った数々の不正義を認め、さらには、ながく抑圧されてきた第二次世界大戦期とその直後の犠牲者としてのドイツ人の記憶が公然と語られるようになったことなどを見るにつけ、この四半世紀余のあいだに進展した歴史と記憶をめぐる政治の前景化には瞠目すべきものがある。謝罪による和解を求める道にせよ、過去のできごとの正当性を弁証する意思の激突による紛争化にせよ、公的な場面における過去の取り扱い方は、従前とは異なる様相を帯びるようになってきた。そうした変化から四半世紀余を隔ててポスト・トゥルースが公然と語られ、露骨な力の政治が振るわれるにいたった現在はさらに新たな段階に突入しているようにも見えるが、こうした最新の動向はそれまでの変化への洞察を抜きにしては理解しがたいものであろう。

本書は、こうした現代の国際関係と政治の焦点としての過去の取り扱いのはらむ問題性を、記憶と歴史の政治化と紛争化という視点から多角的に論じようとするものである。本書を編む前提となったのは、国際共同研究「東中欧・ロシアにおける歴史と記憶の政治とその紛争」(二〇一三―一五年度日本学術振興会科学研究費助成事業・基盤研究B・課題番号二五二八四一四九、研究代表者・橋本伸也)が主催した国際会議「記憶と歴史の政治とその紛争――東西ユーラシアの比較と対話」(二〇一五年一一月二八日・二九日、関西学院大学文学部)である。この会議は、東中欧諸国とロシアを対象に取り組んできた「歴史と記憶の政治とその紛争」という主題をより広域的な文脈のうえに据え直して、東アジアにおける歴史認識をめぐる紛争と、ヨーロッパ東部におけるそれとを対比的、相互連関的に考察することを試みたもので、韓国・ロシア・エストニア・ポーランド・アメリカから招聘した六人の外国人共同研究者と日本の研究者とが二日間にわたって報告と討論を行った。本書の序章のもととなった基調講演を引き受けてくださったのは、ノースカロライナ大学教授で大西洋をまたいで活動するドイツ現代史の泰斗、コンラート・ヤーラオシュ先生である。ユーラシア大陸の東西における歴史と記憶をめぐる紛争を共通する次元の問題として取り上げる必要性は、もっぱら東アジアにおける紛争の深刻さと和解の立ち遅れをヨーロッパとの対比によって強調しがちの日本的理解ではこれまでまったく欠落した視点であった。だが、この国際会議を通じて、具体的な様相や構図はおおいに異なるとはいえ、両者が共軛可能な同一次元にあるとの認識が参加者のあいだで共有されたのは大きな成果であった。ロシアを含むヨーロッパ東部における歴史と記憶をめぐる政治化と紛争化の様相それ自体については、本書の姉妹編として日本人研究者が執筆した橋本伸也編『せめぎあう中東欧・ロシアの歴史認識問題――ナチズムと社会主義の過去をめぐる葛藤』(ミネルヴァ書房、二〇一七年)を刊行して、より多岐にわたる地域を対象とした検討を加えてきた。中欧やバルカンも含めて、ヨーロッパ東部で観察されたとても一様には描き出せない複雑で深刻な様相についてはそちらを参照していただきたい。それにたいして本書では、国際会議の成果を踏まえつつ、東アジアと東ヨーロッパがそれぞれに抱える問題状況を提示するとともに、これらの経験が埋め込まれた世界的な構図を捉えることを課題とした。

そのために本書では、国際会議の報告者とコメンテイターがその場での議論を踏まえて加筆・修正し、あるいは新たに執筆した論考を掲載したのに加えて、会議の場では扱わなかったフランス、オーストラリア、東南アジアを舞台とした歴史・記憶政治を研究してきた日本の第一線の歴史研究者に委嘱して、同時代的に進展した歴史と記憶をめぐる政治化と紛争化の様相をより多岐にわたる事例に即して提示し、理解に厚みを加えることをめざした。その際、本書の表題と全体としてのコンセプトにも関わらず、東南アジアでは「紛争化させられる」よりはむしろ「紛争化させない」ことの政治性に力点が据えられていることに留意しておきたい。記憶の政治と忘却の政治との一体性は、世界の記憶研究を主導するアライダ・アスマンの近著が『忘却の形態(*Formen des Vergessens*)』(Wallstein, 2016)であることからも示唆されるところだが、その顰《ひそみ》に倣っていうならば、「紛争化の政治」は「紛争化させない政治」とも表裏の関係にあることがそこから窺い知れるだろう。

本書ではまた、かかる状況を眼前にした歴史研究者の役割について思索を重ねることにも力を注いでいる。過去の紛争化はもっぱらポピュリズム政治の領分であって、高度に熟達した専門職者としての歴史研究者間では、専門職倫理に基づく史料に対する誠実な態度が維持されている限りは、そのような不毛な事態に無縁だとの立場もありうるだろう。だが、かりにそうだとしても、みずからの職業的な守備範囲が政治的な抗争の場とされて乱暴に踏み荒らされることは座視できないだろうし、そのこと自体が歴史的な解明を要する同時代史的なできごとでもある。過去との対峙をつうじて現在を批判する視座を獲得し未来を展望する仕事はすぐれて歴史学的なものであるが、過去が紛争化させられる現代世界のあり方は、歴史学の存立基盤とそれに期待される役割についても反省的思考を強く求めるものであろう。いったい歴史学は人びとの歴史意識や記憶のあり方にどのように関与し、いかなる責任を負うのかという問題である。

本書の編者は、上述の国際共同研究を史学論的な反省に結合させた新たな研究プロジェクトとして「グローバル社会におけるデモクラシーと国民史・集合的記憶の機能に関する学際的研究」(二〇一六—一九年度日本学術振興会「課題設定による先導的人文学・社会科学研究推進事業」(グローバル展開プログラム・課題設定型))に取り組み、最近になって急速にきわめて深刻な様相を呈するようになったグローバル化する社会におけるデモクラシーと排外主義との関係を、国民史と集合的記憶の構築のあり方に媒介させて捉え返す試みを進めている。本書は、そうした課題意識に応えようとするものでもある。本書が、現代世界の危機の様相を前にした反省的で批判的な思考を喚起するための一助となることを心より願っている。

紛争化させられる過去

目次

はじめに――紛争化させられる過去　橋本伸也

序　章　批判的記憶をめざして――ヨーロッパのなかでのドイツの事例　コンラート・ヤーラオシュ　1

第Ⅰ部　「過去」の構築と統制

第1章　旧東プロイセンにおけるソ連／ロシアの記憶の政治――要因と傾向、およびその結果　ユーリー・コスチャショーフ　31

第2章　「笑いを真面目に受けとめる」――韓国の植民地／独裁期の過去についてのジョークを規制する記憶政治　イ・ソヨン（李昭永）　59

第3章　フランスにおける植民地支配の過去と記憶――法制化をめぐる議論から　平野千果子　85

第4章　オーストラリアの「歴史戦争」――新自由主義の代償　藤川隆男　109

第Ⅱ部　紛争と対話――「難しい過去」をめぐる二国間・多国間関係

第5章 二〇世紀の困難な過去をめぐるポーランド人と隣人との紛争と対話 ズザンナ・ボグミウ 133

第6章 過去の政治化と国家間「歴史対話」——ロシアと周辺諸国との二国間歴史委員会の事例から 橋本伸也 163

第7章 東南アジアからみた靖国問題——表面化させない「紛争」 早瀬晋三 193

第Ⅲ部 紛争化させられる過去と歴史家の役割

第8章 グローバルな記憶空間と犠牲者意識《ヴィクティムフッド》——ホロコースト、植民地主義ジェノサイド、スターリニズム・テロの記憶はどのように出会うのか イム・ジヒョン（林志弦） 219

第9章 矛盾した記憶あるいは過去の歴史化——エストニアの歴史家にとっての挑戦 オラフ・メルテルスマン 243

第10章 歴史戦争と歴史和解の間で——戦士と調停者の二重性をめぐって 山室信一 269

終章 歴史・記憶紛争の歴史化のために——東アジアとヨーロッパ 塩川伸明 295

序章　批判的記憶をめざして
——ヨーロッパのなかでのドイツの事例

コンラート・ヤーラオシュ

第二次世界大戦とホロコーストによるはかりしれない犠牲は、ヨーロッパの集合的記憶に根深い痕跡をとどめてきた。西側諸国は、自問すべき理由がほとんどなかったから、英米の軍事的勝利とレジスタンス運動の貢献を称えてナチの軛《くびき》からの解放を祝福することができた。いわゆる「自由世界」の道徳的優位性におずおずと異を呈したのは、脱植民地化という挑戦だけであった。東のソヴィエト・ブロック諸国は、共産党の反ファシズム闘争と戦場における赤軍の勝利の栄光化に与することを強いられた。ロシア〔ソ連〕による支配のせいでこれら諸国は国民的記憶を失い、それらは社会主義者の国際主義という大きな語り《マスター・ナラティヴ》のために地下に潜行させられた。こうして戦争の勝者たちは肯定的記憶を創造し、それぞれに自分たちの体制が正当だと考えた[1]。

ナチ犯罪の主犯であるドイツ人には、近隣諸国や同盟国のイタリアや日本と比べても徹底的に、戦慄すべき過去に向き合う以外の選択肢はほとんどなかった。ニュルンベルク裁判と継続裁判は、重要犯罪人の一部を裁判の場に引き出そうとする多大の司法努力を示している。ハインリヒ・ベルやギュンター・グラスら知識人の道徳的取組みは、ドイツ人の罪を克服せんとする文学的試みの証《あかし》でもある。カール・ディートリヒ・ブラッハーやハンス＝ウルリヒ・ヴェーラーら歴史家の学問的営為は、第二次世界大戦とホロコーストによる殺戮に対するエリートの責任と普通の人々の協力《コラボレーション》を明るみに出そうとする、弛まぬ努力を示唆している[2]。したがって、楽観的自己表象のなかでドイツ連邦共和国が示す自己批判的記憶文化のイメージとは、過去の犯罪への公的な悔恨の情を示して犠牲者に償いをし、ベルリン市内の多数の記念碑によって犯罪を想起するというものである。(3) それゆえこの批判的転回は、しばしば顕著な成功物語《サクセス・ストーリー》と呼ばれてきた。

それにもかかわらずドイツ内外の懐疑的な人びとは、この自己満悦的な見方はむしろあまりにも単純化された、不完全なものだと指摘している。国際的監視人たちは、初期の連邦共和国で元ナチ党員の比重がかなりにのぼったことに危惧を示していた。法律専門家は、多くのナチ犯罪者が訴追を逃れて戦後の職歴でも成功したことを強調している。司法は自分たちの誤った行為を罰するのに気が進まなかったからである。ボート・シュトラウスやマルティン・ヴァルザーら保守派の作家は、卑下の表現としての自己批判に終止符を打とうと呼びかけた。ゲルハルト・リッターやエルンスト・ノルテのような一流の歴史家までが、戦争とその暴力に対するドイツ人の責任を控えめに語ることで、積極的な伝統を救いだすことをめざしていた。ヘルムート・コールやフィリップ・イェンニンガーといった政治指導者も、連邦共和国を揺るがすスキャンダルに巻き込まれることがたびたびあった。過去を糊塗しようとしているらしい、というのである。(4) そのためアレクサンダー・ミッチャーリッヒやラルフ・ジョルダーノらの批判的知識人は、公的悔恨はうわべだけだと繰り返し警句を発した。(5)

記憶の脆さは、ひとつには公式文化上の自己批判と大半のドイツ人がいだく言い訳がましい思い出とのあいだのズレから生じていた。政治的・知的・学問的な自己告発のかげには、前線での戦闘や国内の空爆、戦後の東方からの逃亡・追放時のドイツ人の被害を重く見る人びとの記憶が存在した。口伝えで手渡されるこうした家族の物語は、個々の当事者はほとんど直接の責任を負っていたわけではないのに、外側の強い力のために犠牲にさせられたという心象を生んだ。国際的監視や国内エリートの譴責のために、こうした像が公の場で表面化することはごくまれだったが、友達づきあいの輪のなかやニッチな出版物、右翼政党のネットワークでは頑として維持された。「集団としての罪」を背負うことを拒否するこれらの弁明論者たちは、連合国がましだったわけではないと言うために、核兵器やカティンの虐殺に言及した。(6) それゆえ、公衆の相当部分は悔い改めたわけでもなく、悔恨の儀式に従うことも好まなかった。

もう一つ厄介だったのは、冷戦期のドイツ民主共和国との競い合いである。当初、反共主義が優勢だったことから、西側でのもっと徹底した大掃除が阻害されたのだ。二つの継続国家がともに「より良いドイツ」という看板を求めて競い合う一方で、連邦共和国はドイツ社会主義統一党風の左翼的批判を退ける傾向にあった。皮肉なことだが、共産主義を転覆させた平和革命は、第一の独裁制とライヴァル関係にあったドイツ第二の独裁制の毒気にあふれた遺産を明るみに出した。ウルブリヒト／ホーネッカー体制は前者ほど血なまぐさくなかったとはいえ、遍在するシュタージの操る多大の暴力と弾圧を行使した。東ドイツにおけるこの被害は、前者の場合と同様、名誉回復を願い賠償を求めるふたつ目の集団を生み出した。その結果、統一ドイツの指導的ヴィジョンは反ファシズムか、それとも反共産主義なのかという激しいイデオロギー論争が展開した(7)。過去についての自己批判的理解がヨーロッパの他国ではなくまさにドイツで登場したのはなぜなのだろうか。

一　敗北への反応

西側諸国では軍事的勝利の喜びが国民的誇りと民主主義への支持をともに強めていた。一面では自然発生的、一面では組織的に行われた戦後の粛清《パージ》は、肯定的自己像にそぐわない対ナチ協力者を罰するものだった。そのかわりに公衆は、共産主義者やナショナリストの反ナチ・レジスタンスを、囚われた国民の真の代表として遇することにした。レジスタンスの殉難者に感謝しその記憶を称えるために、各地方の創意で記念の銘板やモニュメント、博物館が設けられた。全国レベルでは政府が、多くの男たちが国のために命を落とした特別の場所に巨大な軍人墓地を建設し、生き残った元兵士らは、ノルマンディーなどの場所に戦場ツーリズムを組織した。五月初旬のドイツ国防軍降伏の日が、ナチ・ドイツ支配からの解放を喜びとともに回顧する日として、第一次大戦の休戦記念日と一体化させられた。[*1] イギリスでは肯定的見方が帝国的な分離感情を育むほど強固であり、そのことが最近のEU脱退《ブレグジット》の一因となった。[8]

ソヴィエト・ブロックでも同様に、ナチの圧政の敗北は誇りに関わる問題であり、赤軍による占領継続の口実になった。戦後の公式記憶はロシアの母なる大地を防衛した際のスターリンの賢明な指導性に焦点化され、そのことは「首領」の巨大な銅像に顕示されていた。勝利したソヴィエト当局はさらに、ベルリンの国会議事堂前のT-34戦車やトレプトウ記念碑〔ベルリンにあるソ連の戦勝記念碑〕のような印象深いモニュメントも建立した。赤軍の弟分である地元の共産主義者は、自分たちのナショナリスト的過去を退けることで赤軍の大きな語りに合流し、ゲシュタポの弾圧に対する自分たちのレジスタンスへの正当な評価を求めた。[9] チェコ人の場合のように共産主義・社会主義の強固な伝統が存在したところでは、この押しつけの記憶がかなりうまく機能したが、スロヴァキア、クロアチア、ハンガリーといった元ナチ同盟国では、このようなご祝儀が心を捉えることはなかった。彼らは敗戦国だったからである。ポーランド人だけは、ワルシャワ蜂起の英雄性を想起する自分たちなりの理屈があった。[10]

対照的に、ドイツの人びとを鼓舞して批判的な戦後記憶を生み出させたのは、軍事上の完敗を実感したことであった。ある取り乱した女性は、「ドイツ、わが兵士たち、私たちはいったいどうなるのだろう」と思いふけって、日記にこう書き記していた。「ドイツは無条件降伏した」[11]。驚異的な軍備にも関わらず、ドイツ国防軍は赤軍の組織的攻撃と西側諸国軍の迅速な進攻を阻止できないことがはっきりした。北部や南部の一部地域はまだナチの管理下にあったとはいえ、トルガウ近郊のエルベ川におけるソヴィエト軍とアメリカ軍兵士の出会いが戦争終結の合図となり、包囲された首都ベルリンの降伏を早めることになった。その後、打ちひしがれた敵の心臓部で開かれたポツダム会議は、ドイツが敗北したことをはっきりと示した。連合国管理理事会が主権を掌握したからである。完敗という印象は二度目だが、それが報復主義的神話の登場を妨げた。

戦後の混乱を生き抜くには、破壊された家屋の再建だけではなくて、心理的回復と精神の再教育が必要だった。結局のところ、普通のドイツ人が求めたのは「平和と、生活と価値の常態に立ち返る道を見つけること」だった。ナチの独裁構造が崩壊し、連合国などという、見知らぬ征服者が到来したことは、この先いったい何が訪れるのかという根源的不安を生み出した。「比喩的に言うと、われわれは誰もが「揺れる大地」に立っていたので、それを超えて」新たなスタートを切る頑丈な足場を提供してくれる「何かを求めていた」、と動員解除されたある兵士は回想した。「われわれはみな、自分でもわけのわからない過去への解答を探し、漂流する世界のなかでわが身を固定する碇を求めていた」。正常化を求めるこの思いは、多くの人びとがかつて捨てさった宗教に立ち返る、精神的な慰めへの欲求を含んでいた(12)。より良き未来を作るには、残忍な独裁体制における自身の役割についての徹底的な自己省察が、少なくともある程度は必要だった。

ナチ犯罪がショッキングなかたちで暴露されると、協力者の多くは自己弁護を迫られ、自分の関与を小さく見せかけようと努めた。ある若い女性は日記に陰気な調子でこうなぐり書きしていた。「人生最悪の日！　総統は午後四時に亡くなった。私たち国民にとって彼の死は何を意味するのだろう、私たちにはわからない」。ヒトラーの自殺とともにナチ党役職者の多くは姿を消し、かつての威風堂々たる第三帝国の組織は急速に崩れていった(13)。それにもかかわらず、ナチの残虐行為のニュースは当初は猜疑の目で迎えられた。公衆はゲッベルスのウソを信用しないことを学んでおり、身の毛もよだつ心象を連合国のプロパガンダ扱いして知らぬふりをしたのだ。「われわれは信じられないことを眼にし、読んだ」。もっと重要なのは、一三一項目の設問からなる悪評高い「非ナチ化質問票」が、再出発の前提条件として個人の関与に関する問題を取り上げたことである。エルンスト・フォン・ザロモンをはじめ多くの共犯者がノーと答えて、かつての悪事を小さくみせかけたのは不思議でもなんでもない(14)。

未来への不安にかられ惑ったドイツ人は典型的反応をさまざまに編み出して、自身の関与をそれで説明しようとした。とくに兵士は、ヒトラーが自分たちを欺いたのだと論じがちだった。「俺たちの「総統」が俺たちを騙したんだとだんだんわかってきた……。俺たちは青年時代を奪われた」[15]。ナチ強制収容所の戦慄すべき像に向き合わされた時には、噂は聞いたことがあるとか、東方送致の被収容者を乗せた列車を見たことがあるとさえ認める人びともいた。だが彼らは心穏やかではいられないこの事実に「目も耳も閉ざして」、「自分はどんな犯罪もおかさなかったと思っている」と主張した[16]。悔い改めることを知らないナショナリストだと、連合国だってハンブルクやドレスデンなどの都市への焼夷弾爆撃という似たり寄ったりの残虐行為を働いて何万もの無垢の民間人を殺害したのだから、集団としての罪を敗者に押しつける道義的権利などやつらにはない、と論ずることさえあった[17]。自己弁護的記憶の核心をなす語り口が、すでに戦争終結時に形作られていた。

自分たちの被害を理由に多くのドイツ人は、それが自国の残虐行為と因果的につながっていることを無視して、犠牲者ぶった語りを作りあげた。あるナショナリストは「われわれは犯罪者ではない。強要された講和、つまりヴェルサイユで口火を切られたドイツ民族へのポグロムの犠牲者だ」と論じて、ナチの過剰反応の責任を戦勝国になすりつけた[18]。このような自己弁護的な言い訳は、幾百万ものドイツ人の共有した痛切な経験を想起したものだった。とりわけ女性たちは、爆撃によるテロを目撃し、防空壕に群がり、見逃してほしいと絶望的な気持ちで願っていた。対照的に、軍服をまとった男たちは、捕虜収容所に何年も閉じ込められて、人道規則に違反して適切な食事も与えられず重労働をさせられていた。東方領土の崩壊に晒された女性・子ども・老人は、命からがら逃亡・追放される際の飢えと寒さを共有していた。こうした被害の実体験は、ドイツ人以外の数多くの強制収容所からの生還者、奴隷労働者、被強制移住者と共感する妨げとなった。

これとは対照的に、第三帝国に批判的だった少数派のドイツ人は、それにもかかわらずもっと自己批判的に罪の問題に進んで向きあおうとした。「やっと長く待ち望んだドイツ解放の日がやってきた……」、より良き未来への「新しい希望が生まれた」。無様な敗北のために世論は手のひらを返したかのようで、いまでは「誰もが総統をこき下ろしている」[19]。ナチ突撃隊一味に迫害されてきた元共産党員はドイツを恥じいり、「ナチの残虐行為にゾッとした」。赤軍に投降したもうひとりの兵士は、捕虜収容所で「これまでよりも自由に感じ」たし、破壊されたロシアの再建を手助けして積極的に罪滅ぼしする必要を理解していた[20]。赤軍による略奪や強姦や暴力にもかかわらず、第三帝国の反対者たちは、こうした被害の多くが自業自得であることを理解していた。ドイツの過去に対する批判的態度を展開したのは、このグループである。

占領軍の免許を得たメディアではこれら自己批判的ドイツ人が、自国に降りかかった惨事の責任は自分たちにあるのだと語って、悔恨の情を示すよう同胞市民に呼びかけた。外国からは、トーマス・マンらの亡命者が人間的価値に対する自分たちの裏切りを検証するようラジオ放送で敗者に力説した一方、フリードリヒ・マイネッケらの国内亡命者は、*2寛容を重んずる文化的伝統の復興をアピールした。仲間内や『デア・ルフ』などの新刊雑誌上では、オイゲン・コーゴンやヴァルター・ディルクスらの批判的知識人が、強制収容所における戦慄すべき経験を報じて道徳的刷新を強く求めた。プロテスタント教会など一部組織は、一九四五年のシュトゥットガルト宣言でドイツの罪をしぶしぶ認めた。そしてソ連占領地域では、アレクサンダー・アブッシュらのマルクス主義歴史家が、より良き明日を展望してドイツ史全体の誤った道のりを告発した[21]。

このようにナチ独裁体制に対するドイツの人びとの当初の反応はむしろ種々雑多で、歴史理解をめぐる闘争を誘発することとなった。ニュルンベルク裁判と再教育キャンペーンをつうじて戦勝連合国は、自分たちの掲げるリベラルな価値観、あるいは共産主義的価値観へとドイツ人を向かわせることに着手した。だが、人びとはひたすら生き抜くことにかまけていたから、多くは単純な発想法にすがって、ナチ党指導部どころか占領軍をさえ責めた。少数の批判的知識人だけが、直前に起こった惨事の再来を妨げるはずの、より民主主義的で社会的な未来の基礎を据えるために進んで過去に向きあおうとした。したがってその後の数十年間、ドイツの罪を小さく見せようとする私的な弁明論者と、外国から支援を受けて自己批判的記憶文化を確立することにこだわった公的な批

判者とのあいだの長く続く葛藤がみられたのである。(22)

二　批判論的転回

西欧諸国では、ある種の歴史的自己批判が展開するのに数世代を要した。かれらの肯定的自己認識には問い直しをする余地がほとんどなかったからである。当初、レジスタンスの英雄性が近い過去の見方を支配できたのは、それが国民的誇りの回復を可能にしてくれたからである。ヴィシー症候群[*3]のなかで広くみられた対ナチ協力問題を初めて取り上げて、後に続くようフランス人の同僚を励ましたのは、アメリカ人学者のロバート・パクストンだった。知識人と左派の退役兵との同盟軍は、おなじく何十年もの公的論議を経てはじめて、アルジェリア独立運動への汚れた帝国主義的「警察行動」を対外戦争として認めさせるのに成功した。(23)さらに少数の批判者たちは、ドレスデンなどの各地を火焔で襲って七〇—八〇万人もの市民を殺害した連合軍の集中爆撃戦略の検証も開始した。最終的にはホロコーストへの協力が見出されたことにより、イギリス以外のいたるところでしだいに道徳的優越感が侵食されるようになった。

ソヴィエト・ブロックでは、批判的記憶を発展させるのはさらに困難だった。共産主義的独裁体制は自分にお似合いの「真実を仕立てあげ」て、強固な制裁を用いてその見方を強制することができたからである。不承不承とはいえ第一歩となったのは、一九五六年のソ連共産党第二〇回党大会におけるニキータ・フルシチョフのスターリン犯罪弾劾で、これは、いまは亡き指導者の偏執的な残虐行為から共産主義を切り離す試みだった。だが、一九五三年のドイツ民主共和国、一九五六年のハンガリー、一九六八年のチェコスロヴァキア、一九八一年のポーランドにおける民衆蜂起への軍事弾圧は、共産主義の過去についての自由な公的討論を認めさせる努力が厳しい制約下にあることを例証した。それゆえ、ソ連によって押し付けられたご祝儀的記憶文化に疑問を呈するには、アンドレイ・サハロフら勇気ある知識人に率いられた異論派運動の発展を待たねばならなかった。だが地下出版物《サミズダート》がスターリンと後継者のもとでの人権侵害の広がりを記録しはじめた(24)。このように、過去を批判的に見ることは、共産主義支配を打倒する平和革命の一環であった。

これとは異なりドイツでは、ナチ体制への批判的態度を醸成したのは、軍事的敗北と占領による外国からの持続的圧力であった。強勢を誇った国防軍に対する連合軍の勝利が政治的反転の基礎を据えた。ナチ党指導部を根絶させて、ナチに対する民主的反対派のための公共空間を生み出したからである。ポツダムのプログラムに掲げられた3D、つまり非軍事化・非ナチ化・非カルテル化が目指したのは、戦後ドイツに平和を取り戻して民主化し、脱独占化させることだった。主犯格を裁いたニュルンベルク裁判は、たとえ議論の余地があるにせよ、ナチ指導部を裁いて驚愕すべき残虐行為を記録に留めるとともに、第三帝国への信認を失墜させた。アメリカン・ハウスや交換留学計画のような積極的に心を惹こうとする試みも、西側文明ないしソヴィエト革命の優越性を提示しようとするものだった。結局のところ多くの人が心情を変えたのは、厳しい態度と励ましとが適度に混ぜあわされていたからである(25)。

登場しつつあった東西両継続国家の新たな政治指導者たちもドイツの過去に対する批判的アプローチを促進した。彼らは第三帝国では弾圧されていたからである。一方ではネオナチの政治家・政党が禁止されて、公共圏における直接的な右翼的伝統の登場が抑止された。他方で、戦後の政治家の大半は、自国の破壊と他者に向けておかされた犯罪のゆえにヒトラーを嫌悪した。コンラート・アデナウアーやテオドール・ホイスら多くのブルジョア民主主義者は、ナチ期には国内亡命状態に入って政治から身を引いていた。クルト・シューマッハーやエーリヒ・ホーネッカーら一部の社会主義指導者は強制収容所を生き抜いた。それ以外にもモスクワから飛行機を仕立てて戻ってきたウルブリヒト・グループや、単独で帰国したエルンスト・ロイターやウィリー・ブラントらがいた(26)。こうした経験ゆえに彼らの公的発言は断固として反ファシズム的で、過去との決別を呼びかけていた。

戦後の東西両ドイツ政府は実際には混合アプローチを展開して、ヒトラーの独裁体制を厳しく非難する一方、下端のナチ党員が自らの過去ときっぱり絶縁すれば、公的生活に戻ることを許容した。ドイツ連邦共和国では、アデナウアー首相が渋る連邦議会を説き伏せてイスラエル国家との損害賠償協定を結ばせたが、これはユダヤ人ホロコースト犠牲者に一定の物的補償を行うものだった。だが右翼を宥めるためにかれは、更生したナチ職員の再雇用も認めた。これは、恒常的なアウトサイダー集団を生み出すのを回避するためだった。ドイツ民主共和国では、ヴァルター・ウルブリヒトを中心とした社会主義統一党（SED）指導部がもっと厳格に反ファシズム的で、法曹や教育などの専門職者をまるごと粛清した。だが同時に共産主義者は、新ドイツ建設を誓ったハンス・モドロウら個々の兵士の改心を歓迎した。この二枚腰の政策は学習と日和見主義を報奨するものであり、そのことによって公的言説の主調音を変化させた。(27)

第三帝国の非人道性を活写することでナチの名残からドイツ文化を遠ざけるという点では、知識人も重要な役割を果たした。西ドイツではヴォルフガング・ボルヒェルトやハインリヒ・ベルらの作家が劇作や短編小説の分野で「瓦礫文学」を生み出した。これは、ナチ体制の残忍さと破滅的な帰結、生き残った人びとの間でなされた意味の探究をドラマ化したものだった。ベルト・ブレヒトやステファン・ハイムら東の作家はアメリカ亡命から帰国して、社会革命とソ連との友好を通じてファシズムの原因を除去する社会主義的な新たな出発を説いた。ギュンター・グラス、ロルフ・ホーホフート、ペーター・ヴァイスらの知識人は対ナチ協力ゆえにドイツのエリートを非難し、カール・シュミットやエルンスト・ユンガーらの保守派を共犯者だと告発した。(28)その結果、ネオナチ的な潮流は知的生活の周辺部に追いやられて、しだいに影響力を失っていった。

司法の場に連れ出される犯罪者はあまりに少なかったとしても、一連の裁判劇もまた第三帝国への信認が失墜するのに一役買った。その犯罪的性格をあますところなく示す証拠を生み出したからである。元将校、教会、ナショナリストの政治家による圧力のために犯罪者の訴追がほぼ停止させられた後も、一九五八年のウルムの行動部隊《アインザッツグルッペン》裁判は、東欧におけるユダヤ人大量射殺にドイツ人警察が関与したことを劇的に示した。その結果、連邦議会は、犯罪追及を行う一般の人びとも利用可能な証拠収集のためのセンター*4をルードヴィヒスブルクに設けた。一九六一年にイェルサレムで行われた見世物的なアイヒマン裁判は、被告がユダヤ人大量殺戮を監督する中央の大物だったことからさらに多くの注目を集めた。同様に、一九六三年からフランクフルトで行われたアウシュヴィッツ裁判は、広範囲に報道がなされたことから、普通のドイツ人の関与を示すさらなる記録を生むこととなった(29)。

最後に、メディアの変化は、ナチの残虐行為をもはや否定できないような批判的公共圏の確立に重要な貢献をもたらした。最初の一歩を踏み出したのは、『ノイエ・ツァイトゥンク』などの連合国占領当局の新聞で、そこではハンス・ハーべら才能豊かな亡命帰国組が第三帝国を告発する記事を掲載した。占領当局の免許を得た新聞は、当初は、前体制以来の職員を多く引き継いだことから多少自己弁護的だった。だが、すでに一九五〇年代に『シュピーゲル』や『ツァイト』など有力週刊誌はもっと批判的になってアデナウアー政府を攻撃し、ナチ・スキャンダルを暴露した(30)。同時に、公共ラジオ各局はパウル・ツェランの『死のフーガ』など強制収容所を扱う劇や詩の放送を開始した。だが、一二〇〇万人もの視聴者を惹きつけたのは、一九七九年に放映されたアメリカのホロコーストについてのテレビ・シリーズだった。この番組は架空のユダヤ人一家の物語をソープ・オペラ仕立てで語っており、それが大いに共感を呼んだのである(31)。

歴史家たちも非難のための声を合わせて、よりいっそう批判的な作品を通じて公衆の気分が反転する手助けをした。当初、ゲルハルト・リッターら保守派の学者は、自身は第三帝国から距離を取っていたとはいえ、国民的伝統をできるだけ多く救いだそうと努めるようになった。若い世代の研究者がよりいっそう批判的なアプローチを取るきっかけは、ドイツの第一次世界大戦開戦責任を示唆するハンブルクの歴史家の提起で始まったフィッシャー論争だった。同時に、ハンス゠ウルリヒ・ヴェーラーやユルゲン・コッカらビーレフェルト学派を急先鋒とする社会構造史への方法論的移動によって、西欧的発展からドイツを逸脱させた構造的継続性の探求が開始された。一九八〇年代にすでに批判的陣営は十分に強固になっていて、悪名高い「歴史家論争」でエルンスト・ノルテらの人びとによる相対化の試みを撃退することができた。(32)

こういうしだいで公的記憶文化の批判論的転回はけっして機械仕掛けではなく、むしろドイツの過去をめぐる一連の熾烈なせめぎ合いの結果だった。一九四五年時点でナチ犯罪の規模を暴露する試みがもたらしたのは信じられないというショックと、一部の人びとの徹底的な自己省察だった。だが、戦後、脛にキズがないかどうかで雇用が決められるようになると、多くの人びとは、「上司の命令」だの「私たちは知らなかった」だのといった議論で個人責任を否定するところに退却し、「集団としての罪」という推定告発を拒絶した。外国の評論家、国内政治家、献身的な告発者、改心したメディア、そして学問的歴史家が協力して、しだいに近い過去の犯罪性を直視すべくなんとかこの防御壁を突破しようとした。(33) 一〇年に及ぶ長い闘争の中で、この同盟はかろうじて公的には批判的記憶を生み出すことができた。だが私的な場では多くの自己弁護的な議論が引き続き生き残っていた。

三　共産主義の問題

平和革命による共産主義の打倒は、もう一つの独裁体制の処理という難問を付けくわえたことから、過去への批判的アプローチの成立をさらに難しくした。東欧諸国の「協定を伴う移行」*5が必要としたのは、共産党エリートが処罰なしで済むようにすることだった。体制転換が暴力抜きで達成されたことから、権力移譲は、爾後の共産党員の訴追がないことも意味していた。移行期正義の試み、あるいは浄化と呼ばれることもあるが、これにはきわめてばらつきがあった。過ぎたことは過ぎたことにするよう説く人びとが多くいたからである。元共産党員を陥れるために秘密諜報機関への協力を告発する事例がみられたことから、一部の国では、補償要求の根拠となる秘密諜報機関記録を保存する真剣な努力が始まるのにほぼ一〇年もの時間を要した。ドイツ人専門家の支援を得て、やっと歴史研究を脱政治化する新設の現代史研究所が登場した。(34)

ロシアでは、ナショナリストが「大祖国戦争」の英雄的イメージを損なうのに強く異議を唱えたことから、批判的記憶文化の登場はさらなる問題をはらんだ。衛星諸国の支配がはるかに限定的だったのとは対照的に、ボリシェヴィキは四分の三世紀にわたって権力を掌握したから、共産主義以前の時代の生きた記憶は消去されていた。当初、ボリス・エリツィンの後ろ盾をえられた時期には、メモリアル*6などの異論派がスターリン主義犯罪を告発することが可能だったし、国立文書館も西側の歴史家に門戸を開いた。だが、ヴラジーミル・プーチンの登場とともに、ナショナリズム的反動の風が吹き始めて、ロシアの誇りの回復をめざすようになった。歴史的な言及ははるばる帝政ロシアにまで立ちいたったが、最終的には、ナチへの勝利という共産主義時代の業績までもが復権させられた。ロシアのエリートは帝国喪失を歴史的敗北と見なしたから、社会の再軍事化を支持して、西側に促された知的自己批判を一蹴してしまった。こうしてロシアは、自己批判に向かう趨勢から多くの点ではずれていった。(35)

ドイツでは、東西分裂とライヴァル関係にある共産主義国家の成立もあって、ナチ的過去の清算は難しいものになった。一方では、東西間競争が第三帝国から厳格に距離を取るよう促した。いずれの体制も、自分たちが現実に「より良きドイツ」であることを公衆向けに弁証したいと思ったからである。メディアは、非ナチ化が徹底的に実行されたかどうかを確認するために、相手方の行動を入念に監視した。他方で冷戦の到来は、西側ではソヴィエト圏における左翼的独裁体制への非難に、東側では西側のファシストとの継続性への攻撃へと帰結した。ドイツ民主共和国が共産党員レジスタンスの衣鉢、労働運動、社会主義的国際主義を説いたのにたいして、ドイツ連邦共和国は市民的権利、市場の繁栄、コスモポリタンな開放性を強調した。(36)ともにファシズムに対抗したことは視野から抜け落ち、知識人はイデオロギー紛争に引きずり込まれていった。

より進歩的だとして自己正統化をはかる東ドイツは、記念式典・モニュメント・博物館などの場で共産主義的なもう一つの記憶文化を生みだした。「邪悪な一二年をできるかぎり素早く徹底的に消去する」かわりにドイツ民主共和国が試みたのは、新たな方向にむかう「決定的な出発のための道標となる壮大なヴィジョン」を作り出すことだった。共産党員のレジスタンス闘士の英雄的な人柄を称えることで、国家は反ファシズム信条の上に確固とした地歩を築くことをめざしていた。文化同盟を結成することでこの体制は、教養層を引きよせるためにドイツ古典主義の人文主義的伝統に頼ろうとした。競合しあう労働者階級諸政党を社会主義統一党に合同させることを通じて、共産主義者たちは労働者階級の分裂の教訓から学ぼうとした。そして最終的にソヴィエト・ブロックに加わることでドイツ民主共和国は、反帝国主義的国際主義の連帯の一翼であることを主張した。(37)

同時に東ドイツのジャーナリストや学者は、西側的な過去の理解は反動的で抑圧的だと激しく攻撃した。『ノイエス・ドイッチュラント』など党の新聞紙上では、社会主義統一党の体制を比較的良く見せかけるために、失業、犯罪、不平等など資本主義の欠陥が指摘されない日はほとんどなかった。特に人気はドイツ連邦共和国の政治家や実業界指導者のナチとの共犯関係を暴露する情報を掲載した各種「褐色本」で、これらはファシスト体制との継続性を証明するためのものだった。研究者らは西側の学問を長々と検討する議論に加わり、フリードリヒ大王やビスマルクなどの象徴的人物への自分たちの批判的評価とは対照的に、西側の学問が自己弁護的で粗雑であり、人を惑わせるものだと難じた。(38)しかしながら、西のそれ以上に東の公衆の私的な記憶は、公式の共産主義的記憶化や歴史研究からずれていた。

ナチ犯罪を置き去りにしたいという初期の期待は、少数派の意向のみを代表した社会主義統一党体制の独裁的なやり方によってたちまち挫かれた。悪条件のひとつは赤軍による征服の野蛮さで、無数の強姦、時計や自転車の略奪、果てなき不当な暴力がそれに含まれた。もうひとつの問題は、「俺たちの時代が来たと思って」おり、「〔ナチの〕過去を偲ばせるような」やり方への憤りを露わにした古参共産党員の過激な振る舞いだった。(39)一部の労働者には人気があったとはいえ、企業没収、農場集団化、教会差別は恣意的に思えたことから、多くの憤懣をよんだ。その結果、一九六一年に専門人材の流出を食い止めるために壁が建設されるまでに、三〇〇万人ほどの東ドイツの人びとが西に逃亡した。したがって現存する独裁体制が、ナチ的過去への非難を無に帰せしめてしまった。(40)

結局、反ファシズム・スローガンはたえず反復されたために効力を失ってしまい、その代わりに社会主義統一党を転覆させる平和革命を促す一因となった。イスラエルとの敵対など眼前の政治目的のために反ファシズムを道具化することによって、体制はこのスローガンの信頼性を損なってしまった。プロイセンの遺産と進歩的ブルジョアの創意ある試みを含めることで公的記憶文化を拡大しようとした東ドイツの努力は、そのような呼びかけに慣れっこになっていた公衆を納得させるには遅きに失した。共産主義はファシズム再来を防ぐ唯一の予防策だと信じていたクリスタ・ヴォルフらの作家たちでさえ、しだいに反ファシズムの儀式に飽き飽きしてきた。そのかわりに平和運動メンバーや人権擁護派、環境活動家たちは、体制の独裁的性格を指摘することで、反ファシズムの看板を体制そのものに向けていった。(41)皮肉なことだが、ドイツ的過去という批判的概念が社会主義統一党に差しむけられて、その転落を引き起こす一因となったのである。

平和革命の中心的局面は秘密諜報機関による抑圧記録、つまりシュタージの果てしないファイルであった。ドイツ民主共和国の市民はほぼだれもが、社会主義統一党の「矛と盾」を自認する国家保安省の正規職員か非公式の情報提供者と何度か出会ったことがあった。その結果、市民運動や抗議者たちの一群は、かつてかれらを迫害した東ドイツの秘密諜報機関の解体を要求した。集めた記録を裁断・焼却しようとしたシュタージのぶざまな試みは、国家公認の抑圧の証拠文書を保存するため人びとがオフィスを占拠するという事態を引き起こした。市民運動は、体制の信頼を失墜させ補償要求の根拠を守るために、これらのファイルを自分たちの統制下におくよう懸命に闘った。(42)特別文書館に保存されたこの捜査記録の紙の山は、東ドイツの人びとを巻き込む果てなきスキャンダルの源泉となった。

西側の反共主義者と東側の反体制派との同盟は、社会主義統一党による独裁体制の悪辣な性格を公衆に知らせることを通じて、ドイツ民主共和国の正統性の否定に着手した。議会調査委員会では政治家や専門家がドイツ民主共和国について一連の長時間の聞き取りを行い、この体制の進歩的な修辞と抑圧的な実践とのあいだの不一致を立証する多くの証拠を暴露した。その結果、連邦議会は、「旧東ドイツ社会主義統一党による独裁体制を検証するための連邦基金」と呼ばれる、社会主義統一党の悪業について公報を続ける新財団を設立した。(43) 移行期正義のための司法努力はそれほど効果的ではなかった。社会主義統一党の主要メンバーは高齢すぎて病気がちのために訴追できず、処罰は、逃亡を試みる人びとを射殺した数名の国境警備兵に限られたからである。批判的なメディア報道の奔流とともに、こうした努力が正統性を欠く「非法治国家」としてのドイツ民主共和国という否定的イメージを生み出した。

歴史家は、公平無私な過去の調停者だったわけではなく、この驚くべき激変にみずから巻き込まれていた。それまで批判的な声を沈黙させられてきたドイツ民主共和国の若手学者たちは突然、独立歴史家協会に結集して、学問の道具化に反対する声をあげはじめた。西ドイツの指導的学者らは、壁越しに対話してきたそれまでの試みを無視して、共産主義者の同僚たちを独裁体制に従属する追随者だと非難して解職を求めた。職場を維持できるよう国際社会に訴えたにもかかわらず、東ドイツの大学改組に際してマルクス主義系の学者の多くは、西側優位の評価委員会の手でお払い箱にされてしまった。ごく少数の改革派共産主義者だけが、ポツダム現代史研究センターのような新しい機関になんとか移籍できた。(44) ナチ犯罪を退けるどころかむしろ、東ドイツの体制はそれ自体が独裁体制になったと告発されたのだ。

四 批判的記憶文化

壁倒壊の喜びもつかの間、統合が進むヨーロッパはいまや複数の独裁体制の過去への対処という二重の重荷に直面していることに気づかされて、水を差されることとなった。西側諸国が抱えた課題は比較的容易だった。ナチの攻撃の標的となりその後解放されたことから、英雄的な国民的アイデンティティ感情の創造が可能だったからである。スウェーデンやスイスなどの小規模中立国は、両国の第三帝国への協力の全体像を国際的な批判者たちが発見するまでは、無関係を装うこともできた。地中海諸国の権威主義体制の場合も、独裁体制後の体制移行が旧政権による人権侵害をめぐる熾烈な闘争を喚起し、スペインなど大半の国は問題をはらんだ過去への沈黙の衣をかなぐり捨てた。イギリス、フランス、オランダ、ベルギーといった旧植民地大国では、とくに旧植民地の人びとが本国に定住し始めると、脱植民地化過程の進展により人種主義的搾取がたえず問題視されるようになった。[45] そのため比較的恵まれた立場の国家までもが罪を認めなければならなかった。

対照的に、東欧は状況がもっと悪かった。かれらはヒトラーのジェノサイドとスターリン主義的抑圧の双方の犠牲者だったからである。その結果、犠牲者グループが競って言い立てる二種類の被害が、物的補償要求と並んで、ことの重大さをめぐる順位争いでも互いにしのぎを削ることになった。さらに、共産主義の信頼失墜とともにナショナリズムがイデオロギー的空隙を埋めて、ナチないしソヴィエトとの協力を清算する妨げとなった。旧ユーゴスラヴィア連邦の各共和国では、国民的誇りの復活が一連の独立運動を性急化させて、流血の民族間戦争の引き金となった。[46] 同様にかつてソ連であった地域では、ロシア人がナチの攻撃に勝利したという誇りにしがみついていた。だが共産主義の闘士であったかれらは、イデオロギー帝国とならんで新たな形の独裁体制の犯罪者でもあったのだと主張する、批判的な声があげられた。その結果、記憶文化の基本的推力は、ナチないしソヴィエト支配に対する国ごとの位置取りの違いによっておおいに異なった[47]。

この混沌とした全般的パターンのなかで、ドイツ人はまたもや悔い改めた罪人として特別の役割を演じていて、皮肉なことにそのことが特有の道《ゾンダーヴェーク》という問題含みの概念を復活させた。東西統一の過程を通じて、国際的監視人や国内の批評家たちは、社会主義統一党体制のより新しい犯罪の数々が、より古いナチ犯罪の記憶を覆い隠すのではないかと危惧した。ブーヘンヴァルト強制収容所などいくつかの場所では、施設が第三帝国で使用されただけでなく、戦後初期に共産主義者の設けた特別収容所《スペッツラーゲリ》としても役立ったことから、ふたつの記憶が物理的に衝突した。いまや、物的補償とならんで公的な注目を集める点でも、二組の犠牲者組織がたがいに競いあうようになった。反ファシストを語る人びとは左翼の支援を当てにできる一方、反共主義者は右翼の後ろ盾に頼っていた[48]。その結果起こったのが、これらのイデオロギーのいずれが統一ドイツの記憶文化を形作るのかという、熾烈な論争であった。

当初は共産主義的過去との対決が勝利するかのように思われた。これらの新しい不正義がただちに公衆の反応を呼んだからである。シュタージ・ファイルが保存されたおかげで、一〇〇万人以上の東ドイツの人びとが、友人や隣人の誰が自分をスパイしていたのか知ることができるようになった。ホーエンシェーンハウゼン、バウツエン、ポツダムの国家保安省監獄など新しい弾圧の場はいまでは、誰もが自由に訪れられるようになるとともに、学問的な研究も必要とした。犠牲者組織はさらに、社会主義統一党が手を下した被害への物的補償とならんで誤審からの名誉回復を求めて、声高な運動を繰り広げた。メディアは東ドイツ要人のスキャンダラスな行動を示す文書を印刷して大騒ぎした。反共主義的な歴史家はこうした否定的な宣伝戦に与して、ドイツ民主共和国が市民をスパイ・監禁・教化する巨大な監獄であったかのように見せかけた[49]。

だが、この非シュタージ化の波はナチの遺産をめぐる批判的記憶にとって代わることはできなかった。ドイツ民主共和国の崩壊が、それまで無視されてきた問題に取り組むことを可能にしてくれたからである。国有化による没収財産への賠償は、都市の不動産の多くがもともとはユダヤ人家族の所有だったことを明るみに出し、今度はその子孫がそれを取り戻すことにこだわった。ブーヘンヴァルト、ザクセンハウゼン、ラーフェンスブリュックなど東部の強制収容所がドイツ連邦共和国の一部となったことから、そこに示された偏った歴史表示を正す必要もあった。これまで無視されてきた東欧からの奴隷労働者がいまでは補償要求できるようになり、約一〇〇億ユーロの新基金を設立するようベルリンに迫った。こうして注目が集まったことから、市民社会が率先してベルリンに新しいホロコースト記念碑を設ける一方、コール首相は、「戦争と抑圧の犠牲者」すべてに言及することで、ノイエ・ヴァッへの記念碑のことばのなかに妥協の道を見出そうとした[50]。

　二つの独裁体制に対する知識人の反応として重要なのは、戦後期にファシズムと共産主義の類似性を示すために展開された全体主義論の復活である。第二次世界大戦期の大連合が解体すると、ハンナ・アレントらドイツ人亡命者は褐色の全体主義と赤いそれとの抑圧技法の類似に衝撃を受けて、単独の指導者、大衆政党、秘密警察、プロパガンダ装置等々、その一連の特徴を入念に論じた。これら二つのイデオロギーの内容は、前者は社会ダーウィニズム的人種主義、後者は啓蒙思想によって促進された平等主義というように異なっていたとはいえ、ヒトラー・ユーゲントと自由ドイツ青年同盟*7の所業の多くは奇妙なほど親和的で、一つの独裁体制から別のそれへの「ほとんど継ぎ目のない移行」と思えるほどだった。『一九八四年』というジョージ・オーウェルの文学作品さながらに、全体主義論は、第二次世界大戦時の敵から冷戦下での敵への移行を容易なものとしていた[51]。

　このモデルの過度の単純さはしだいに、社会主義統一党独裁体制を抑圧性と正常性との逆説的な混交物として解釈するもっと陰翳に富んだ代替モデルをもたらした。この両体制間の区別は、ドイツ民主共和国への郷愁的記憶を育んだポスト共産主義的サブカルチャーの産物というよりはむしろ、ナチ体制と社会主義統一党体制の現実の記録の結果だった。この比較のおかげで、体制が持続した時間の長さ、殺害された人びとの数、第二次大戦と冷戦という二つの戦争の始まり方等々にかなりの違いがあることが示され、その結果、東ドイツはそれほど残忍だったわけではないように思われるようになった。さらに知的関心が日常生活に移動した結果、ドイツ民主共和国の市民は党のヘゲモニーやシュタージの統制からは独立したかなりの主体性《エージェンシー》を備えていたことが明らかにされたが、これは、東ドイツ住民の実際の回想によりいっそう近づくものだった。「福祉独裁制」概念をはじめとした全体主義論に代わる一連の捉え方は、社会主義統一党体制のかかえる二義性をもっと正当に捉えようとするものだった[52]。

鉄のカーテンの除去は、狭い一国的視野を超えた歴史の地平の拡大も促した。新たに利用可能になった文書資料に促されたホロコースト研究は、従犯者あるいは抵抗者としてのスラヴ系住民の反応を組み込むことで、犯罪者対犠牲者という二項図式をもっと複雑なものとして描き始めた。同様に、ドイツ民主共和国をめぐる議論はしだいに、共産主義ブロック中の隣接する衛星諸国家との比較を広げて、ハンガリーのように同様の緊張下にありながらもっとリベラルな対応のできた事例と対比するようになった。さらに、要塞のような境界線の撤廃は、フランス・ドイツ・ポーランド間のヴァイマール対話*8のような国を越えた記憶事業を促し、ゲンスハーゲンやクライザウ〔ポーランドのクシジョバ〕で相互和解をめざす活動も進んでいる。この開かれた精神は、東の諸国を再び加えることでヨーロッパ大陸の中心の据え直しを図るとともに、共有されたヨーロッパの歴史の開発を可能なものとしてきた[53]。

こうした公的議論は、最終的には私的領域でも批判的記憶文化への移動を強化した。とくに年長世代では多くの個人が学問研究の成果を拒否し続けており、メディアの圧力にも抗してきた。元兵士のなかには、「私は道徳的に罪を負ってきたわけではない。私は良心とともに生きていられるのだ」と主張する者もいた。同様に、もう一人のアウシュヴィッツ目撃者は、「ごく近くの隣人である私たちでさえ、そこで何が起こったのかをまったく目撃できなかったのだとしたら、国民全体がこの犯罪に責任があるなどと考えるのは馬鹿げている」と論じた。さらに、「われわれの健全な国民的アイデンティティを損なうおそれ」に反論して、ドイツの不幸を戦勝国のせいにしようとする者もいた。[54] だが、これらの人びとが自分の個人的経験を引き合いに出す際にみられた防御的な姿勢が示しているのは、この種の見方をますます少数派に転じさせてきた公共的な圧力の強まりである。挑戦すべきことは、自分たちこそ犠牲者だと長広舌を振るった目撃者たちのあいだに、不承不承であれ自問の態度を強めていくことである。

これらとは別の最近の回想では、自己批判がもっとはっきりと見られるようになってきた。それらの執筆者は、ドイツの犯罪にたいするおのれの責任と格闘してきた。多くの人が自分は戦争をやり過ごそうとしただけだと主張する一方で、ナチ犯罪に自分が協力したことに困惑する者もいた。「今となっては自分でもわけの分からない心理的抑圧が起こっていた」というのである。積極的に悔恨の意を表明するために、「ファシスト・ドイツが姿を消した後のその場に、新しいより良きドイツを建設するという明瞭な目的のために、東部で始まった偉大な改革事業に加わること」を選んだ者もいた。しかしながら、「スターリンが人類に働いた犯罪の恐怖はけっして忘れられるべきではない」とこだわる者もいた。ある執筆者はこう結論づけていた。「私は良いことも悪いこともすべて経験したし、ナチも、恐るべき戦争も、共産主義も生き抜いた」[55]。結局のところ、多くの人びとがしだいにこのような自己批判的な見方を受け入れるようになったのは驚くべきことだ。

戦争に敗れた他の枢軸側大国の気ののらない態度と比べると、一九四五年以降のドイツの批判的記憶文化の展開は無視できない成果であった。もちろん、敗戦の混乱のなかでドイツの犯罪を認める用意があったのは、国内外の亡命や強制収容所から戻った少数のナチ反対派の人びとだけであった。連合国占領当局の支援を受けたかれらは、空爆や捕虜収容所や逃亡・追放のさなかのドイツ人の被害経験に基づく自己弁護的な犠牲者ぶった語りは信用に値しないとして退けはじめた。もう一つの障壁は東西間の冷戦によるせめぎあいであった。双方ともに自分たち流の説明を展開して、資本家かナチ指導者のいずれかの責任を問うた。このような抵抗を乗り越えて、ドイツの犯罪を認め犠牲者に謝罪する公式記憶文化を発展させるには、国際的圧力と国内的圧力の結合が必要だ

った。(56)

一つの学問分野として現代史を発展させることで学者たちは、人びとの思い違いを脱神話化し犠牲者ぶった主張を相対化させるような、研究に裏付けられた業績を作りだしてきた。カール＝ディートリヒ・ブラッハーやマルティン・ブロシャートらの歴史家による印象深い作品は、第三帝国のイデオロギー的な目的やカオス的所業について論駁の余地のない証拠を提供してきた。ラウル・ヒルバーグらアメリカ人研究者の微に入り細に入った研究は、ホロコーストの実在の否定を不可能なものにした。だが、私的な思い出に広く見られた自己弁護的な合理化に挑戦したのは、一九八五年に人びとの記憶に働きかけたリヒャルト・フォン・ヴァイツゼッカー大統領の呼びかけであり、ハンブルク社会研究所の主催したドイツ国防軍展覧会であった。このように、文書資料に基づく批判的な学問研究の成果が市井の人びとを改心させるには、メディア、記念碑、記念式典を通じた市民社会的な普及が必要なのである。(57)

現代の大衆独裁制の意味を論ずるなかで歴史家はしだいに、問題をはらんだドイツの過去を判定する道徳的基礎として人権の重要性を確立してきた。物理的破壊と心理的なトラウマ化というナチの遺産はあまりに明瞭だったから、第一次大戦後のような大規模な報復的態度を排除できたのと同時に、反ファシズムが戦後期の支配的イデオロギーとなった。他方、冷戦下の対立は、ドイツ民主共和国をドイツの二番目の独裁体制だとする反共主義的な告発をもたらしたが、この非難は東ドイツの学者や西側の知識人によって敢然と拒否された。一九八九年から九〇年の平和革命ではじめて明らかになったのは、社会主義統一党体制はみずから掲げた人道的原則をきわめて大規模に侵害しており、それと比べれば、西側の自由民主主義諸国で発生したスキャンダルは影が薄くなるということであった。こうして歴史家は、ナチのジェノサイドと共産主義的独裁体制の双方を拒絶することを、自由で批判的な記憶文化のイデオロギー的基盤として広めはじめた。(58)

歴史家はまたドイツと隣国との和解過程に決定的な貢献をもたらし、そのことがヨーロッパ統合の進展を助けてきた。すでにレジスタンスのなかで多くの学者たちは、もしもナショナリズムの害毒に対抗するつもりなら、お国のために奉仕するという慣行を捨てなければならないと悟っていた。実際に行われた反応の一つは、まずはフランス、ついでポーランドへと続いた対隣国二国間討論で、これは教科書における国民的ステレオタイプの除去を目指していた(59)。数多くの会議の場を通じて歴史家は、国際紛争の相互作用的性格が国を超えた研究を必要とすることをだんだんと自覚したし、衝突は白と黒との争いではなく、むしろさまざまのグレーの影が含まれていることを理解しはじめた。したがってドイツの困難な経験から得られた三つの教訓とは、記憶の脱神話化、人権の支持、そして国際的和解の促進という命題であった(60)。

ドイツの事例は簡単に移転できるものではないから、ヨーロッパ全体に批判的記憶文化を展開させるプロジェクトは、ナチ犯罪とソヴィエト犯罪の両方を扱った時に初めて成功できるだろう。ストックホルム宣言*9のなかでホロコーストを国際法の道徳的基盤にしようとした英米の努力は、東ヨーロッパの人びとよりはむしろ西の人びとにとって説得力があるだろう。西側諸国はすでにそれを受け入れる準備がある。というのも、せいぜい共犯者であったか、難民を十分に受け入れなかった責任が問われるかだからである。改心した犯罪者であるドイツ人は喜んでもっと先に進むだろうが、しかしかれらはソヴィエトの独裁体制とも格闘している。ポーランド人など東ヨーロッパの人びとのなかにはドイツの残虐行為とソヴィエトのそれを等しく非難する者がいる一方で、ハンガリー人やバルト諸国の市民にとってはスターリン主義の被害がナチ犯罪よりも鮮明である。最後に、トルコ人と同様にロシア人はともに、過去の犯罪行為を否認する国家にいるように見える(61)。イギリスが大陸とのつながりを拒絶したためによりいっそうその感が強まったのだが、記憶文化のこのような多大の多様性が示しているのは、統一ヨーロッパのための共有された記憶文化にたどり着くには、長い自己省察の過程が必要だろうということである。

（橋本伸也訳）

1 Richard J. B. Bosworth, *Explaining Auschwitz and Hiroshima: History Writing and the Second World War, 1945–1990*, Routledge, 1993.

2 Charles S. Maier, *The Unmasterable Past: History, Holocaust, and German National Identity*, Harvard University Press, 1988.

3 Christian Wicke, *Helmut Kohl's Quest for Normality: His Representation of the German Nation and Himself*, Berghahn Books, 2015.

4 Peter Reichel, *Vergangenheitsbewältigung in Deutschland: Die Auseinandersetzung mit der NS-Diktatur von 1945 bis heute*, Beck, 2001（小川保博・芝野由和訳『ドイツ　過去の克服――ナチ独裁に対する一九四五年以降の政治的・法的取り組み』八朔社、二〇〇六年）。

5 Alexander and Margarete Mitscherlich, *The Inability to Mourn: Principles of Collective Behavior*, Grove Press, 1975; Ralph Giordano, *Die zweite Schuld, oder Von der Last Deutscher zu sein*, Rasch und Röhring, 1987（永井清彦・片岡哲史・中島俊哉訳『第二の罪――ドイツ人であることの重荷』白水社、一九九〇年）。

6 Harald Welzer, *Opa war kein Nazi: Nationalsozialismus und Holocaust im Familiengedächtnis*, Fischer Taschenbuch, 2002.

7 Konrad H. Jarausch, "A Double Burden: The Politics of the Past and German Identity", Jörn Leonhard and Lothar Funk eds., *Ten Years of German Unification: Transfer, Transformation, Incorporation?*, Birmingham University Press, 2002.

8 Pieter Lagrou, *The Legacy of Nazi Occupation: Patriotic Memory and National Recovery in Western Europe, 1945–1965*, Cambridge University Press, 2000.

9 Lisa Kirschenbaum, "Introduction: World War II in Soviet and Post-Soviet Memory", *The Soviet and Post-Soviet Review*, Vol., 38, 2011, pp. 97–103.

10 Małgorzata Pakier and Joanna Wawrzyniak eds., *Memory and Change in Europe: Eastern Perspectives*, Berghahn Books, 2015.

11 Jakobine Witolla, Tagebuch, May 7, 1945, Akademie der Künste（AdK）, Sammlung Kempowski（SK）, No, 6301/2.

12 Erich Helmer, "'Der Tornister,' Autobiographie, 1922–1983", Deutsches Tagebucharchiv（DTA）, No. 1521, 1–3.

13 Inge Lindauer, Tagebuch, May 1, 1945, AdK, SK, No. 4022.

14 Hans-Harald Schirmer, "Erinnerungen an die Familie Hans und Luise Schirmer aus Wolfenbüttel", DTA, No. 6776. Cf. Ernst von Salomon, *Fragebogen: The Questionnaire*, Doubleday, 1955.

15 Herrmann Debus, "Ein Leben imWandel der Zeiten", DTA, No. 6681 UF.

16 Schirmer, "Erinnerungen".

17 Jörg Friedrich, *The Fire : The Bombing of Germany, 1940–1945*, Columbia University Press, 2006.

18 Karl Härtel, "Leben in großer Zeit", DTA.

19 Witolla, Tagebuch, May 15, 1945.

20 Schirmer, "Erinnerungen", and Gerhard Joachim, "Die wundersame Reise des Odysseus des 20. Jahrhunderts. Von Hitlers Aufstieg bis zum Untergang der stalinistischen Ära", AdK, SK, No. 6860/1.

21 Christine von Hodenberg, *Konsens und Krise. Eine Geschichte der westdeutschen Medienöffentlichkeit, 1945–1973*, Wallstein Verlag, 2006.

22 Dirk Moses, *German Intellectuals and the Nazi Past*, Cambridge University Press, 2007.

23 Robert O. Paxton, *Vichy France : Old Guard and New Order, 1940–1944*, Barrie & Jenkins, New York, 1972（渡辺和行・剣持久木訳『ヴィシー時代のフランス――対独協力と国民革命　一九四〇―一九四四』柏書房、二〇〇四年）; Henry Rousso, *The Haunting Past : History, Memory, and Justice in Contemporary France*, University of Pennsylvania Press, 2002.

24 Karen Petrone, *The Great War in Russian Memory*, Indiana University Press, 2011.

25 Konrad H. Jarausch, *After Hitler : Recivilizing Germans*, Oxford University Press, 2006.

26 Jeffrey Herf, *Divided Memory : The Nazi Past in the Two Germanys*, Harvard University Press, 1997.

27 Norbert Frei, *1945 und wir. Das Dritte Reich im Bewusstsein der Deutschen*, C. H. Beck, 2005.

28 Axel Schildt and Detlef Siegfried, *Deutsche Kulturgeschichte. Die Bundesrepublik von 1945 bis zur Gegenwart*, C. Hanser, 2009.

29 Devin Pendas, *The Frankfurt Auschwitz Trial : Genocide, History and the Limits of Law*, Cambridge University Press, 2006 ; Rebecca Whittmann, *Beyond Justice : The Auschwitz Trial*, Harvard University Press, 2005.

30 Jessica Gienow-Hecht, *Transmission Impossible : American Journalism as Cultural Diplomacy in Postwar Germany, 1945–1955*, Louisiana State University Press, 1999.

31 Gloria Custance and Siegfried Zielinski, "History as Entertainment and Provocation : The TV Series 'Holocaust' in West Germany", *New German Critique*, Vol. 19, 1980, pp. 81–96.

32 Philipp Stelzel, "Rethinking Modern German History : Critical Social History as a Transatlantic Enterprise, 1945–1989", Diss., Chapel Hill, 2010.

33 Wulf Kansteiner, *In Pursuit of German Memory : History, Television, and Politics after Auschwitz*, Ohio University Press, 2006.

34 Monika Nalepa, *Skeletons in the Closet : Transitional Justice in Post-Communist Europe*, Cambridge University Press, 2010.

35 Swetlana Alexijewitsch, *Secondhand-Zeit. Leben auf den Trümmern des Sozialismus*, Carl Hanser Verlag, 2013.

36 Annette Weinke, *Die Verfolgung von NS-Tätern im geteilten Deutschland: Vergangenheitsbewältigungen 1949–1969 oder eine deutsch-deutsche Beziehungsgeschichte im Kalten Krieg*, F. Schöningh, 2002.

37 Fritz Klein, "Drinnen und Draussen", unabridged manuscript, AdK. Cf. Jon Berndt Olsen, *Tailoring Truth: Politicizing the Past and Negotiating Memory in East Germany, 1945–1990*, Berghahn Books, 2015.

38 Georg G. Iggers, Konrad H. Jarausch, Matthias Middell and Martin Sabrow eds., *Die DDR-Geschichtswissenschaft als Forschungsproblem, Beiheft No. 27 of the Historische Zeitschrift*, Oldenbourg, 1998.

39 Horst Johannsen, "Ein Leben von Diktatur zu Diktatur", DTA, No. 1259.

40 Andrew I. Port, *Conflict and Stability in the German Democratic Republic*, Cambridge University Press, 2007.

41 Ned Richardson-Little, "Between Dictatorship and Dissent: Ideology, Legitimacy, and Human Rights in East Germany, 1945–1990", Diss., Chapel Hill, 2013; Julia Ault, "Contested Spaces: The Environment and Environmental Dissidence in the German Democratic Republic, 1980–1990", Diss., Chapel Hill, 2015.

42 Jens Gieseke, *The History of the Stasi: East Germany's Secret Police, 1945–1990*, Berghahn Books, 2014; Uwe Spiekermann ed., *The Stasi at Home and Abroad: Domestic Order and Foreign Intelligence*, German Historical Institute, Bulletin Supplement 9 (2014).

43 Andrew Beattie, *Playing Politics with History: The Bundestag Inquiries into East Germany*, Berghahn Books, 2008.

44 Jürgen Kocka, *Vereinigungskrise. Zur Geschichte der Gegenwart*, Vandenhoeck & Ruprecht, 1995; Konrad H. Jarausch, "Das Ringen um Erneuerung, 1985–2000", idem and Matthias Midell and Annette Vogt eds., *Sozialistisches Experiment und Erneuerung in der Demokratie. Die Humboldts-Universität Berlin, 1945–2010*, Akademie Verlag, 2012.

45 Henry Rousso, *La dernière catastrophe: L'histoire, le présent, le contemporain*, Gallimard, 2012.

46 Agnieszka Gąsior, Agnieszka Halemba, and Stefan Troebst eds., *Gebrochene Kontinuitäten: Transnationalität in den Erinnerungskulturen Ostmitteleuropas im 20. Jahrhundert*, Böhlau, 2014.

47 Konrad H. Jarausch and Thomas Lindenberger eds., *Conflicted Memories: Europeanizing Contemporary Histories*, Berghahn Books, 2007.

48 Christoph Klessmann, *The Divided Past: Rewriting Post-war German History*, Berg, 2001; Jarausch, "Double Burden".

49 Mary Fulbrook, "Politik, Wissenschaft und Moral. Zur neueren Geschichte der DDR", *Geschichte und Gesellschaft*, Band. 22, 1996, S. 458–471.

50 Brian Ladd, *The Ghosts of Berlin: Confronting German History in the Urban Landscape*, University of Chicago Press, 1997.

51 Mary Fulbrook and Andrew I. Port eds., *Becoming East German: Socialist Structures and Sensibilities after Hitler*, Berghahn Books, 2015.
52 Konrad H. Jarausch ed., *Dictatorship as Experience: Towards a Socio-Cultural History of the GDR*, Berghahn Books, 1999.
53 Renata Fritsch-Bournazel, "The Weimar Triangle between History and Memory", *Documents*, No. 56, 2002, pp. 39–47. Cf. Konrad H. Jarausch, *Out of Ashes: A New History of Europe in the Twentieth Century*, Princeton University Press, 2015.
54 Schirmer, "Erinnerungen"; Marianne Busch, "Bericht über die Dienstzeit als Gymnasiallehrerin in Auschwitz", DTA, No. 463; Härtel, "Leben".
55 Joachim Bässmann, "Bericht eines SS-Mannes über seinen Dienst in Auschwitz", AdK, SK, No. 4907; Klein, "Drinnen und Draussen", passim; Günter Krause, "Unschuldig zu 10 Jahren Arbeitslager verurteilt vom sowjetischen Geheimdienst (MKWD), 1946–1950", DTA, No. 11413/1.
56 Edgar Wolfrum, *Geschichtspolitik in der Bundesrepublik Deutschland: Der Weg zur bundesrepublikanischen Erinnerung 1948–1990*, Wissenschaftliche Buchgesellschaft, 1999.
57 Konrad H. Jarausch and Martin Sabrow eds., *Verletztes Gedächtnis: Erinnerungskultur und Zeitgeschichte im Konflikt*, Campus, 2002.
58 Samuel Moyn, *The Last Uiopia: Human Rights in History*, Belknap Press of Harvard University Press, 2010; Stefan-Ludwig Hoffmann ed., *Human Rights in the Twentieth Century*, Cambridge University Press, 2011.
59 Falk Pingel, *The European Home: Representations of 20th Century Europe in History Textbooks*, Council of Europe Publishing, 2000.
60 Stefan Berger, *The Past as History: National Identity and Historical Consciousness in Modern Europe*, Palgrave Macmillan, 2015.
61 Konrad H. Jarausch's postscript in Malgorzata Pakier and Bo Strath eds., *A European Memory?: Contested Histories and Politics of Remembrance*, Berghahn Books, 2010.

訳注

＊1　イギリスでは一一月一一日が第一次世界大戦の休戦記念日（Armistice Day）として祝されていたが、一九五四年以降は、一一月一一日にもっとも近い日曜日が第一次・第二次世界大戦の犠牲者をともに追悼する日（Remembrance Day）とされている。

＊2　ナチによる権力掌握後も国内に留まりながら、精神的に批判的立場を取り続けた人びとを指す。そのあり方をめぐ

って、激しい論争がある。

＊3　フランスの歴史家アンリ・ルッソが用いた語。第一次大戦におけるヴェルダンの英雄ペタン元帥の率いたヴィシー政権が対ナチ協力国家であったことに由来するトラウマ的事態の総体を指す。

＊4　Zentrale Stelle der Landesjustizverwaltungen zur Aufklärung nationalsozialistischer Verbrechen（ナチ犯罪究明各州司法機関統括センター）

＊5　権威主義や独裁的体制から民主主義的体制への移行が、暴力的転覆ではなく新旧政権間の協定や密約で行われる事態を指す政治学の用語。旧体制の権力保持者の処罰が免除・緩和される例がしばしば見られる。

＊6　スターリニズムによる抑圧体制犠牲者の記憶を保存するためのロシアの市民運動団体。ペレストロイカ後期の一九八九年に発足し、文書館などを併設して個人文書の収集・整理・保管に努めている。

＊7　社会主義統一党傘下の青年組織。

＊8　和解促進を目的に一九九一年に設けられたフランス・ドイツ・ポーランド三国外相による政治協議の場であるヴァイマール・トライアングルの枠組みのなかで取り組まれた、歴史記憶をめぐる対話活動を指す。

＊9　スウェーデン政府の呼びかけで二〇〇〇年に開催されたストックホルム・ホロコースト国際フォーラムで採択された宣言。ホロコーストを国際的な記憶文化の中核に据えることが謳われ、それに基づく国際協調がめざされた。

第Ⅰ部　「過去」の構築と統制

第1章 旧東プロイセンにおけるソ連／ロシアの記憶の政治
——要因と傾向、およびその結果

ユーリー・コスチャショーフ

はじめに

本稿は「記憶の政治」ないし「歴史政策」という用語を、計画された、あるいはある程度自然発生的に形成された過去に関する政権の方針の集合と定義する。この政策は、プロパガンダや教育システム、地名、記念碑、歴史的記念物、象徴などの手段を通じて、国家の管轄下にある組織によって実現される。戦後ロシアのカリーニングラード州における記憶の政治の地域的特殊性と真の核心は、東プロイセンの歴史・文化遺産の評価にあった——なぜならこの地域には、これ以外の過去はまだ存在しなかったからである。以前の所有者が残した遺産は戦前の物質的・精神的文化の複合体であり、人工の風景や建物、建築物、社会基盤、歴史的・文化的記念碑、文書館や図書館、美術館のコレクション、日用品などが含まれていた。戦後の数十年間におけるこれらの遺産への態度はどのようなものだったのか？　地域の過去はカリーニングラードの人びとの大衆意識にどのように組み込まれたのか？　そこにはいかなる障害があり、それはいかにして克服されたのだろうか？

本稿の課題は、戦後のカリーニングラードの人びとの歴史的記憶の形成に影響を与えた状況や、その要因を明らかにすることである。記憶政治の影響の内容とそのメカニズムを分析することで、地域住民の大衆意識から、歴史的神話や先入観、プロパガンダに押しつけられた常套句を取り除くことが可能となるであろう。資料として用いるのは、国立カリーニングラード州文書館が所蔵する当局や社会組織、文化組織の文書、ならびに定期刊行物と、戦後にカリーニングラードに移住した人びとへのインタビューである。

一　スターリンの歴史政策――プロイセンの精神の追放

一九四五年のベルリン(ポツダム)会談によって、東プロイセンの三分の二はポーランドに、ケーニヒスベルクと北部はソ連に併合されることになった(ロシア共和国にカリーニングラード州が、リトアニア共和国にクライペダ地方が編入された)。新たな所有者たちは戦勝で獲得した土地を「収奪」する過程で、この土地を合法的に獲得したことを示すとともに、ドイツ人の遺産から得たものの評価基準を示す歴史政策を考案しなければならなかった。さらに未知の、多くの点で自身の歴史的・文化的環境とかけ離れたものに対する移住者たちの心理的適応を可能とする政策も必要であった。言うまでもなく、新たな領土に対する権利を適切に説明することは、ソ連当局にとって非常に困難な課題となった。

「古代のスラヴ人の土地」、あるいは「ファシストの野獣の巣窟」?

このような政策の一つ目は、一九四三年のテヘラン会談でスターリンによって着手された。ここでスターリンは東プロイセンをソ連とポーランドで分割する計画を正当化するために、「ここは歴史的にはスラヴ人の土地」だと宣言した(1)。スターリンがわずかに言及したこのフレーズは長年にわたる公式見解となり、学者や専門家によって「学術的根拠を与えられる」ことになった。一九四六年にはモスクワからカリーニングラード州に、ソ連科学アカデミーの「スラヴ考古学調査隊」が派遣され始めた。地域の出版物が掲載した報告によれば、ソ連の考古学者たちの発見は、「ドイツの学者たちによる歴史の歪曲を暴き、古代の東プロイセンに居住したのはスラヴ民

図1 1945年にリトアニア(濃グレー)，ロシア(中グレー)，ポーランド(薄グレー)に編入された東プロイセンの地域．この地図では現在のリトアニア語，ロシア語，またはポーランド語の地名を記載し，その下にドイツ語の地名を併記している．

図2　アイドクネン（現チェルヌィシェーフスコエ）――ソ連軍に占領された初の東プロイセンの都市，1944年10月．プラカードには「赤軍兵士たちよ！　君の目前にはファシストの野獣の巣窟がある」と書かれている．

族ではなくゴート民族だなどというその偽学術的議論を粉砕する」はずだった。[2]「スラヴ人の土地」というテーゼはときにプロパガンダのなかで、古代にこの土地に住んでいたのは「ソ連人の祖先」だというより単純な（学術的観点から見れば不合理な）議論に変わった。「スラヴ人の土地」のテーゼは一九五〇年代半ばまで存在し、ソ連の百科事典にも採用された。

しかし、初期の歴史政策の基本方針はすでに戦時中に、戦争プロパガンダの必要性から規定されていた。一九四四年末に東プロイセンの国境でソ連兵たちは、「赤軍兵士たちよ！　君の目前にはファシストの野獣の巣窟がある」と書かれたプラカードを目にした。その直後には共産党機関紙『プラウダ』が、東プロイセンの歴史に言及した「ケーニヒスベルクの陥落」という記事を数号にわたって掲載した。「ケーニヒスベルク――これはドイツの犯罪の歴史である。長年にわたるその歴史は強奪によって成り立ち、これ以外の生活は知られていない」[3]。この短い、しかし幅の広い解釈は、ドイツのこの地方の過去に関する一種の公式見解になった。

こうした敵のイメージは戦争プロパガンダに合わせて形成されたが、過酷な軍事衝突のなかで生み出された方針や偏見は、戦争が終わり、不倶戴天の敵に対する敵意や無慈悲な感情を教え込む必要がなくなった後も維持された。ケーニヒスベルクは「ドイツの反動の砦」「軍部の要塞」「強盗の棲み処」「ヨーロッパの黒い都市」「戦争の工場」「自由を愛する全人類の不倶戴天の敵」などと呼ばれ続けたのである。

何世紀にもわたって形成されたこの地方の伝統と、それを基盤として作られた物質的な財産は、あまり価値がなく、利用や再生には適さないと特徴づけられただけでなく、世界史の最も反動的な部分を具現化しており、無条件に根絶すべきものとみなされた。こうしてソ連当局は、東プロイセンの完全な破壊さえも疑いなく善と評価したのである。

ソ連の移住者の目に映るケーニヒスベルク

初期のソ連の移住者たちは、ケーニヒスベルクを完全に異なる見方で見ていた。彼らはカリーニングラード州への移住を他国への旅として感情的に捉え、「ドイツへ行く」「プロイセンへ行く」とさえ語った。新天地は彼らを脅かすと同時に誘惑した。彼らは外国や敗戦後の混乱を恐れ、そこに残るドイツ人住民との接触を危惧し、あらゆるドイツ人を敵と考えた。しかし、魅力も非常に大きかった。それは、新たな土地への自然な好奇心だけがもたらすものではなかった。移住者は自分の目で、「外国で」人びとがどのように生活しているのか、あるいはしていたのかを見たいと望んでいた。自分たちの生活との違いについては、戦時中にドイツや他のヨーロッパ諸国に滞在した数百万のソ連兵から様々な噂が耳に入っていた。まさにケーニヒスベルクについても、「多くの財産が残っている」「ドル箱だ」という噂が飛び交っていた。

東プロイセンで見たものについて移住者の意見がほぼ一致したのは、祖国との驚くべき違いだった。都市や村落の外観は、彼らに衝撃を与えた——木造の建物は一つもなく、赤い瓦のついた先のとがった屋根、透かし細工の鉄格子のついた橋があった。玉石や敷石で舗装された道、緑の豊かさ、見たこともない花が植えられ、手入れの行き届いた小庭は彼らを驚愕させた。移住してきた多くの人の余暇の楽しみは墓地を訪問することで、それはロシア人の墓地とは違って公園に似ており、美しい記念碑や彫刻、納骨堂があった。聖堂も異なっていた――威厳があり、人を寄せ付けない厳粛さや厳烈ささえ存在した。内部には、なじみのない調度があった。イコンではなく彫刻があり、オルガンや椅子があった。無事に残ったアパートや家屋に引っ越した人びとは、見たことのない設計や、桁違いの快適さに出会った。ヨーロッパの日常生活の一面を初めて知ったのである。大多数の移住者、特にロシア共和国やベラルーシ共和国の僻地からの移住者にとっては、新たな世界が広がっていた。ドイツ人が自分の財産を売る街の市場は、まるで美術館のようだったと語る移住者もいる。そこでは絨毯や古風な時計、燭台、陶磁器、クリスタルガラス、琥珀製品など数多くの美しく、珍しい品物を見ることができた。大規模な破壊にもかかわらず、丈夫さや品質の良さ、清潔さ、秩序といった印象は残されていた。本当に「外国に来た」、ここには「われわれとは異なる人びとが住んでいた」と多くの人が感じたのだった。(4)

東プロイセン史の簡潔な図式

移住した土地についてより多くを知りたいというロシアの人びとの自然な意欲に、政権は反応を示さなかった。それどころか、州の共産党政権は「プロイセンの精神の追放」、つまり以前の居住者の経験や戦禍を免れたドイツ人の歴史・文化遺産をすべて拒絶するという方針をとった。

ソ連の共産主義者たちが「白紙」から歴史を始めるのは、これが初めてではなかった。ボリシェヴィキは祖国で数千の聖堂を破壊し、多くの記念碑を捨て、主要な博物館の傑作を売りさばき、ロシアの知識人の業績を消し去り、一九一七年までの自らの歴史を塗りつぶしたのである。彼らにとって、ゲルマン人の一部族であるチュートン人の城や教会、あるいはプロイセンの墓地を破壊することはなおさら容易だった。

さらに好都合だったのは、戦前の過去を禁止すれば、国家や党の幹部は知的な努力や教養、外国語の知識を習得する必要がなくなることだった。スターリンの要員にはこれらの素養のすべてが欠如していたのである。ソヴィエト体制には、困難な課題を組織的に解決する能力がなかった。モスクワとカリーニングラード双方の指導者たちは、移住者たちにある程度の住居や仕事、わずかな特典を与えるだけで、新たな土地への適合という問題も解決されると信じていたのだった。

それにもかかわらず、政権は部分的にせよ保存された文化的環境を考慮して、社会からの問いを完全に無視したり、一九四五年までのドイツ人の歴史を完全に存在しなかったものと見せかけようとしたりしたわけではなかった。実際に州当局には、移住者たちが旧東プロイセンの状況とその歴史に大きな関心を持っているという情報が各地から伝わっていたのである。この空白を部分的に満たし、好奇心の強い同国人の関心を満足させるために、最低限の史実と情報からなる東プロイセン史の概念枠組みが作られ、教育機関や宣伝組織、定期刊行物や他のマス・メディアで出版された。

この東プロイセンの過去の物語は、古代スラヴ人の天国のような幸福な暮らしの描写に始まり、スラヴ人はこの地方の土着の住民と解釈された。その後西方から困難が訪れた。この地は卑劣で攻撃的なチュートン騎士団に征服され、輝く国は荒野へ、スラヴ人は奴隷に変えられたのである。これ以降の二〇世紀までのドイツ史は、外部の侵略者による一時的占領の時代とみなされ、一九四五年にこの地方が正当な所有者の手に戻されたことで、占領が終わったと考えられた。ここではこの土地とロシアの関係を示す史実や、スラヴ人とドイツの侵略者の永年の戦い、ロシア軍の勝利に関するエピソードが、わずかに言及されるだけだった。一二四二年の騎士団のルーシ遠征と、アレクサンドル・ネフスキー公の輝かしい勝利は必ず語られた。次に一七五六―六三年の七年戦争時のロシア軍による東プロイセン占領が記述され、最後に一八一三年にナポレオンの部隊からこの地方が「解放」されたことが描かれた。興味深いことに、第一次世界大戦にはほとんど言及されていない。一九一四年の東プロイセンでの作戦でロシア軍が敗北したというエピソードには、民族的誇りのための素材が欠けているからだろう。

しかし、この史実と決まり文句の貧相な集合体も、すぐに無用になったようである。まもなく編集者と検閲官は出版物から、第二次世界大戦に直接の関係のない東プロイセンへの言及をすべて削除し始めた。例えばこの地方がかつてドイツに属したことは書いてはならなかった。「ドイツ人から奪回された土地」という表現さえも不適切だと考えられた。作業場や工場について語る場合は、そこでドイツの設備が利用されていることを伝えてはならないし、「工場の再建」という表現も「工場の建設」に変更された。

ドイツの歴史だけでなく、州の歴史全般が学校や大学、その他の教育機関の授業から除外された。博物館は戦前の州の歴史に関する物品を収集せず、まして展示することはなかった。州の当局は、ドイツの切手やはがき、肖像画、絵画、食器などに向けられるカリーニングラード住民の熱中の広まりと闘い続けた。市の劇場では注意深い検閲官が、壁の装飾が「ソ連の建築様式に適していない」とみなした、あるいは女優が「ロシア人の衣装」を着ていないことに気付いた、または家具のなかに「ドイツ風のソファ」を見つけ、「他の形の椅子」に変えるように指示したというだけで、上演が禁止される可能性があったのである。(5)

カリーニングラードの社会主義的再建

戦後初期の記憶の政治は、ある一つの重要な問題に答えねばならなかった。いかに都市空間を復興するのか、戦争で破壊され、被害を受けた建物や建築物をどのように、またいかなる方針で再建するのかという問題である。ドイツの歴史・文化遺産の評価という問題が特に鮮明に浮上したのは、カリーニングラードの復興と新たな建設計画を審議する過程であった。初期の方針では、都市中心部の廃墟を「一九四一―四五年のドイツ・ファシズムとの大祖国戦争の勝利の記念碑」として保存することが計画された。(6)しかしまもなく、カリーニングラード復興の目標は、市の外観の根本的改造であるべきだという意見が優勢になった。

主任建築家ドミートリー・ナヴァリーヒンは、「カリーニングラード市の建築物の再建」と題する壮大な報告書を準備し、ドイツの建築遺産について、「古い都市は完全に再建され、建て直されなければならない」という基本方針を主張した。自らの立場を論証するために、彼は次のように記している。

都市は七世紀にわたって一貫性なく、統一的で規制された計画を欠いたまま建設され、発展してきた。そして大多数の資本主義諸国の都市のように、様々な時代や趣向、イデオロギーの集成体になっている……われわれソ連の人びとは、古い都市の中心に、執拗に続く多数の教会の輪郭につながる狭く曲がりくねった通りを設計したり、私有の風変わりな住宅と陰気で暗い内庭が、広々とした空間や緑の植込みなしにへばりつくような寄せ集めを作ったりすることはない。

ナヴァリーヒンは、古い建物を「以前の建築物の外観」のまま再建しようと提案する少数の建築家たちを厳しく批判した。なぜならそれらは「ドイツの民族的趣向」の反映であり、「ソ連の建築や都市建設の伝統に適合しない」からである。彼は「通りの直線化」と「広場の拡大」に即座に着手するように訴え、「新たな社会主義の都市カリーニングラードのあらゆる成長と形成は、新旧の、消え去りつつあるものと生まれつつあるものの妥協なき戦いという旗のもとに行われなければならない」と主張して、「古いドイツ的外観は新たな社会主義的趣向と矛盾しており、断固たる根本的改造が必要である」という論理的帰結を導き出した。(7)

都市の清掃や埋め立てと同時に、建築資材の準備が始まった。特に戦時中に破壊されたソ連国内の都市の再建には、煉瓦が必要であった。このために戦前に建てられた州内の多くの建物や建築物が犠牲となったが、それらは修理や建て直しをすればカリーニングラードの住民が利用できたはずであった。州の建築事業部門の責任者パーヴェル・チモーヒンは、「建築物解体トラスト」を特別に組織することとさえ提案した。解体された建物の煉瓦を、ロシアの各都市で戦時中に破壊された建築物の再建に使用するというのである。彼は全連邦共産党中央委員会に宛てた書簡で、「カリーニングラード市だけで約二〇〇万個の煉瓦が建築物の解体から入手可能」だと伝えている。彼の計算によれば、作業は五、六年で完成するばかりか、そのうえ解体作業から毎年四〇〇万個の煉瓦が手に入り、二〇―二五の新たな煉瓦工場の建設費用を削減することができるはずだった。[8] もしこの壮大な計画がカリーニングラードで実現していれば、戦禍を免れたわずかな古い建物や建築物も保存されることはなかっただろう。幸いにも、この提案がモスクワの支持を得ることはなかった。

改称キャンペーン

新政権は古いドイツの地名の変更を、新たに獲得した土地の開発と統合のための最重要課題の一つとみなした。しかし、戦後の一年間はこの政策はほとんど実行されなかった。最初に改称が始まったのは、ケーニヒスベルクのいくつかの通りや広場のみであった。それらは「ファシストの首領の名前に因んでいて、勝利した人民の憤慨を当然にも引き起こしていた」のだ。これを命じたのはケーニヒスベルク特別軍管区を指揮する将校クジマー・ガリーツキーの一九四五年一一月の指令で、特にアドルフ・ヒトラー広場の勝利広場への改称を指示した。だが実際は、改称された三七四の地名のうち、「ファシストの」名称を持つものは十五の通りに過ぎなかった。[9]

一九四六年夏にソ連からの大規模な移住が始まると、当局は地名の体系的な変更に着手した。変更は州の中心部から始めるべきだと考えられ、ケーニヒスベルクはバルチースクへの改称が予定された。しかしその年の六月にスターリンの同志でソ連最高会議幹部会議長のミハイール・カリーニンが死去すると、閣僚会議は彼の名を歴史に永久に残すことを決め、国内の大都市の一つをその名に改称することになった。こうして、カリーニンは一度もこの都市を訪問したことがないにもかかわらず、一九四六年七月四日にケーニヒスベルクはカリーニングラードに改称されたのである(この日は現在も都市の日として、公式の祝日となっている)。この際に開かれた会議では、「ファシストの隠れ家は今日から真のロシア人の都市になった」と語られた。これに続いて前例のない改称キャンペーンが展開し、二年の間に数千の集落や川、湖、その他の自然物、数万の広場、通り、小路に新たな名称が付けられた(10)。

地名は実用的な機能を持つ（その場所の特徴を示す）だけでなく、象徴としての役割も担っている。旧東プロイセンでは、新たな所有者の権力を正当化し、移住したソ連の人びとの集合的アイデンティティを形成するために、これらの象徴が必要とされたのである。

多くの新たな名称は軍事的テーマやソ連のシンボルと結び付いており、都市や村落は、終結した戦争で功績をあげたソ連の司令官や英雄の名前、国家の活動家、革命の指導者、ロシア人の作家や学者の名前を与えられた。ときには村落に、自然物や何らかの土地の特性に因んだ名称が付けられ、移住者の故郷の名称も多くの土地に与えられた。地図上には同一の地名が多数現れ、例えば、「ソスノーフカ」という名称が一二の集落につけられた。しかし、最悪だったのは、新たな地名が完全に人工的な特徴を帯びていたことだった。古い地名はこれとは異なり、地形の特徴や歴史的伝統、民族的・文化的特性を考慮して数世紀間にわたって形成されたために、人びとにとって自然の標識として機能していた。例えばインステルブルク市という名称は「インステル川沿いの城砦」という意味を持ったが、第二次世界大戦期の将校の名からチェルニャホーフスクと改称された。新たな地名は地域とは何の関係もなく、有益な地理情報を旅行者に与えることもなかった。

こうした明らかな誤りや誤算にもかかわらず、一九四五年に新たな発展の道を歩み始めたこの地方の歴史にとって、改称キャンペーンは客観的に不可避の過程だったのである。

記念碑の生涯

戦後の長い間、「文化的記念碑」「歴史的記念碑」とみなされたのは、東プロイセンでの戦闘で死去したソ連兵の墓だけだった。一九四七年一〇月三日に州当局は特別決定を採択し、すべての兵士の墓に、「わがソヴィエトの祖国のための戦いで倒れた英雄に永遠の栄光あれ」という記念碑文を一様に記すことを定めた(11)。これによって

図3　カリーニングラードのイマヌエル・カントの墓の側で，1950年代初頭．壁には「今や君は世界が物質的であることを理解した！」と書かれている．

東プロイセンや、この地がかつてドイツに帰属したことに関する言及は、すべて墓銘から排除された。

他のあらゆる彫刻や建築物（城、聖堂、橋、駅、公共施設、住宅、記念彫刻や公園彫刻）は記念碑とみなされなかっただけでなく、公式文書で言及されることもなかった。当然ながら、プロイセン王やドイツ皇帝、その他のドイツの民族的英雄や文化人に敬意を表す多くの古い記念碑は台座から投げ落とされ、金属に溶解加工された。わずかな例外はドイツの詩人フリードリヒ・シラー（一七五九―一八〇五）の記念碑や、いくつかの公園彫刻、ケーニヒスベルクの著名な学者の墓石のみであった。

特筆すべきは、世界に名立たる哲学者であり、ケーニヒスベルクの主要な象徴であるイマヌエル・カント（一七二四―一八〇四）の墓である。その墓は偶然にも戦禍を免れた。一九四七年初頭、市民のV・V・リュビーモフは連邦中央の政府機関紙『イズヴェスチヤ』に書簡を送り、カリーニングラードで廃墟となった大聖堂の取り壊しが計画されていること、その壁の側にカントの墓があることを伝えた。リュビーモフは、カントがマルクス主義の古典のなかで高く評価されていることに触れて（フリードリヒ・エンゲルスから引用した）、記念碑の保護を訴えた。『イズヴェスチヤ』紙編集部はこの書簡に関心を寄せ、その写しを様々な政府機関に送付した。その後、墓を保存し、その破壊を禁止すべきだとの指令がカリーニングラードに通達されたのである。墓の周りには後に金属の囲いが作られ、一九五六年には聖堂の壁に、「カントの墓は政府によって保護される」と書かれた大理石の板が取りつけられた。[12] 政府が天才的な哲学者の墓に触れてはならないと指令したことによって、その側にある大聖堂もまた、事実上政府の保護下に置かれることになった。

破壊されたドイツの記念碑は溶解加工されて跡形もなく消え去り、ソ連の存在を示すものが取って代わった。ソ連初の巨大な記念碑は、戦勝と戦死した英雄に捧げられた。この記念碑は、すでにケーニヒスベルク改称以前に一〇八日かけて建設され、一九四五年九月三〇日に完成が盛大に祝われた。記念碑を建設したのはドイツ人の戦争捕虜であり、二万一〇〇〇立方メートルの石と煉瓦、二万平方メートルの花崗岩の舗石、一四トンの青銅が使われ、一〇〇平方メートルのレリーフで飾られた。記念碑を制作したリトアニア人の主任彫刻師ユオーザス・ミケーナスは、こう回想している。「われわれはこのような光景を見たことがなかった。街はまだ燃えている。燃える街の中でソ連の人びとが、同国人やともに戦った同志、兄弟に捧げる記念碑を立てているのである」。[13] ソ連ではこの種の軍に敬意を表す数多くの軍事的記念碑に、まもなくソ連の指導者たちの記念碑が加わった。ソ連ではこの種の彫刻は、専門の企業によって大量生産された。

カリーニングラード市では指導者たちの彫像が、旧プロイセン王妃ルイーザ記念教会の側に建設されることになった。教会はカリーニンの名を冠した市立公園内にあり、この計画のために隣接するドイツ人墓地を破壊して、公園を二倍に拡張することになった。建築家ミハーイロフスキーの案によれば、公園の主要な並木道は「広大な草原」へとつながり、「そこにはわが国の偉大な指導者——総司令官スターリンの巨大な銅像がそびえる」のだった。そして彫刻の周りには、生花でスターリンの同志——モロトフ、ベリヤ、ジダーノフら——の肖像が形作られるのである。[14] このミハーイロフスキーの計画は、資金不足のために実現しなかった。スターリンの記念碑は一九五三年の彼の死からちょうど一月半後に市の主要な広場に設置されたが、一九五六年にスターリンの「個人崇拝」が共産党大会で批判されると、彫刻は他の場所へ移され、一九六二年に解体された。一九五九年に駅前の広場に建てられたカリーニンの彫刻は、幸運にも今日まで無事に残存している。しかしその名を歴史に永久に刻むという「永続化」部門での絶対的記録の樹立者は、一九八〇年代半ばまでに州全体で七二の彫像が制作されたウラジーミル・レーニンであろう。(15)

二　スターリン死後の記憶政策の変化

フルシチョフの雪どけと新たな方針

歴史政策の重要な変化はスターリンの死後まもなく、いわゆるフルシチョフの雪どけの時代(一九五六―六四年)に起こった。この時代は体制の自由化を特徴とし、社会生活の民主化、「鉄のカーテン」の一定の弱体化、言論と創作活動の自由の拡大によって規定された。一九五〇年代末にはカリーニングラード州の歴史に関する初の出版物が現れたが、内容はまだ一九四五年以降を中心としていた。(16)一九六一年に出版された旅行者向けのガイドブックは、ドイツの建築物を初めて名所に含め、それを中心に紹介した。(17)しかし、この記述は注意深いイデオロギー政策担当者の目に留まり、人気を集めたこのガイドブックはまもなく公共図書館から秘密裡に排除された。(18)社会に新たな雰囲気が広まるなかで、多くのカリーニングラードの人びと、特に代表的な知識人たちが、完全な破壊を免れた東プロイセンの歴史・文化遺産の保護と修復を訴え始め、公共の建造物や聖堂、記念碑の保全を訴える連名のアピールが州と中央の新聞に掲載された。

この下からの圧力の影響を受けて、州当局は一九五六年一〇月二二日に歴史的決定「歴史と考古学、芸術、建築の記念碑の調査と保全について」を採択した。決定は州の党中央委員会文化局と建設・建築事業部に「記念碑の調査と登録に着手し、……カリーニングラード市全体での作業を一九五六年一二月一五日までに、州内の地区と他の市での作業を一九五七年四月一五日までに完了する」ことを命じた。それと同時に、「記念碑の保護(保存と修繕、記念碑周辺の地区の整備)に関する計画の作成」が指令され、地区当局の下級組織には、「歴史、芸術、建築記念碑の解体や破壊を許可しない」ことが指示された[19]。これと同時にカリーニングラードに設立された歴史・文化記念碑保護協会の地方支部は、地域の文化遺産の保護を市民社会の側から監視することを呼びかけた。

これらの決定は、ドイツの記念碑に対する評価の転換に道を開いた。州の財源から、その修理や修復のための費用が割り当てられるようになった。ドイツの記念碑のリストが多数作成され、それにしたがって記念碑の登録が始まり、その専門的調査と証明書交付作業が実施された。偉大な天文学者フリードリヒ・ヴィルヘルム・ベッセルの墓や、傑出した学者フランツ・ノイマン、ロベルト・カスパリ、ユリウス・ルップの記念碑がある天文台地区のケーニヒスベルクの学者たちの墓地が、政府の保護下に置かれた。新たなリストには多くの公共建築や要塞、城、教会、橋、公園彫刻など一四のドイツの芸術記念碑と二七の建築物が掲載され、一九五七年一〇月二日には州執行委員会が、「これらの保全を厳しく監督し、保存と修繕作業を保障すること」を決定した[20]。

ケーニヒスベルクの城の運命とその解体に関する論争

この時期の最も顕著な事件は、チュートン騎士団が一三世紀に築いた王の城――ケーニヒスベルクの主要な歴史的名所――の運命に関する広範な社会的論争である。この要塞は一九四四年のイギリス空軍による空爆と、一九四五年四月のソ連軍のケーニヒスベルク攻撃で激しく損傷した。軍事活動終了後、当局は数回にわたってこの荘重な建築物を取り壊そうとした。一九五三年には、文字通りスターリンの生涯の最後の数日間に、城の最も印象深い部分の一つ――九六メートルのゴシック様式の塔――が、倒壊の危険があるという理由で爆破された[21]。

議論を始めたのは、一九六〇年代前半にカリーニングラード中心部の総合的な建築計画を審議した建築専門家たちである。彼らは、王の城はこの都市で最も重要な建築物であり、文化的記念碑として保存すべきだとの見解を表明し、城がドイツ人の歴史だけでなく、ロシア国家の主要な史実とも結びついていることをその理由に挙げた。特に強調されたのは、城の内部に「モスクワ・ホール」が存在し、ロシア皇帝のピョートル大帝やロシア人の外交官、将軍、文化人たちがそこを訪れたことだった。これに加えて、一九四一―四五年の戦争でのドイツ・ファシズムに対する赤軍の勝利を象徴する記念碑の一つにもなりうるとも主張した。

モスクワの『文学新聞』には、「歴史のために保全する」と題したカリーニングラード市民の連名の書簡が掲載され、大きな反響を呼んだ。書簡は、州当局の政策のために「城に消滅の危機が差し迫っており、近日中に石壁と塔が爆破される」ことを伝えた。「城は過去何世紀もの建築記念物であり、この都市に独特の、またとない風貌を与えており、その建築上、芸術上の意義には疑いがない」と書簡の執筆者たちは訴え、計画を許可すべきではないと主張した。(22) これらすべての数々の訴えが、ロシア共和国文化省やモスクワ、レニングラード、ウクライナ、リトアニア、ラトヴィア、エストニアの芸術家組織の支持を獲得した。

カリーニングラード州の共産党は、この城は常に「ドイツ人によるスラヴ人攻撃を体現」してきたと主張し、ファシスト独裁下では「ヒトラーやヒムラー、ゲーリングらナチ指導者たちが何度も訪問した」、したがって「廃墟となった城を保存することは、若い世代の世界観の形成にとって有害」であると反論した。それとともに、要塞の保全と修復には莫大な物質的、金銭的手段が必要であり、それらは勤労者の住宅建設や都市の整備に割り当てるべきだと強調し続けた。(23)

おそらく、こうしたアプローチがモスクワの共産党中央委員会の理解を得たのであろう。一九六五年末、城の運命に関する議論は突然中断し、その三年後、城は最終的に取り壊されたのである。オーラル・ヒストリーのなかには、強力な権限を持つ首相アレクセイ・コスイギンのカリーニングラード訪問の後に、この事件が起こったとの証言が残されている。それによれば、コスイギン首相は廃墟となった城を訪問し、彼を案内した地元の役人に尋ねたという。「どうしてこれがあなた方の市の中心にあるのかね？」――「ここに城を再建し、郷土博物館を建設する予定なのです」。これに対してコスイギンは警告した。「何のための博物館だ？　プロイセンの軍国主義か？　こんな城は明日にでも撤去すべきだ」。(24)

一九五〇年代半ばに起こった城をめぐる論争に最初に注意を向けたのは、ドイツ人研究者のヴェルト・ホッペであった。彼がいみじくも指摘したように、「老朽化した石壁に関する論争は、ドイツ史に対するこの地方の評価をめぐる衝突であり、地域のアイデンティティ形成に結びつく一連の問題群に関わっていた」のである。(25)

ブレジネフの停滞の時代における記憶の政治

その後の二〇年間の記憶の政治は、矛盾に満ちたものであった。一九六四―八二年にソ連共産党中央委員会書記長(六六年までは第一書記)であったレオニード・ブレジネフの時代が始まると王の城が取り壊されたが、これは東プロイセンの文化遺産の甚大な物質的損失とみなされている。州の戦前の歴史を表現することは、禁止され続けた。博物館の歴史展示では「考古学」部門に続いて、すぐに第二次世界大戦と社会主義建設の時代のカリーニングラード州の歴史の展示が始まった。唯一の例外は、「『イスクラ』紙のレーニン的旅路」というテーマ――ヨーロッパから東プロイセン領を通ってロシアへ、革命を目指すボリシェヴィキの出版物が非合法に配達された歴史に関する展示である。ソヴィエーツク市(旧ティルジット)には、これに関する専門の博物館さえ開設された。カリーニングラード大学歴史学部には、州の歴史に関する科目は存在しなかった。ようやく初の地域史の教科書が出版されたのは、ブレジネフの死後の一九八四年であった。この薄いパンフレットでは、州の歴史は一九四五年に始まり、この地のドイツ人の過去はついでに言及されたに過ぎなかった。(26)歴史学部の学生はマケドニアのアレクサンドロス大王やメキシコ革命、パリ・コミューン、中国の文化大革命に関する学位論文――故郷の歴史に関わらなければ、何でも良かった――を執筆した。「チュートン騎士団の歴史」と題された初の地域史に関する論文が学位を授与されたのは、一九九二年のことである。(27)初等・中等学校では、子どもたちは自分が住む都市や村落、地区の歴史について何も知ることができなかった。

他方で一九七〇―八〇年代は多くの建築記念物の修復が試みられた時期でもあり、それらは今日までカリーニングラードの誇りとなっている。なかでも特筆すべきは、一九世紀半ばのケーニヒスベルクの要塞建築の一部をなすドーナの塔であろう。ここには、現在カリーニングラード州で最も人気を集めている琥珀博物館が、一九七九年に開設された。建築家フリードリヒ・ハイトマンが一九〇七年に建設したカトリックの聖家族教会には、一九八〇年に交響楽団のコンサートホールが設置された。彼の計画に基づいて建築されたプロイセン王妃ルイーザ記念教会の内部には、一九七六年に子ども向けの人形劇場が開設され、同年にはケーニヒスベルク大聖堂の修繕が初めて試みられた。しかしこれは準備が不十分で失敗に終わり、作業の途中で聖堂の北側の塔の切妻壁が大きく損傷してしまった。これらすべての事例は、成功も失敗も含めて、カリーニングラードの人びとがイデオロギーによる障害や指令にもかかわらず、東プロイセンの歴史・文化遺産に価値を見出し、それを徐々に自らのものにしていったことを示している。

この時期においても、国民全体の歴史的ナラティヴのなかでは、第二次世界大戦でのソ連の勝利がいまだに重要な地位を占めていた。[28] これに関連してブレジネフが導入した新たな式典と記念の実践[29]は、カリーニングラード州にとってきわめて時宜にかなっていた。東プロイセンの「奪還」のための戦いと、一九四五年のソ連兵によるケーニヒスベルク攻撃は、地域史の主要な史実と考えられただけでなく、ソ連の新たな州の「建国神話」の基盤と見なされた。一九四五年は、ピエール・ノラのいう「記憶の場」と解釈されるようになったのである。この新たな方針から、ファシズムに対する勝利と戦死したソ連兵に捧げる多くの軍事的記念碑や記念物が建設された。現在も州内には、司令官や英雄、戦争に貢献した人びとに敬意を表す二二〇の記念碑が存在する。このうち一六一が兵士の墓に建てられた記念碑であり、五九は個々の司令官や英雄、軍事的功績に捧げられている。カリーニングラード市では先の大戦の記憶化が頂点を極め、現在この地にはこの戦争に関する四八の記念碑がある。[30] 面積比と人口比を考慮すれば、これはロシアや旧ソ連諸国の都市の中で最多である。

それにもかかわらず、戦勝の記念碑プロパガンダや戦前の過去を禁ずることが、カリーニングラードの人びとの歴史的記憶の広がりを限定したわけではなかった。このことは、自主的に地域の過去を研究しようとする地誌学者と愛好家の試みや、古いドイツの書籍や文書、物品の収集の流行、戦前の記念碑や記念すべき場所、特に一八世紀から二〇世紀初頭の東プロイセン領でのロシア軍の勝利に関するものの保全を訴える行動に示されている。

一九八〇年にはカリーニングラードの作家集団が、第一次世界大戦の際に東プロイセン領で戦死した三万二〇〇〇人のロシア人兵士の記憶を永久に保存すべきだと主張した。彼らによれば、英雄の墓廟をカリーニングラードの中心部に建設し、州内の各地のロシア人兵士の遺骨をここに再埋葬すべきであった。しかしこの提案は、当局の理解を得られなかった。一九一四—一八年の戦争はソ連時代には公式イデオロギーの言説から排除され、「忘れられた戦争」になっていたのである。そのため一九九〇年代に至るまで、過去数世紀の間の戦争で戦死したロシア人兵士の墓を訪れるのは個々の郷土史家や熱心な愛好家だけであり、政府の援助は全く得られなかった。[31]

ペレストロイカから現在の歴史的記憶と記憶の政治

一九八〇年代後半にゴルバチョフのペレストロイカが始まると、イデオロギーのドグマは弱体化し、グラスノスチ政策によって、カリーニングラード州では戦前の歴史に対する禁止令が完全に取り除かれた。[32] 学校や大学で[33]州の歴史が学ばれるようになり、学術会議やセミナーが開催され、ケーニヒスベルクや東プロイセンの歴史に関する多数の研究が現れた。[34] 一九九四年にはカリーニングラードの人びとが有名なケーニヒスベルク・アルベルトゥス大学の四五〇周年を祝い、その伝統を受け継ぐロシア・カリーニングラード大学の壁際にはケーニヒスベルク出身の偉大なイマヌエル・カントの記念碑が再び置かれることになった。

二〇世紀と二一世紀の転換期の最大の達成は、一九九〇年代初頭まで廃墟のままに残されていた大聖堂の再建であり、この聖堂は現代のカリーニングラードの主要な建築のシンボルの一つとなっている。聖堂を宗教的、精神的、文化的中心として再建するという構想を州の行政当局が発表したのは一九九二年のことであり、その後六年間にわたってロシアやポーランド、リトアニア、ドイツの専門家の大規模な作業が続いた。現在も再建作業は継続しており、一九九八年には再建された聖堂の内部に博物館が開設された。

現在、国家の保全リストにはカリーニングラード州内の九四〇の歴史・文化遺産が登録されており、そのうちの二五は連邦の記念碑に、三九〇は州の記念碑、五二五は市の記念碑に指定されている。(35) その約八〇%が戦前のプロイセンやドイツの過去に関するものであり、ソ連とロシアの七〇年間の現代史に関する文化遺産は五分の一に過ぎない(その大部分は軍事的記念碑である)。

ソ連の解体と外国人に対する州の開放は、追放されたドイツ人(36)に、ほぼ半世紀を経て故郷を再訪する可能性を与えることになった。一九九〇年代初頭、カリーニングラードの人びとはドイツから来た数百人の「懐郷にふける」観光客を初めて目にし、かつての祖国の痕跡を探しにやってきた年配の人びとから胸を打つ痛ましい物語を聞いた。この非公式の接触から、カリーニングラードの多くの人びとが、新たな視点でこの地方を見るようになった。この地がいつかドイツのものだったという抽象的な知識が、不意に可視化されて証明されたのである。

戦前のこの地には、非常に活力のある本物の生活が存在し、発展したことをロシア人は理解するようになった。多くのソ連からの移住者にとって、新たな祖国とその歴史は一九四五年の戦勝の花火とともに始まっていた。しかし、思いがけずその過去が見つかったのである。地域のコミュニティでは、ドイツの文化遺産を全ヨーロッパの、全人類の遺産として研究・保全し、発展させる必要性について、激しい論争が展開することになった。その代表的な例は、カリーニングラードの名称を以前のケーニヒスベルクに戻すという議論や、王の城の再建を求める議論であり、これらの活発な論争はいまだ決着を見ていない。

ケーニヒスベルクの記念日か、あるいはカリーニングラードの記念日か?

新たなポスト共産主義のロシアにおける記憶の政治の展開のなかで、特に重要な出来事となったのは、二〇〇五年のケーニヒスベルク七五〇周年記念式典であった。カリーニングラードの人びとは、市の輝かしい記念日をいかに祝うべきかについて、長い時間をかけて計画を作成した。地元の当局と社会団体は大規模な記念式典の企画を作成し、政府に提出した。しかしこの計画は連邦中央の省庁の一部に不満を引き起こし、政治的に誤っているという理由で中止を勧告された。ロシア連邦大統領府代表のナターリヤ・チマコーヴァは報道機関に対して、「ロシア史とほとんど関係のない、もはや存在しないドイツ人の都市の記念日を祝うという十分な根拠は存在しない」(37)と述べ、代わりにカリーニングラード市と州の六〇周年を祝うことを提案した。

カリーニングラードの人びとはこの決定に同意しなかった。これに関して州知事の海軍提督ウラジーミル・エゴーロフは、暦を修正することができないのと同様に、市の誕生の日を消し去ることはできない、したがっていかなる場合も記念祭を取り行うべきだと哲学的に指摘した(38)。しかし、カリーニングラードの人びとの提案には、ウラジーミル・プーチン大統領から予期せぬ支援が向けられることになった。プーチンは「この史実の歴史的、政治的、文化的意義を考慮して」、二〇〇三年に市の七五〇周年式典に関する指令に署名したのである。ある新聞は、「プーチンがカリーニングラードに六九〇年の歴史を返還した」という見出しを付けてこのニュースを報道した。

二〇〇五年に開催されたケーニヒスベルク／カリーニングラード七五〇周年記念式典は、新たなロシアのヨーロッパ的選択を表明する場となった。カリーニングラードでは式典に合わせて、七月三日にロシア、ドイツ、フランスの首脳会談が開催され、カリーニングラード大学にはドイツ人哲学者のイマヌエル・カントの名が冠せられた。ロシアで外国人にこのような敬意が表された例は、他に存在しない。

地域史と過去の数世紀間の文化遺産に対する新たなアプローチを示す顕著な事例は、ロシアやドイツ、ポーランド、リトアニアの大学と学術機関に所属する歴史家や、他の人文科学の専門家たちによる活発な国際協力である。例えば二〇一〇年には、三つの大学が参加する国際研究計画「トリアローグ」が始まった。三大学とはフランクフルト・アム・オーデルのヴィアドリナ欧州大学(ドイツ)、トルンのニコラウス・コペルニクス大学(ポーランド)、カリーニングラードのイマヌエル・カント・バルト連邦大学(ロシア)である。その目的は包括的なコミュニケーション・ネットワークを創設することで人文科学の分野で三つの学術共同体の協力を発展させ、強化し、まさにそれによって三カ国の相互理解に大きく貢献することにあり、ロシアとドイツ、ポーランドの外務省の後援を受けている。これは歴史家や哲学者、社会学者、政治学者、法学者、地理学者、建築史学者が参加する学際的なプロジェクトで、学術会議や、大学生、大学院生を対象とする夏期講習を毎年開催している。(39)

こうした四半世紀の重要な変化にもかかわらず、東プロイセンの遺産に関する国家の歴史政策が完全なコンセンサスに達していると言うことはできない。カリーニングラード市と州の市民社会には、過去数世紀間の歴史・文化遺産の保護と研究、利用を訴え、バルト沿岸地域の近隣諸国と密接かつ互恵の協力関係を築こうとする人びとがいる一方で、自らを「愛国主義者」と名乗り、これらの人びとを「裏切り者」や「ロシアの敵」、「分離主義者」と執拗に非難し続ける歴史の専門家や社会組織、政党、マス・メディアが存在している。(40)近年までこれらの社会勢力は周辺的地位に置かれていたが、二〇一四年以降、ロシアと西欧諸国の関係の緊迫化を背景として、非常に攻撃的に自らの孤立主義的見解を宣伝し、近隣諸国との協力を促進しようとする人びとを「ドイツ化」や「分離主義」という言葉で威嚇し、外の世界への公開性や国際協力の推進を国家に対する裏切りと非難するようになった。幸運にもこのような立場は、現時点では地方当局の支持を得るには至っていない。

旧東プロイセン領の記憶政治——ロシア・ポーランド・リトアニアの比較(の試み)

戦後初期のカリーニングラード州、ポーランドのヴァルミアとマズールィ、リトアニアのクライペダ地方における記憶政治の比較分析は、これらが共通の方針に基づいていたことを示している。すなわち、新たな住人にとってのドイツ文化の遺産の価値を否定し、ドイツ的なものから脱すること、「ドイツ化の痕跡をぬぐい取ること」、「プロイセンの精神の追放」、三つに分割され、スターリニズムという共通のイデオロギーの基盤を持つ地域の公共空間に新たな民族的・理念的象徴を確立することである。

他方で、この歴史政策が徹底的に実行されたのは、カリーニングラード州だけであった。当時のリトアニアや、特にポーランドでは、歴史政策の大部分は宣伝に過ぎなかったのである。実際には、ポーランド人やリトアニア人は新たな住環境を偏見なく理解し、より容易に適応することができた。さらに、数世紀にわたって蓄積された地元住民の生活様式や経済の仕組みをある程度習得し、歴史的伝統を支持し、城や聖堂、その他の文化的記念碑を保全・修復することができたのである。(41)

この違いの原因は、彼らがロシア人とは異なり、自民族の歴史的伝統や、数世紀の間この地域に民族的なポーランド人とリトアニア人が居住していたという事実をよりどころとすることができたことにある。さらに彼らは、この地がポーランド・リトアニア国家に属した時代に訴えることも可能であった。(42)これに加えて一九四七―四八年のカリーニングラード州では、民族的な違いを考慮せずに、ドイツ国籍を持つすべての地元住民をドイツのソ連占領地域に追放した。つまり、民族的なドイツ人とともに、東プロイセンに何世紀もの間居住していた少数のポーランド人、リトアニア人をも移住させたのである。これに対してリトアニアとポーランドは、リトアニアとポーランドにルーツを持つ数千、数万の東プロイセン住民を追放の対象から除外した。彼らは東プロイセンのアイデンティティをある程度保持しており、新来の移住者に知識や地域の伝統を伝える仲介人になることができたのである。

この違いが最初に現れたのは、一九四五―五〇年に実施された数千の集落や川、湖などの自然物の改称キャンペーンであった。ポーランドやリトアニアでは戦前の数世紀の間、ほぼすべての地理的対象が、ドイツ語の名称だけでなく彼ら自身の民族の言語の名称を持っていた。改称キャンペーンに積極的に加わった学者や専門家は、ドイツ語名称の改称の基本原則（「再ポーランド化」や「再リトアニア化」）を作成したが、この原則は自然に、かつ歴史的に形成された地名を含む貴重な情報をすべて保存することを課題とした。これに対してカリーニングラード州には「歴史的な」ロシア語の地名はほとんど存在せず、あらゆる名称が新たに考案された。新たな地名は人工的な特徴を持ち、専門的調査なしに作成されたため、地図上に多数の同一の、明確な特徴のない、イデオロギー的色彩を帯びた地名が出現することになった。

戦後初期の記憶政治の問題の中心は、東プロイセンの歴史・文化遺産の評価にあり、ロシアに編入された地域では、地域の歴史を「白紙」から始めるという方針が採用された。戦禍を免れた文化遺産や、何世紀にもわたって蓄積された地方の伝統は、敵対的で反動的なものと評価された。ポーランドやリトアニアでもドイツの過去は無視されたが、一定の根拠から彼ら自身の歴史・文化遺産と解釈された物質的な文化遺産は、ドイツ的なものとの闘争の対象にはならなかった。自民族の知識人、特に旧東プロイセンの知識人の熱意のおかげで、騎士団の城や社会的・文化的建築物が破壊を免れ、再建され始めた。美術館では展示が企画され、国立図書館や国立文書館では所蔵資料の調査と保存が実行された。さらに出版物には、定期的に地域史の概説や地元の名所、功績多き文化人の物語が掲載されたのである。

ソ連とポーランド人民共和国の共産主義政権は、よく似た公式イデオロギーのアイデンティティを持っていた。それにもかかわらず、両国民がともにドイツ人に対して不倶戴天の敵という感情を示したことを除けば、戦後初期の旧東プロイセンの三地域の記憶政治には本質的な差異があり、それは異なる結果をもたらした。ヴァルミアとマズールィ、クライペダ地方の一部の移住地の整備は、他者の経験を完全に拒絶することなく行われた。その経験はドイツ人だけでなく、東プロイセンの他の民族の多数の文化的要素、特にポーランド人とリトアニア人の文化も包摂するものであった。

旧東プロイセンの三地域の状況は、スターリンの死後、一九五〇年代半ばに「雪どけ」の時代が始まると近接し始めた。カリーニングラード州では、「プロイセンの精神の追放」という最も憎むべき政権の方針が克服された。最初は一つの、その後数十、数百のドイツの建物や建築物、芸術遺産が国家の保護下に置かれた。当局はそれらの修理や修復に財源を割り当てるようになり、ペレストロイカが始まって共産党政権が崩壊すると、戦前の州の歴史に対する禁止令は最終的に廃止された。

二〇〇五年のケーニヒスベルク／カリーニングラード七五〇周年記念式典は、生まれ育った都市の歴史を「われわれの」ものと「他者の」ものに区別しようとする人びとが、ますます減少していることを明示した。そしてわれわれの小さな故郷の整備は、他のすべての有意義な社会活動全般がそうであるのと同様に、先駆者や隣人の経験を考慮し、利用することなしには不可能であるという確信が、ますます強固になっているのである。

（立石洋子訳）

1 *Тегеранская конференция трех союзных держав - СССР, США и Великобритании. 28 ноября - 1 декабря 1943 г.*, Москва 1984, с. 150.

2 Калининградская правда, 26 июля 1950 г.

3 Правда, 13 апреля 1945 г.

4 戦後に新たに獲得された土地に移住したソ連の人びとの印象については、オーラル・ヒストリーの手法を用いたカリーニングラードの歴史家たちの研究を参照されたい。なお、本書は三カ国語で出版されている。Юрий Костяшов（ред.），*Восточная Пруссия глазами советских переселенцев. Первые годы Калининградской области в воспоминаниях и документах*, Калининград 2003, 333 с.; *Przesiedleńcy opowiadają: Pierwsze lata Obwodu Kaliningradzkiego we wspomnieniach i dokumentach*, Ośrodek Badań Naukowych, Olsztyn 2000, *Als Russe in Ostpreußen: Sowjetische Umsiedler über ihrem Neubeginn in Königsberg/Kaliningrad nach 1945*, Edition Tertium, Ostfilderm 2002, Юрий Костяшов, "О национальной структуре, этнографических особенностях и социокультурной адаптации советских переселенцев в Калининградской области（1945–1950）", *Национальные отношения в новое и новейшее время : теория и практика*, Калининград 2000, с. 66–79 も参照。

5 Государственный архив Калининградской области (ГАКО), фонд (ф.) Р-344, опись (оп.) 3, дело (д.) 39, листы (л.) 1-16.

6 Bert Hoppe, "Auf den Trümmern von Königsberg. Kaliningrad 1946-1970", *Schriftenreihe der Vierteljahrshefte für Zeitgeschichte*, Bd. 80, München 2000, S. 55.

7 ГАКО, ф. Р-520, оп. 1, д. 45, л. 35-46.

8 ГАКО, ф. Р-520, оп. 1, д. 158, л. 61-62.

9 ГАКО, ф. Р-310, оп. 1, д. 1, л. 1-14.

10 改称キャンペーンについては以下を参照。Инна Криворуцкая, "Кампания переименований 1946-1947 годов" // *Калининградские архивы*, No 1, 1998, с. 90-106, Per Brodersen, "Namen, die noch keiner nennt - Sowjetische Umbenennungen als symbolische Landnahme", *Die Stadt im Westen. Wie Königsberg Kaliningrad wurde*, Vandenhoeck & Ruprecht, Göttingen 2008, S. 59-72, Юрий Костяшов, "Чистые Пруды - грязные болота: О кампании переименований 1946-1950 годов", *Секретная история Калининградской области: Очерки 1945-1956 гг.*, Терра Балтика, Калининград 2009, с. 272-284.

11 ГАКО, ф. Р-297, оп. 1, д. 12, л. 17-20. 一九四七年のカリーニングラードには、四四カ所の兵士の墓が存在した。

12 Юрий Костяшов, "Кто спас усыпальницу Иммануила Канта от разрушения?" // *Кантовский сборник*, No 23, 2002, с. 125-131.

13 Сюзанна Фостова, "Мемориал 1200 гвардейцам в Калининграде", Теория и практика современных краеведческих исследований, Тамбов 2015, с. 67-73.

14 ГАКО, ф. Р-19, оп. 1, д. 22, л. 302-304.

15 ГАКО, ф. Р-615, оп. 1, д. 247, л. 3 (文書は一九八七年に作成された)。

16 Энергия Колганова, Иван Колганов, *Самая западная. Краткий очерк о Калининградской области*, Калининград 1959, Светлана Бутовская, *Калининград: Иллюстрированный очерк*, Калининград 1959.

17 Энергия Колганова, Иван Колганов, Юрий Иванов, *Путешествуйте по Калининградской области*, Калининград 1961.

18 Eckhard Matthes, *Verbotene Erinnerung. Die Wiederentdeckung der ostpreußischen Geschichte und regionales Bewußtsein im Gebiet Kaliningrad* (*1945-2001*), Edition Tertium, Stuttgart 2001, S. 17.

19 ГАКО, ф. Р-68, оп. 2, д. 6, л. 7.

20 ГАКО, ф. Р-68, оп. 2, д. 6, л. 17-23.

21 この論争は公刊されている。Сюзанна Фостова, "Дискуссия о судьбе Кёнигсбергского замка и его разрушении в 1950-1960-е годы (из фондов Государственного архива Калининградской области)" // *Калининградские архивы*, No 12, 2015, с.

179–204.

22 Литературная газета, 30 октября 1965 г.

23 ГАКО, ф. Р-297, оп. 8, д. 1780, л. 19–21.

24 Юрий Костяшов（ред.）, *Восточная Пруссия глазами советских переселенцев*, с. 208.

25 Hoppe, “Auf den Trümmern von Königsberg”, S. 128.

26 Василий Бирковский（ред.）, *История края*（*1945–1950*）: *Учебное пособие для студентов-историков Калининградского университета*, Калининград 1984, 118 с.

27 Илья Дементьев, *К 25-летию кафедры истории и международных отношений КГУ*, Калининград 2003, с. 122.

28 Ольга Поршнева, “Феномен исторической памяти о войне” // *Уральский вестник международных исследований*, No 4, 2005, с. 117–118, Михаил Габович, “Памятник и праздник: этнография Дня Победы” // *Неприкосновенный запас*, No 3, 2015, с. 195–210 参照。

29 例えば五月九日には首都や共和国、州の中心地で軍事パレードが実施された。あらゆる都市に「無名戦士」に捧げる記念碑や「永遠の火」の記念碑が建設されて花輪が飾られ、集会や「記憶の衛兵」、「沈黙の時間」といった式典が開催された。

30 Александр Трунов（ред.）, *Объекты культурного наследия Калининградской области*, Москва 2013, 817 с.

31 Константин Пахалюк, “Захоронения и памятники Первой мировой войны на территории Калининградской области” // *Военная археология*, No 6, 2011, с. 52–59.

32 一九九〇年代初頭以降、古代から現代までのカリーニングラード史が学校で追加の選択科目として教えられるようになり、二〇〇七年にはすべての学校に必修科目として「西ロシアの歴史」が導入された。この科目は六年間教えられ、そのうち四—九年生で戦前の東プロイセンの歴史を学ぶ。一九四五年以降のソ連時代と現代ロシアのカリーニングラード州の歴史が教えられるのは、二年間のみ（一〇—一一年生）である。この科目のために地元の大学の歴史家たちによって二〇冊の教科書や読本、地図、教師及び生徒用の参考書が作成され、大量に出版されて州のすべての学校に配布されている。

33 一九九二年には、カリーニングラード大学にバルト地域史講座が開設された。この講座は東プロイセンとカリーニングラード州の歴史を体系的に研究し、地域研究を専門とする歴史家を養成している。

34 ロシア語でケーニヒスベルクの歴史に関する書籍を初めて執筆したのは、一九九〇年に組織された非公式の「地誌学者クラブ」のメンバーであった（Алексей Губин, Виктор Строкин, *Очерки истории Кёнигсберга*, Калининград 1991）. その五年後には地元の大学に所属する歴史の専門家たちが、戦前の地域史に関する包括的な研究書を出版した。Владимир Исупов, Геннадий Кретинин (ред.), *Восточная Пруссия с древнейших времен до конца Второй мировой войны*, Калининград 1996.

35 Александр Трунов (ред.), *Объекты культурного наследия Калининградской области*, Москва 2013, с. 129–164.

36 Юрий Костяшов, "Выселение немцев из Калининградской области в послевоенные годы"// *Вопросы истории*, No 6, 1994, с. 186–188.

37 Илья Стулов, "Псы и рыцари"// *Известия*, 5 мая 2003 г.

38 Александр Рябушев, "Янтарный край лишили юбилея" // *Независимая газета*, 16 июня 2003 г.

39 Yury Kostyashov, "Trialog: the experience of cooperation of the universities in Kaliningrad, Torun and Frankfurt (Oder) in the humanities", Nobuya Hashimoto (ed.), *Politics of Histories and Memories and Conflicts in Central and East European Countries and Russia* (*Proceedings of the Tallinn Workshop, 25–26 August 2014*), Kwansei Gakuin University, Nishinomiya 2015, pp. 81–89 参照。

40 こうした「批判」というよりもむしろ密告の事例は、カリーニングラードの主要なインターネット・ポータルである《Эксклав.Ру》の「愛国主義的」傾向に多数現れている(http://exclav.ru/stati/avtoryi/byivshie-russkie.html)。

41 一九四五年にポーランドとリトアニアに併合された東プロイセンについては、以下の最新の研究を参照。Andrzej Sakson, *Od Kłajpedy do Olsztyna: współcześni mieszkańcy byłych Prus Wschodnich: Kraj Kłajpedzki, Obwód Kaliningradzki, Warmia i Mazury*, Instytut Zachodni, Poznań 2011, Izabela Lewandowska, *Trudne dziedzictwo ziemi. Warmia i Mazury 1945–1989*, Uniwersytet Warmińsko-Mazurski, Olsztyn 2012, 433 s.; Vasilijus Safronovas, *Nacionalinių erdvių konstravimas daugiakultūriame regione: Prūsijos Lietuvos atvejis*, Baltijos kopija, Vilnius 2015, Robert Traba, *The past in the present: the construction of Polish history*, Peter Lang Edition, Frankfurt am Main 2015.

42 一五—一八世紀のヴァルミア(ドイツ語ではエルムラント)はポーランド王国領に属した。歴史地区マズールィ(ドイツ語ではマズーレン)の住民の多くはポーランドからの入植者であったが、プロテスタントになり、ほぼドイツ化した。現在これらの土地はポーランドのヴァルミア・マズールィ県となっている。クライペダ地方(ドイツ語ではメーメル地方)は中世からいわゆる小リトアニアの一部であり、数百年間プロイセン領に含まれていたが、住民は民族的なリトアニア人である。彼らも同様に部分的にドイツ化した。一九二三—三九年には、この地域はリトアニアに属していた。

第2章 「笑いを真面目に受けとめる」——韓国の植民地／独裁期の過去についてのジョークを規制する記憶政治(1)

イ・ソヨン(李昭永)

一 ジョークを「言わないよう」に求める権利

悪意に満ちたジョークや、現代韓国史上のトラウマ的な事件への嘲笑にかんする論争が勢いを増すなかで、現在、韓国における人権上の主関心は「表現の自由」から「表現されない自由」へ、あるいは「笑う自由」から「ジョークを言わないよう求める権利」へと移行しつつあるように思われる。抗議行動へのさまざまの対抗行動にたいして、法的に規制介入することが必要だと主張する声が、過去数年間に目立ってきた。対抗的抗議行動の例に挙げられるのは、セウォル号事件で肉親を失った犠牲者家族がハンガーストライキを行っている目の前でなされた「大食い」ストライキ・パフォーマンス、民主化運動や民間人虐殺(2)などの歴史的事実を捻じ曲げる極右のケーブルテレビ局、そしてとりわけ「イルベ」の勃興である。

「イルベ」とは、「日刊ベスト貯蔵庫《イルガンベスト・チョヂャンクソ》」の略称で、数百万人以上が登録し、それ以上に多数の匿名アクセス者と平均一万八〇〇〇—二万一〇〇〇件の同時ログイン・ユーザーを擁するインターネット・コミュニティである(3)。「イルベ」は二〇一〇年に、日々、ユーモアや政治ネタで人を嘲る人気投稿を移動・復活させるために、「DCインサイド」というホームページ(4)の別サイトとして開設された。二〇一二年頃からは、韓国最大のユーモア・ウェブサイトとして知られるようになった。政治ユーモア——古くからある権力批評の常套手段——として分類可能

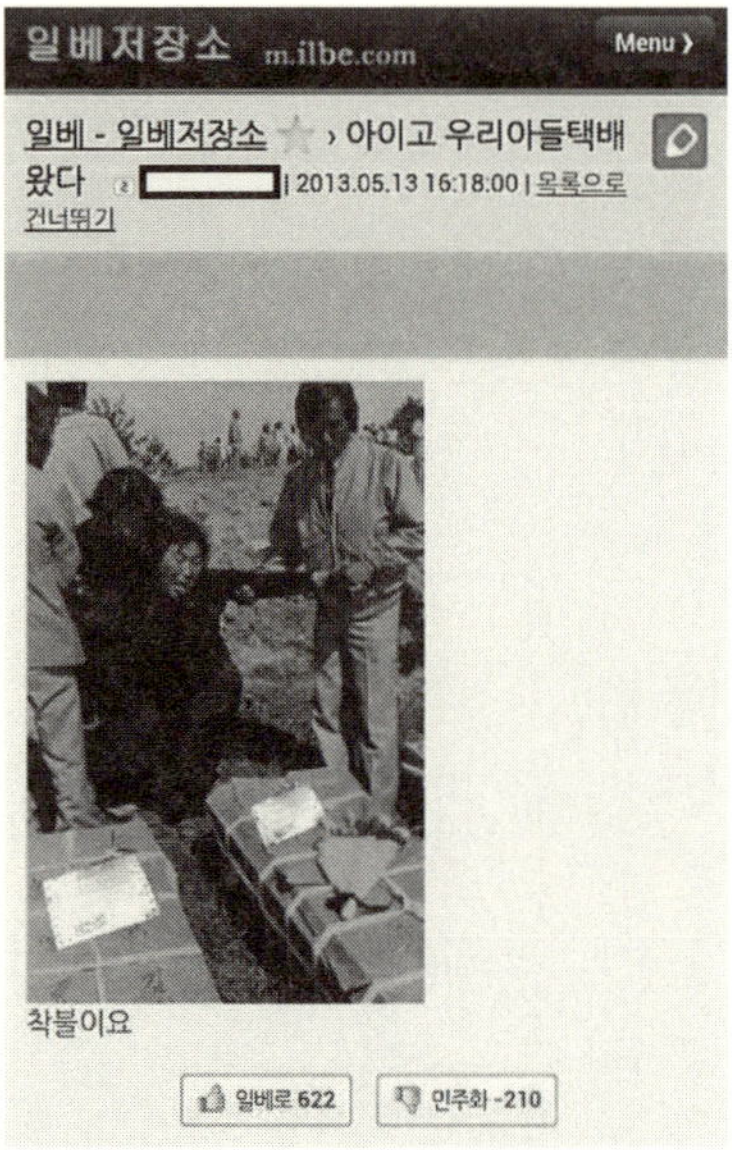

図1　「息子よ，荷物が届いた」(イルベへの投稿より)

な、その痛烈な皮肉がはらむ逆説的性格のゆえに、このサイトは物議を醸すことになった。権力者にむけてジョークを放つのではなく、過去の植民地／独裁期になされた権威主義的支配の犠牲となった人びとを嘲笑しているからである。言い換えると、このサイトのメンバーは、抑圧した側ではなくて、国民的に共有された感情では被抑圧者として認定された人びとの尊厳を嘲っているのだ。それどころか、ユーモア・コミュニティだからという理由で、合理的な議論の進め方や討議の倫理性を無視するようユーザーにけしかけているが、そこでやり玉にあげられているのは、現代市民社会において公共的な熟議のための規範となる土台と考えられているものである。[5] その代わりにおしゃべりのなかで重きを置かれているのは、討論主題を滑稽なものにしてしまう鋭いユーモアのセンスである。このような悪意に満ちたジョークは、ユルゲン・ハーバーマスの言うところの「健全で堅実」な公共圏[6]としてインターネットを成長させる妨げになるだけでなく、若い世代の歴史意識を歪めるものとして、多くの人びとから受け止められている。

ジョークを「言わないよう」求める権利にかんして、ごく最近、光州蜂起で死亡した民間人を嘲笑した、若い「イルベ」ユーザーの裁判がホットな話題になった。この裁判は、ある一枚の写真を若者が嘲笑したことから起こされたもので、その写真は、明らかに一九八〇年五月の光州とわかる場面で、亡くなった息子の柩を前に慟哭する母親を写したものであった(図1)。「着払い」と読める荷札の小さな画像が、写真中の柩の上にコピー・アンド・ペーストされていた。これは、二〇一三年五月一三日に「息子よ、荷物が届いた」というタイトルで、大邱《テグ》のインターネットカフェから「イルベ」のウェブサイトに投稿されたものである。検察側は若者Y（二一歳）を、侮辱罪および死者の名誉毀損罪と情報ネットワーク・情報社会促進法に違反する罪の嫌疑で起訴した。

原判決は侮辱罪に基づき、Yに禁固六月・執行猶予一年、八〇時間の社会奉仕という刑を宣告した。(7) しかし裁判所は、名誉毀損の訴えはこれを斥けた。原判決を維持する控訴審判決の後、(8) 二〇一五年九月二一日、最高裁判所も名誉毀損については検察側の上告を斥けた。(9) 判決文のなかで最高裁は、「……粗雑なものであったかもしれぬにせよ、Yの行為は社会一般への憤りを表明する方法であって、Yは特定の人物の名誉を虚偽の事実によって毀損する意思を持たなかったように思われる」として、控訴審決定には法解釈上の誤りが認められず、それゆえ「原判決は妥当である」と述べた。

最高裁判決の後、多数の新聞・雑誌が「有罪判決、侮辱行為を認定」という見出し付きでこの事件を報道した。しかしながら、メディアによって報じ方は違っていた。「有罪を認定する判決」という側面を強調するものがある一方で、「有罪判決は侮辱行為のみで、名誉毀損罪に関するものではなかった」と述べて、こうした主張を問題視するものもあった。「ネティズン」たちも、なぜこの事件のみが起訴されて他は起訴されなかったのか、Yはスケープゴートにされたのだ、といった議論に巻き込まれていった。実際、極右のユーモア文化のなかでYは、光州蜂起の犠牲者を「発酵ガンギエイ《ホンオフェ》の箱詰め」に擬えた唯一の事例でもなければ、最初の例というわけでもなかった。図2からもわかるように、オンラインでは、太極旗で包んだ柩の写真――光州犠牲者の画像としてよく知られている――が、「光州ホームショッピングの異常な大賑わい」という表題を付して貼り付けられていた。その写真の下には、「発酵ガンギエイ《ホンオフェ》の宅配がどんなパッケージで行われているかをご覧下さい」という見出しが添えられている。もう一枚の道路に放置された死体の写真は、「陽がどんなに照っているかご覧下さい。上天気です」(図3)とか「魚の日干し、あなたはいかがですか」というキャプション付きで貼り付けられている。

では、他の事案もあるにもかかわらず、Yの件が裁判にまで進んだのはなぜなのだろうか。その答えは、特定

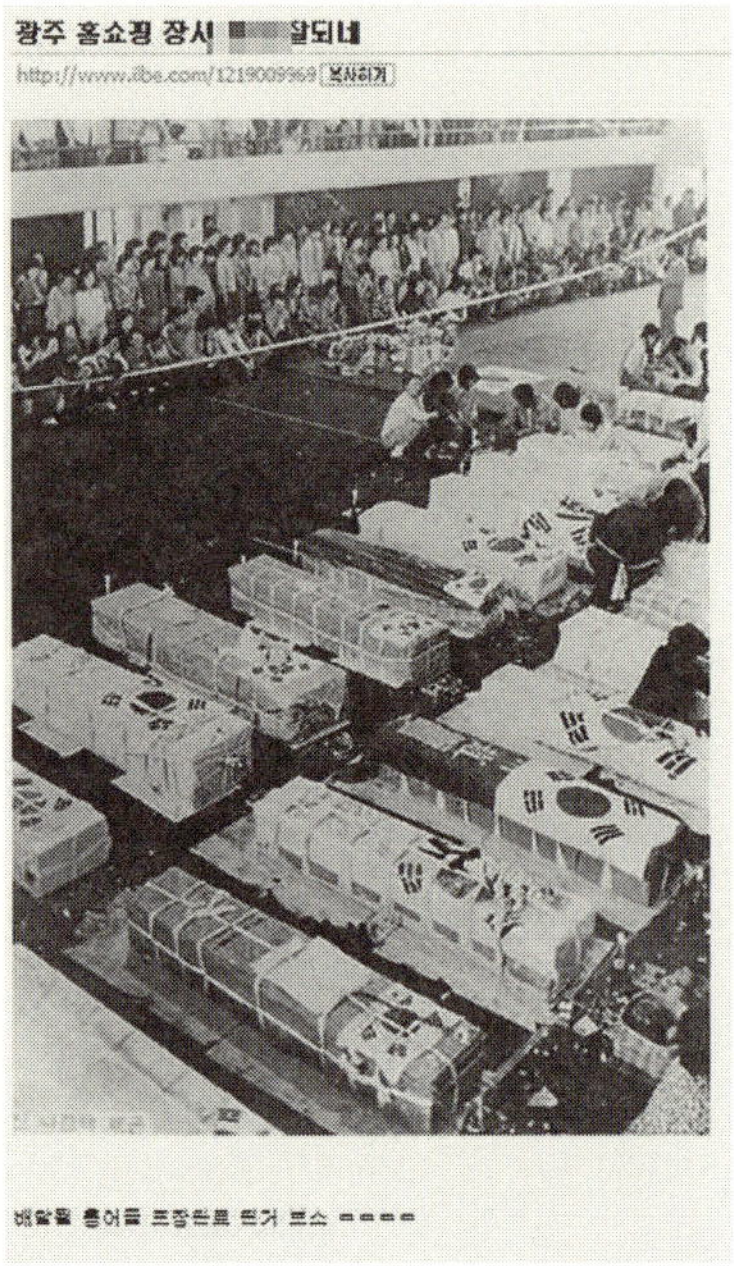

図2　「光州ホームショッピングの異常な大賑わい」(イルベへの投稿より)

の存命中の被害者、つまり写真で確認可能な、今はすでに亡くなった母親に娘がいたことにあるように思われる。刑法の基本原則は、法解釈論の厳格な枠組みにより、死者を法律上の被害者とすることを制限している。そのうえ、「評判を傷つける犯罪」に関する条項は「親告罪」ないし「被害者の意に反して処罰することなし」という形式をとっているので、法的被害者が死亡しており、その遺族に法定当事者がいない場合には、現行の規定の構成において、その事案を起訴することは困難である。韓国現代史上の民間人虐殺や、植民地時代の動員・抵抗の記憶にかかわる事案の場合には特にそうである。蛮行が行われた時期と処罰要求〔起訴〕のなされる現時点とのあいだに長い時間的ギャップがあることから、犠牲者とその肉親の多くはすでに存命でないためである。逆に、規制を求める声に応えて現行法を適用しようとする際に生ずるこうした問題が、新たな法制定につながっていった。二〇一三年の「人道及び民主化運動に対する犯罪を否定することを処罰する法案」や、ともに二〇一四年に提出された「日本の植民地占領を擁護した者を処罰する法案」および「日本帝国主義の侵略戦争と植民地占領を否定する個人ないし組織を処罰する法案」を含めて、歴史の否定・歪曲を処罰する法案が提案されたのは、まさにそうした文脈のなかである。本稿は、この法制定をめぐる法的言説をあとづけて、これらの法案について再考するものである。

歴史を否定・歪曲した者の規制にかんするこれまでの研究は、主としてヨーロッパ、特にドイツにおける人道に対する罪を否定する者の訴追という先行事例の紹介に焦点をあててきた。(10) 実際、上述の三法案は、「過去を克服するための依拠すべき態度」のモデルとして、ジェノサイド否認論にたいするヨーロッパの刑法上の規定にしばしば言及している。法学者の多くは、国家が基本的人権を制約する際の限界を画する法的原則として、比例原則[＊1]の法的正統性を論ずるか、あるいは二つの競合しあう権利、たとえば「表現の自由」と「人間的尊厳の人格権」とのあいだの均衡を検証してきた。本稿の目的は、このように法化[＊2]の規範的正統性を検証することではなく、むしろ社会的言説としてのその規制的効果を読み解くことにある。換言すると、これらの法に内在する問題のある条項をとりだして、改正の必要性を示唆することが目標なのではない。むしろ、過去を克服するために法に依拠しようとする政治について、それらが何を示しているのかを分析することを目標とする。つまり、想像の共同体のために本質的な真実を見出してノスタルジアを産出しようとする法の強迫観念を扱うのである。(11) 特定の歴史を否定する者への規制の性質は、一見同じように見えるにしても、ヘイトスピーチ一般の規制とは違っている。

図3 「陽がどんなに照っているかご覧下さい. 上天気です」(イルベへの投稿より)

文化的／エスニックな少数者をヘイトスピーチの害から守るために考案された法律とは異なり、これらの法案は歴史の否定・歪曲から社会を守ることを求められている。それゆえ、これらの法案の主題は人権問題ではなくむしろ社会的記憶である。

本研究を行うにあたって筆者が想定しているのは、たとえ法案自体が立法府を通過しなくても、法化による規制効果は社会に影響を及ぼし続けるだろう、ということである。たとえそれらが頓挫して規範的には問題をはらむ場合でも、この種の法案はこの点で役割を果たしている。さらにもう一点は、記憶を規制するという提案が、「規制されることで想起させられること(規制による想起)」のもたらす帰結とつねに合致するのかどうか、という問題である。社会的記憶の否定ないし歪曲がジョークという形を取った場合、このことは特に当てはまる。ジョークはふざけた、曖昧な性質を有するから、単一の本気または敵意のある思考が解釈者全員に伝わったかどうかは判断が難しい(12)。文脈的であり同時にコミュナルでもあるという笑いの性質を考えると、発話の文脈——誰が、何を、どこで、どのような状況下で言ったのか——がしばしば思いがけないような意味を決定する場合もおおいにありうるだろう。この場合、法的な介入は、社会的談話のなかで生じる文化的流用や解釈による省察の可能性を抑制してしまうかもしれない。

このような研究上の関心・目的に従いつつ、筆者は、韓国の植民地/独裁期の過去の否定と歪曲を規制しようとする記憶の政治を描くことをめざしている。まず、三つの法案の主たる性質が刑法に内在するある種の基本原則とどのようにぶつかっているのか、またこのぶつかりあいは、社会的法益(soziale Rechtsgüter)を傘にきて、社会的記憶の保護をめざす立法上の指向をどのように反映しているのか描くことから始める。特定の提案の法的位置とは無関係に社会内部の規制規範として法化が作動する様態を明らかにした後で、このような「規制による想起」がインターネット上のユーモア領域でどのように(誤)作動するのかを示す。最後に、笑いをあまりに「真面目に受けとめる」法律が、いかにして、かつてギュンター・トイプナーが「規制のトリレンマ」と呼んだものへと帰結するのか、そのことを示すこととする。ここで、「規制のトリレンマ」とは、社会的ニーズのために法化自体の諸原則を侵害してしまう一方で(社会による法の解体)、法化が「豊かで健全」な社会的言説の産出を阻害してしまい(法による社会の解体)、かくして、法化が政治的目標から乖離してしまうこと(相互の無関心)を意味する。

二　法化――権利の保護か、記憶の保護か

現行の司法制度のもとでは、植民地／独裁期の過去についての悪意に満ちたジョークは刑法上の「評判に対する罪」として扱われている。以下は、上述の「イルベ」小荷物事件の裁判時に被告人Yへの判決のなかで引用された関連条項である。

第三〇七条（名誉毀損）（一）　公然と事実を摘示し、人の名誉を毀損した者は、二年以下の懲役又は五〇〇万ウォン以下の罰金に処する。

（二）　公然と虚偽の事実を摘示し、人の名誉を毀損した者は、五年以下の懲役又は一〇年以下の公民権停止若しくは一〇〇〇万ウォン以下の罰金に処する。

第三〇八条（死者の名誉毀損）　公然と虚偽の事実を摘示し、死者の名誉を毀損した者は、二年以下の懲役又は五〇〇万ウォン以下の罰金に処する。

第三一一条（侮辱）　公然と他者を侮辱した者は、一年以下の懲役又は二〇〇万ウォン以下の罰金に処する。

名誉毀損罪の法定の構成要件（Tatbestand）は、「公然と」「事実」ないし「虚偽の事実」を「摘示し、人の名誉を毀損した者」として特定される。判例及びほとんどの学説は、もとより厳格な法解釈論を経由して、民間組織や公的組織といった法人や死者にも法益を認めるけれども、[13]評判の法益を認められる主体は、原則的には自然人である。[14]「公然と」という概念によって、その摘示が不特定または多数人に及びうるという要件が明示されているのにたいして、「事実」という概念は、名誉毀損がたんなる意見表明ではなく、真実か否かという事実根拠を

要件としていることを示している。[15]

「イルベ」小荷物事件の裁判では、検察側は当初、柩を小荷物であるとすることによって、公然と虚偽の事実を提示したとして、第三〇八条により起訴した。[16] この写真は、肉親を奪われた家族が本物の小荷物のうえで泣き伏していると視聴者を誤信させるのに十分に精巧ではないとして、裁判所はこの起訴を退けた。「平均的な合理性を備えた普通の者であれば、何人であれ、Yの意図は自説の表明であって虚偽事実を摘示したものでないことをそこに見て取るであろう[17]」。それゆえ、自説の表明を内容とする本件は、侮辱罪（第三一一条）を構成するだけだった。植民地／独裁期の過去の犠牲者が、時間の経過とともにつぎつぎに亡くなっていくなかで、死者は法益主体になれないとした第三一一条の侮辱の概念が、ますます公共の関心を集める問題となるだろうし、この概念は、科罰強化を求める人びとの願いを取り扱うのに十分かどうかも引き続き問題となるだろう。この点で、悪意に満ちたジョークの問題を、「犠牲者の名誉毀損」ではなく「過去の否定」という枠組みに位置づけ直すことが、見通しに変化をもたらしてくれる。主観的意見ではなく、歴史的事実の問題を軸に展開することになるからである。

したがって、歴史上の事実の否定・歪曲・捏造が三つの法案のすべてで強調されていることは驚くに値しない。「人道及び民主化運動に対する犯罪を否定することを処罰する法案」（以下、民主化運動否定法案とする）の第一パラグラフにおいて、この罪状の範囲は「……歴史上の事実の歪曲と捏造が、受忍の限界を超えた」場合、つまり「人道に対する犯罪の否定ないし……民主化運動の歪曲と捏造が、明らかに表現の自由についての憲法上の権利を超えている」場合として定義されている。これに対して、「日本帝国主義の侵略戦争と植民地占領を否定する個人ないし組織を処罰する法案」（以下、日帝否定法案とする）は、法の目的を「正しい歴史観の提示をつうじて社会の統一を促進し、歴史上の事実の歪曲……を処罰すること」と述べるところから始まっている。[18] 最後に、「日本の植民地占領を擁護した者を処罰する法案」（以下、植民地占領擁護者法案とする）のなかでは、「植民地帝国主義に対する韓国人の抵抗の名誉を毀損し、あるいは親日的で反国民的な行為を正当化し称賛するなどの歴史的事実の捏造と普及」は、「日本植民地期を擁護し称賛するもの」として批判されている。[19]
もしも歴史が立論による構築物だとすると、歴史の否定は学界を含む公的領域における解釈と論争の問題になる。それとは対照的に、歴史が事実問題だとすると、その否定は、真実と虚偽のあいだで決着をつけることになろう。[20] 上で引用した条文は、明らかに後者の歴史の捉え方、つまり永続的事実として歴史を捉える立場にもとづいている。このような歴史観は、これらの法案が繰り返し言及するホロコースト否認論者にたいするドイツの刑法上の規定にも存在する。たとえば、人道に対する罪の否定に関して、ドイツ連邦憲法裁判所は、「言論において自説を自由に表明し普及する権利[21]は、それが意見である場合にのみ与えられる」と述べている。また、「意見は、それが欠陥を含むことが明らかであり、あるいは不快で害悪をもたらしかねないと思われる場合にも、基本的な表現の権利として保障される」[22]とも述べられている。対照的に、「事実の主張は客観性の検証を要し……、異なる思考間の競争に資する場合にのみ、基本的な表現の自由として保障される」。したがって、事実の主張が、もはや社会における複数の思考の競争に資することのない場合、つまり「まさに虚偽の事実の主張を伴うような事例」である場合には、憲法上の保障は停止されるように思われる。
一方では、このような「事実としての歴史」に依拠する仮定は、固定された不偏不党の存在論的事実を法が前提理解(Vorverständnis)[23]していることを示している。このような前提理解は、言語的ないし認知的解釈に先立って存在する何ものかとしての実体的真実(materielle Wahrheit)への法的志向から生じているように思われるかもしれない。それはまた、法廷は、偏りなく事実を解明する場所であるとの信念に貢献するもののようにも見えるかもしれない。[24] この真実観は、実体的真実を否定するものとして歴史の歪曲を定義し、そうすることで社会的記憶を真実/虚偽の二項図式の枠組みに押し込む政治的目標にうまく合致する。そのようにして法は、権威的手法で事実を確定することにより、難しい歴史的過去を合理化し同時に掌握する方法となる。[25] この方法は、フーコー的な真実の体制のなかで作用しているようにも思われよう。そこでは真実は、「それを生産し、それを維持する権力システムとの循環的関係によって」結びつけられた「諸言表の生産・規制・配分・循環・作用のシステム」[26]なのである。しかも、事実を強調することで明らかにされるのは、「歴史上の事実の否定・歪曲・捏造」によって侵害される法益(Rechtsgut)が、個々の犠牲者の権利ではなく、むしろ「われわれ」の国のトラウマ的過去という歴史的事実だということである。

個人の権利に代えて社会的記憶を保護しようとするこの傾向は、訴訟当事者に関する条項にも確認できる。名誉毀損罪や侮辱罪は、被害者の主観的な情動的反応に関連する要求であり、公共的利益の侵害としては比較的軽微であることから、評判に対する罪の範疇に挙げられた罪を犯した被告人は、被害者の意思に反して罰せられるべきではない。特に、死者の名誉毀損や侮辱を内容とする事案の場合、検察官が起訴するのは、被害者の明示的同意がある場合だけだろう。死者の名誉毀損に関して刑事訴訟法は、死者の親族ないし子孫による告発を考慮するとし[27]、そのような者がいない場合は、検察官は利害関係者の求めにより一〇日以内に告訴人を指定できると定めている[28]。しかしながら、植民地占領擁護者法案の場合は、「第四条から第六条に列挙された犯罪に関して、検察官は告発なしで、または被害者の意思に反して起訴手続きを進めることができる」[29]とされている。列挙された罪には、日本による占領を擁護ないし称賛する行為(第四条)と並んで、日本占領期の愛国殉難者と動員犠牲者を侮辱する行為(第五条)、あるいは名誉を毀損する行為(第六条)が含まれている。

くわえて、刑法では死者には侮辱の被害者としての適格性が法的に認められていないという事実にも関わらず、同法案第五条は「日本占領期の愛国殉難者、体制擁護愛国者、あるいは強制動員犠牲者のうち物故者もまた侮辱の適用対象となる」と規定している[30]。その場合、同法違反の行為は、自然人よりはむしろある種の歴史上の事件や代表的人格に対する侮辱に適用されるように思われる。繰り返しになるが、この規定は、法的な保護の目標が特定の個人ではなく、むしろ愛国者の名声や犠牲者の地位にある人びとへの侮辱や名誉毀損によって侵害されたかのように思われる歴史記憶をどう守るのかにあることを示している。逆に、このような歴史記憶が、人権の範

嘲や基準による修辞的手助けを得ながら、構築されつつあるように見えなくもない。(31)

三 頓挫した法化のもつ規制的効果――「法の亡霊」

しかしながら、個人の権利よりも社会的記憶を守ろうとする傾向は、いわゆる社会的法益(soziales Rechtsgut)を承認する昨今の法政策のなかではユニークというわけでも、なじみが薄いわけでもない。(32) 刑事裁判では保護対象を個人の法益と公共の法益に区分するが、後者は限定的で、条件付きの補充的役割を果たすべきだというのが一般的理解である。(33) しかしながら逆説的なことに、「統制不可能な危険への不安のない生き方」の条件を保障するために公衆衛生、市場経済、環境、政治的平穏等々のシステムを保護することを目指した刑事特別法の拡大が進んできた。(34) たとえば、植民地占領擁護者法案第四条は、「新聞、雑誌、ラジオ、テレビ、公共の場での演説、その他のコミュニケーション・ネットワークにおいて」「日本による支配への抵抗運動を中傷することによって、……またはそれと関連する歴史事実を捏造し普及することによって、歴史を歪曲する行為」は、五年以下の懲役または五〇〇〇万ウォン以下の罰金」を科すと規定している。これらの処罰は、現行法で死者への名誉毀損罪に科せられたものをはるかに超えている。この条項では、「歴史的自尊心とコミュニティのための集合的記憶の一体感による公共の平穏の維持」(35)が法益を形成している。他方、「社会的統一の実現」は、日帝否定法案の第一条でも目的として述べられている。公共の平穏の維持を法益として掲げるこの方向の議論は、ドイツ刑法第一三〇条第三項にもとづいているが、後者では「公共の平穏を乱す傾向のある行為」を、民衆扇動罪を構成するものとして規定している。

これらの法案のもう一つ顕著な特徴は処罰の早期化(Vorfeldkriminalisierung)であるが、これは、違法な結果を予防するために、違法性が顕現する以前の行為の初期段階において、刑事法がどのように介入するのかを説明する概念である。[36] 通常の刑事手続では、ある行為の犯罪的性格は、違法行為の行われた時点ないし違法行為の行われる明確で急迫な危険が存在する時点で確定する。これとは対照的に、処罰の早期化を含む刑事訴訟手続の場合、手続きは、違法行為が推測されるにすぎない場合(抽象的危険性、abstrakte Gefährlichkeit)に始まる。社会的統一または公共の平穏という法益は、その性質上、著しく抽象的であることから、民主化運動、人道に対する罪あるいは植民地占領をめぐる「否定・歪曲・捏造」によって引きおこされかねない危険がたんに推測されるだけの時点で、法は、実際の違法行為に先立って介入しなければならない。くわえて、日帝否定法案の第三条は、「歴史の歪曲を阻止する委員会」の設置を示唆しているが、これは、「社会的統一を阻害すると思料される」行動を中止するよう人に要求するものであろう。これは、法的権利の侵害に先立って犯罪化するもう一つの事例であり、法に内在する「疑わしきは自由の利益に(in dubio pro libertate)」という基本原則と衝突する。

実際、社会的法益と処罰の早期化は、象徴刑法として概念化された犯罪政策の二つの固有の特徴であるが、この象徴刑法なるものは、規範の危機と、しばしば予見不可能なポスト工業化状況のもたらす危険の双方から社会を防衛しようとする司法内部の最近のトレンドの一環である。[37]「社会を守るため」の刑罰による介入の拡大によって生じる刑事訴訟の基本原則の後退は、早急に議論するのに値する一つの司法問題である。しかし本研究が関心を寄せるのは象徴刑法の法的正統性ではなく、むしろ法律として発効する前の段階で法のもたらす象徴的効果である。つまり、実際に法制定に成功するかどうかにかかわりなく、法案の提起という法化に関わる行為のもつ効果に関心を向けている。

通常、法案が提案されると、議会の常任委員会に検討案として付託され、同時に、常設小委員会の一つで幅広い審議プロセスを経たうえで、さらに議論するため本会議に提出される。この最終段階で、法案は却下されて廃案になるか、それとも採択されて新法として公布されるか、いずれかである。ところが上述の三つの法案の場合、この審議プロセスは小委員会でストップした。たとえば民主化運動否定法案は、二〇一三年五月二七日に二四名の国会議員による提案を受けて、法政司法小委員会が同年一二月に審査報告を準備した。この報告は各条項の必要性および関連する諸問題を提示したが、同法案を立法化のために本会議に上程すべきかどうかを明確にはしなかった。以来、法案は棚上げ状態で、さらなる行動は取られていないようである。同法案は採択も却下もされず、したがって非公式には「放棄された法案」というカテゴリーに加えられたが、議会の会期終了によって事実上放棄されるまで、むしろ投げだした状態に留められていた。

同様に、植民地占領擁護者法案と日帝否定法案の立法過程は、小委員会にかけられたところで停止した。興味深いことに、二つの法案が提案されるのには、二カ月しか時間差がなかった。前者の法案が二〇一四年六月二〇日に提案されたのにたいして、後者は同年八月一四日だったのである。前者が歪曲された歴史の扇動を処罰することに強調点を置いたのにたいして、後者は歴史それ自体の否定と歪曲を処罰することに力点があるというように、二つの法案は強調点が多少異なったが、提案の根拠と条文の構造はきわめて類似したものであった。通常の立法過程では、ある法案の審議が停止すると、これを撤回して、原案との違いについて説明を付して改正案を再提出するのが習慣的なやり方である。この再提出はいずれの法案でもなされておらず、法案提出者の主たる関心は、実際に法律として成立させるよりも、法案の提案・提出を繰り返すことにあったことが示唆されている。

かりにそうだとすると、これらの法案を提案する象徴的効果として意図されたものはいったい何であったのか。第一の効果は、道徳的アピールを顕示する宣言的・教育的機能であろう[38]。ある一定の行動が犯罪として扱われるべきかどうかという社会的言説は、しばしば、人びとの心にこの種の行為の道徳的性質を刻み込むという教育的効果を伴う。そのような言説がメディアやソーシャル・ネットワークをつうじて社会全体で繰り返される場合、とくにそのように言うことができる[39]。法は合法性・非合法性〔法・不法のコード〕の軸で説明されるべき命題のみを提示するが、いまだに公衆は、しばしばそれを正・不正とは何かという一般的観念と同等視する[40]。そのうえ、法化はしばしば社会問題の立法的解決の代替物とみなされる場合がある。峻厳な懲罰的条項を備えた法案を提出する行為そのものが人びとに、少なくとも一時的には、そこで取り上げられた問題が解決されるだろうと信じ込ませるからである。(41) 多くの場合、犯罪化と厳罰化という立法政策がそもそも当該問題への最善の解答でないことはいかにもありそうだから、立法当局にせよ公衆にせよ、立法過程の最終結果にはそれほど関心を払わないのであろう。ここで重要なのは、実体法の効力ではなく、むしろ頓挫した法の効果ないし威力である。

四 規制される側からの反撃

記憶を規制する提案と「規制による想起」の効果とのあいだの不一致は、まずは法的保護の対象が社会的言説内部で弱い位置に置かれて周縁化されているような場合に起こるのかもしれない。一定の出来事をめぐる言論行動を規制する際、その基礎にあるのは、その件についてジョークを言うことが歴史上の犠牲者の子孫と「我が国民」*3 全体の双方を傷つけ、攻撃し、あるいは激怒させるという仮定である。したがって、過去の不正についてのあらゆる歪曲ではなく、現存する民族的・社会的に少数派の下位集団に関する歪曲のみが、法による規制を受けることになる。この問題はさらに、近現代社会におけるユーモアについての不文律にも関係する。つまり、ユーモアは、自分自身の属する集団またはそれより上ないし同等の社会的地位を有する人びとを標的とした「内向き」ないし「上向き」であるべきであり、(42) 同じく嘲笑的なやり方で応答できるだけの資源を持たないマイノリティ集団に向けられてはならないというルールである。「下向き」のユーモアの文脈では、ジョークは血の流れる傷口に塩を塗り込むのに類したものになりかねない。それゆえ、ジェノサイドについてのジョークが批判されてきたのは、主として、ジョークを脅威として経験しかねない社会内の周縁的地位にいる人びとを標的にしているためである。

ところが実際には、「ホロコースト否認論」による嘲笑対象を、抑圧的な多数派に虐げられたマイノリティの下位集団とみなしてよいものかどうか、異論が提出されてきた。ホロコースト研究の多くが示しているように、私たちはいま「ホロコースト・インターナショナリズム」[43]とでも呼びうるものに条件づけられたなかに生きており、そこではホロコーストの記憶自体が、犠牲者的な記憶のなかで権威ある力として作動している。この問題が浮上するのは比較的遅れたとはいえ、単一の事件でこれほど凝縮されたグローバルな形で「歴史上もっとも悲劇的なできごと」として集合的記憶のなかに排他的地位を占めているものは、ホロコースト以外にはない[44]。ホロコーストの記憶はドイツ人の自己理解の中核部分をなすだけではなく、ヨーロッパ市民であることと「ヨーロッパらしさ」の共通の土台をも形づくっている[45]。つまり、かつてミシェル・ヴィヴィオルカは「これまで排除されてきた過去の承認を求めて社会と歴史学研究に訴える、文化的差異と他者とは異なる集合的記憶によって自己を定義する集団[46]」について語ったことがあるが、そのようなものとしてこの状況を語ることは困難である。否定し歪曲する行為が押し入ろうとしてきた場合でさえ、（トランス）ナショナルな記憶空間において公共的なホロコーストの記憶が脅威に晒されたり周縁化されたりしないのは、このためである。したがって、この文脈で「記憶を規制すること」は、「公式」の集合的記憶によって定義された以外の言葉による過去の熟考を歴史のアクターに禁ずるようなコミュニティを形成することとして容易に読み替えることができる。

　韓国の植民地／独裁期の過去の歪曲にかんして言えば、嘲笑の対象とされた人びとは、いまも真実と和解を待望するマイノリティとしての社会的地位にあるのかどうかという、同様の問いを投げかけることが可能である。済州《チェジュ》島蜂起時の西北青年会による民間人大量殺戮を否定し、光州事件犠牲者を箱詰めの発酵ガンギエイ《ホンオフェ》扱いして笑いものにすること、あるいは一九八〇年代の民主化運動内部への北朝鮮の介入という陰謀説の捏造、これらはいずれも、バイアスのかかった歴史観と彼らが「アカ（左翼コミュニスト）」と呼ぶものへの悪意に満ちた敵対的な態度を暴露している。しかしながら、歪曲の嫌疑をかけられた人びとが、特定の事件・人物について共有された記憶を著しく歪曲して、集合的記憶の空間を汚染できるほど十分な説得力を公共圏で持ったかどうかはいまでも疑わしい。一九八〇年の光州のトラウマ的記憶——極右コミュニティでもっとも頻繁に嘲笑の対象とされているものだ——はもはや、今日の韓国社会では周縁化ないし抑圧された対抗的記憶ではない。公共的なホロコーストの記憶がそうであるように、一九九〇年代中頃からこの記憶は、さまざまの文化表象や犠牲者への法的補償を求める真実和解委員会などの組織活動を通じて、支配的記憶として登場してきたのだ。

植民地期の記憶だと、このことがもっとはっきりする。多くの場合、より節度ある調子の嘲笑は、「植民地占領の擁護」ないし「植民地犯罪の歪曲」を狙ったジョークを伴っている。多くが「愛国保守」(47)を自認するメンバーを抱えた「イルベ」コミュニティ内部でも、否認論を仄めかす内容を含むのではないかと異議申し立てされた発言の大半は、植民地的近代化をめぐる議論のかたちをとって表現されてきた。ある種の親日的発言は、確かに人びとの気分を傷つけて国民史についての議論に拍車をかけるだろうが、その一方で、それが植民地期の記憶を抑圧する力として作動しているようには思えない。ここでは、歪曲する者と歪曲される者との、あるいは嘲笑する者と嘲笑される者との敵意に満ちた対立は、「周辺に追いやられた記憶の承認要求を抑圧する支配的な歴史表象」というかたちで構造化されているわけではなく、逆に「支配的な歴史表象を攪乱する不明瞭な記憶の承認への要求」として構造化されている。この文脈で規制される側は、自分たちの発話行為は「公式」記憶によって抑圧されているとか、韓国の植民地／独裁期についての他とは異なる自分たちの読み方が承認され、法によって保護されても良いはずだとかと主張するかもしれない。過去の不正義に関する記憶がしばしば被害者の犠牲者性《ヴィクティムフッド》アイデンティティを形成し(48)、犠牲者性とされるものに基づく権利要求の法的根拠として機能することを考慮するならば、規制される側が、自分たちこそ犠牲者だなどと主張する場合もあるかもしれないし、実際、ヨーロッパでは、「公共的」なホロコーストの記憶と植民地主義に関する「公式」記憶を否定する者を処罰することの結果として、そうしたことが始まっている。

たとえばフランスでは、ホロコースト否認論者を処罰するゲソー法(一九九〇年)と奴隷制と奴隷貿易を人道に対する罪として認定するトビラ法（二〇〇一年）への反発として二〇〇五年二月二三日法（引揚者への国民の感謝と国民的支援に関する法）が施行され、植民地期の過去を歪曲する者への処罰にたいして抵抗がなされた（本書第3章参照）。この法律は、植民地主義の犠牲者であることが必ずしも明白ではない者、特に、植民地期アルジェリアに暮らした元開拓民社会の成員であったピエ・ノワールや、アルジェリア独立戦争期にフランス側についた親フランス的アルジェリア人であるハルキを容認することによって、トビラ法で表明された反植民地的な語りに対抗する歴史解釈を受け入れた。ピエ・ノワールの社会的記憶に訴えかけるこの法律は、植民地社会におけるかれらの地位が植民地支配者というイメージとまったく異なることを物語っていた(49)。同法第四条は、後に無効化されたとはいえ、フランスの学校の教育課程が、植民地におけるフランス人の存在の積極的役割を強調しなければならないとさえ言い放った。他方、ハルキは、アルジェリア戦争期にはフランス側に与したものの、戦後はフランスから見捨てられて、アルジェリア民族解放戦線によって裏切り者として殺害されるにまかされた(50)。複数の範疇の犠牲者性が相互排他的な性質を帯びることから(51)、彼らは、フランスでは犠牲者、アルジェリアでは抑圧者と見なされているが、ハルキたちはこれらの事件に際して自分たちを受け身の積極的でないエージェントとして認定するよう法に訴えていた。こうした構図のなかで、直接間接にトラウマ的過去に巻き込まれた主体はすべて、過去に支配されていたことがあるという単一基準によって、犠牲者の地位に置き換えられていった(52)。

上の事例が示すとおり、法をも巻き込む記憶の政治は、「犠牲者の範囲に含まれるべきなのはいったい誰か」という競争を惹起して、アイデンティティをめぐる諸集団間の緊張の高まりにつながる傾向がある(53)。トラウマ的な過去のできごとについての「公式」記憶の法的規制は、規制される側に防御姿勢をとるための絶好の口実を提供して、彼らがこの国民的記憶空間内部のある立場について屁理屈をこねることになるかもしれない。このことは、集合的記憶を規制する法の発議がもたらす思いがけない副作用を示している。すなわち、規制される側が犠牲者化してしまい、彼らが法（の亡霊）に反撃して、争点となった過去について自分たちの記憶も承認するよう求める、ということである。イム・ジヒョンが示してきたとおり、法的承認をめぐる競争は、結果的に、「私も、犠牲者だ」という者と、「私こそ正真正銘の犠牲者で、君の傷は私とは比べものにならない」という者のあいだの「犠牲者性をめぐる醜い論争」(54)へと社会を導くかもしれない。

犠牲者性をめぐる論争は、法的規制が刑事被告人の存在する現実の訴訟にまで進んだ場合に、よりいっそう目につくことになるだろう。有名な「アーヴィング裁判」がその好事例である。歴史家というより歴史小説家に近いデイヴィッド・アーヴィングは、第二次世界大戦についてホロコースト否認論的見解を示した一連の書物を著してきたが(55)、一九八九年に行った演説とインタヴューを理由に、二〇〇五年にオーストリアで逮捕されて裁判にかけられるまでは、彼の仮説的主張が歴史家に真剣に取り上げられることもなければ、世界的な知名度を誇ることもなかった。裁判のおかげで彼は、ヨーロッパの極右サークルのあいだで「自由な言論の殉教者」という称号を得たばかりか、一部の反ユダヤ的イスラーム活動家から「典型的なスターリン的見世物裁判」の真の犠牲者として拍手喝采を受けた(56)。アーヴィングが「訴追された否認論者」としての地位を意図的に利用したのにたいして、ゲルマー・ルドルフの例はこれとは多少違ったシナリオを示している。「アウシュヴィッツのガス室におけるシアン化合物の組成と立証可能性」と題した論文を書いた時にルドルフは、博士学位請求論文を執筆中の若い化学者だった。一九九五年、彼は、人種的憎悪の扇動という理由で禁固一四月の判決を受けるとともに、それ以前にすでに研究所を解雇され、大学からは博士学位取得のための最終試験の申請を取り下げるよう求められた。反否認論者法に抗議する彼は、外国逃亡して収監を逃れ、個人的なウェブサイトを開設し(57)、ホロコースト否認論を普及する一連の図書(58)の出版を始めた。法による規制が、規制される者を折り紙付きの「否認論者」にむかう険しい道のりに追い込む場合のあることを、この事例は例証している。

犠牲者化の政治にかんするこの種の議論をほんのすこし先まで進めると、私たちは、論争がどれほど敵意に満ちたものであっても、歴史否認論の規制をめぐる論議が、規制する側とされる側の双方にとって、ウィン・ウィン（またはルーズ・ルーズ）の状況に転ずる場合もあると想定できるだろう。(59) 歴史否認行為にたいする法による処罰についての議論が進むなかで、もともとある種のインターネット・コミュニティ内のユーザーだけが楽しんだ悪意に満ちたジョークや極端な――多くの場合ばかばかしい――歴史観が、オンライン・オフラインの新聞やソーシャル・ネットワーク・サイトに掲載されて、国中の数十万もの人びとの目に触れるようになる。すでに見たとおり、実際に成立して一個の法となるかどうかはさておき、法案のもつ規制力がある種の政治力を獲得する可能性があるのにたいして、規制される側が団結した凝集力ある集団を形作って、亡霊にすぎない刑罰による規制の犠牲者であるかのように装う場合もありうる。こうした筋書きでは、誰もが負けることによって、全陣営が勝つことになる。

五　笑いを真面目に受けとめることの「規制のトリレンマ」

このような規制の場面をさらにややこしくしているのは、歴史を否定ないし歪曲する発言の相当部分が、風刺の笑いとともに流通・消費される悪意に満ちたジョークという形をとっているということである。「私たちを引き裂く笑い」と「私たちを一つにする笑い」との境界の曖昧さも、韓国の植民地／独裁期の過去について（通念とは）異なる読み方を真剣に意図した発言と、その真面目さを笑いものにすることにより関心があるものとを、法が峻別することをよりいっそう難しくしている。

「イルベ」小荷物事件にたちかえって、論争に火をつけたのがインターネットのウェブサイトに投稿された合成写真だったことを思い出してみよう。言葉とテクストではなく、視覚に訴える合成写真はウケを狙ったものであり、その「不真面目な」性格ゆえに曖昧だが、これは、ユーモアの体制に支配されたインターネット・ユーモア・コミュニケーション内に登場しつつある異常な発話形式であって、(60) 真面目な談話のルールにはかならずしも従っていない。[61] この文脈内で、既存の権力関係が強化されているのかそれとも批判されているのかは、容易に答えられない。笑いのメカニズムそのものもきわめて文脈的である。自分がその中身に同意していなくても、気の利いたジョークを聞くと笑えるが、同じように、趣旨に同意している限り、へたなジョークでも聞いて笑うことができる。[62]「イルベ」その他の極右ウェブサイトの文化的に特異なユーモアの体制のなかで、悪意に満ちたジョークないし嘲笑は、普通、分別を欠きどのようにでも解釈可能で、しかも〔仲間以外は〕排除するその性格のゆえに、支離滅裂なユーモアの体制を強化するだけで終わってしまい、それへの反駁が成功する機会は限られる。法的行為（あるいは法を振りかざすジェスチャー）という生真面目な強面《こわもて》で笑いに応答すると、少なくとも当座は、「ひとりよがりの表情を顔面からはぎ取る」ことになるかもしれない。だが、ここまで本稿で論じてきたとおり、このように「笑いを真面目に受けとめる」ことは、ウィン・ウィンであれルーズ・ルーズであれ、社会で（誤）作動することとなろう。

笑いをあまりにも真面目に受けとめる法の問題性は、「規制のトリレンマ」[63]という概念によってもっともよく要約されるだろう。規制のトリレンマというのは、ドイツの法社会学者であるギュンター・トイプナーが、法化から帰結した機能不全問題について述べるために提示した用語である。トイプナーは、規範が氾濫するなかで規制法案の効果に問いを発して、紛争を理由にますます細かな法を求める社会的期待を生み出すという意味での法の社会的機能と、社会環境が法に期待する規制の実効性とのあいだの軋轢を描いている。[64] この軋轢は三つの形の難問として帰結する。すなわち、①政治が法の適合性基準を満たすのに失敗する一方で、法が意図された政治的目的との接点を失ってしまうという状況（相互無関心）、②そのような状況のもとで、法がその基本原則を放棄して、法化を求める社会的要望に譲歩してしまうということ（社会による法の解体）、③しかしながらそのことが、「豊かで健全な」社会的言説の阻害として帰結する（法による社会の解体）、といったことである。

ここでもまた、人権法の基準《クライテリア》に訴えて「ジョークを言わないよう求める権利」の要求が、記憶政治の舞台に連動する「記憶する義務」への要求と一体化している。歴史的事実の否定・歪曲・捏造によって侵害される法益は、「正しい」「国民的」な記憶であって個人の権利ではないにもかかわらず、人権法の基準やその範疇に翻案されているのである。これが意味するのは、法による規制と記憶の政治という、異なる自己言及の地点を有したシステム間の「相互無関心」である。(65) 同時に、法化における社会的法益と処罰の早期化を含む、刑法上の基本原則からの後退は、立法化に実際に成功する以前の象徴的な法の宣言的・教育的効果とならんで、「社会による法の基本原則の解体」を示している。それにもかかわらずこのような法の亡霊は、規制される側からの反攻に直面する。その時、「法による社会の解体」がはっきりと現れる。規制される側が、自分たちは支配的な歴史表象の被害者だと主張して、自分たちの対抗的な解釈のための掛け金を社会的記憶のなかに求めることになる。だが、その解釈なるものは、多くの場合、法が真面目に受けとめなければ、公衆に知られることもなく、あるいはお笑い草として無視されただけのものなのだ。

（橋本伸也訳）

1 本稿は、*Asia Europe Journal* (Vol. 15 No. 3, 2017) に掲載された筆者の論文に基づいている。

2 例えば二〇一五年五月一三日には、元特務部隊将校を自称する北朝鮮擁護者が朝鮮放送テレビのトークショウに出演して、光州蜂起は「北朝鮮特別部隊の軍事的支援を受けた反乱」だったと主張した。彼はさらに「約六〇〇名の兵士からなる大隊が光州に潜入した」とか、「望月洞《マンウォルドン》にある七〇基の無名犠牲者墓は、実際は北朝鮮兵士のものだ」などと主張した。

3 http://www.ilbe.com/

4 http://www.dcinside.com/

5 Kabun Park, *The Thought of Ilbe*, Owŏlŭi Bom, 2013, p. 12.

6 Jürgen Habermas（trans. Thomas Burger）, *The Structural Transformation of the Public Sphere: An Inquiry into a Category of Bourgeois Society*, MIT Press, 1991, pp. 248–285.

7 Daegu District Court Western Branch, 2013 godan 1592.

8 Deagu District Court, 2014 no 2332.

9 Supreme Court, 2015 do 1692.

10 Soyoung Lee, "Regulating Memory and Remembering through Regulation?: Law Against Holocaust Denial and the Construction of Social Memory", *Journal of Law*, 21(4), 2013; Jea Seung Lee, "Law and Memory: Holocaust Denial", *Korean Journal of Legal Philosophy*, 11(1), 2008; Hee Jeoung Kim, "Constitutional Legitimacy of Laws on Denial of History: Focusing on Holocaust Denial", Unpublished MA Thesis, Korea University, 2008; Hee Young Park, "The Spread of Radical Thoughts in Internet and the Spatial Range of Application of Criminal Law: In Case of 'Holocaust Lie' Verdict of German Supreme Court", *Legislation Review*, 8, 2004. 最近ではホン・ソンスが、韓国の週刊誌である『ハンギョレ21』誌に「ホン・ソンスのヘイトの時代・遺憾」というタイトルの記事を投稿したが、これは部分的な歴史否定論の規制について扱っている。

11 Benedict Anderson, *Imagined Community: Reflection on the Origins and Spread of Nationalism*, revised edition, Verso, 1991, pp. 5–7.

12 Elliott Oring, *Engaging Humor*, University of Illinois Press, 2008, pp. 7–8.

13 Ku-Jin Kang, *Criminal Law Lectures: Particulars*, Pakyŏngsa, 1983, p. 223; Jong-Won Kim, *Particulars of Criminal Law*, Pŏmmunsa, 1971, p. 161; Il-Su Kim/Bo-Hak Suh, *Particulars of Criminal Law*, 7th edition, Pakyŏngsa, 2007, p. 202; Ki-Chun Yoo, *Criminal Law Studies*, Ilchokak, 1982, p. 139; Seong-Keun Jeong, *Particulars of Criminal Law*, Pŏpjisa, 1998, p. 246; Kae-Ho Jin, *Particulars of Criminal Law*, 3rd edition, Taewangsa, 1996, p. 195. 死者が名誉毀損の法益の主体たりうることを否定する刑法学界内の少数意見については、以下を参照。Jong-Dae Bae, *Particulars of Criminal Law, 9th edition*, Hongmunsa, 2015, pp. 270–271; Sang-Ki Park, *Particulars of Criminal Law*, 8th edition, Pakyŏngsa, 2011, p. 189; Jung-Won Lee, *Particulars of Criminal Law*, Sillonsa, 2012, p. 208.

14 Supreme Court, 2003 da 69942.

15 Kuk Cho, "De-criminalization of Defamation and Insult against Public Officials and Figures Regarding Public Issues", *Criminal Law Policy*, 25(3), 2013, pp. 26–27.

16 Daegu District Court Western Branch, 2013 godan 1592, p. 4.

17 Ibid., pp. 5–6.

18 Bill on Punishing Individual or Organization that Denies the War of Aggression and Colonial Occupation of Japanese Imperialism, Article 1.

19 Bill on Punishing Defenders of Japanese Colonial Occupation, Article 4.
20 Vivian Carren, "History, Memory and Law", *Roger Williams University Law Review*, 16, 2011, p. 101.
21 Basic Law for the Federal Republic of Germany, Article 5, Section 1.
22 BVerfGE 54, 208.
23 Sangdon Yi, *Legal Theory*, 3rd edition, Sechang Publisher, 2005, pp. 204-206; Tamara Rachbauer, *Vorverständnis von Wissenschaftlichen Texten*, GRIN Verlag GmbH, 2014.
24 Winfred Hassemer, *Einführung in die Grundlagen des Strafrechts*, C. H. Beck, 1981, p. 149.
25 Stiina Loytomaki, "Law and Memory: The Politics of Victimhood", *Grift Law Review*, 21(1), 2012, p. 18.
26 Michel Foucault (trans. Colin Gordon), "The Political Function of the Intellectual", *Radical Philosophy* 17, 1977, p. 14(久保田淳他訳『ミシェル・フーコー思考集成6 セクシュアリテ／真理――一九七六―一九七七』筑摩書房、二〇〇〇年、一五〇頁。ただし、訳文は異なる)。
27 Criminal Procedure Act, Article 227.
28 Criminal Procedure Act, Article 228.
29 Bill on Punishing Defenders of Japanese Colonial Occupation, Article 7.
30 刑法で侮辱罪について規定されている刑罰は「一年以下の懲役又は二〇〇万ウォン以下の罰金」であるのにたいして、この法案で侮辱罪にたいして提案されている刑罰は、「三年以下の懲役又は三〇〇万ウォン以下の罰金」である。
31 Stiina Loytomaki, "Law and Memory", p. 3.
32 Peter-Alexis Albrecht, *Das Strafrecht auf dem Weg vom liberalen Rechtsstaat zum sozialen Interventionsstaat – Entwicklungstendenzen des materiellen Strafrechts*, KritV, 1988, p. 193.
33 Jong-Dae Bae, "The Theory of Political Criminal Law", *Review of Legal Studies*, 26, 1991, pp. 221-228.
34 Seog-Youn Choi, "A Critical Study on Symbolic Criminal Law", *Comparative Studies on Criminal Law*, 5(2), 2003, pp. 153-155.
35 Joong-Ho Lim, *The Examination Report on «Bill on Punishing Defenders of Japanese Colonial Occupation»*, (The Committee of Legislation and Judiciary, 2014), p. 13.
36 Sung-Yong Cho, "Critical Thoughts on Symbolic Function of Criminal Law", *Studies on Criminal Policy*, 14(1), 2003, pp. 205-206.
37 Seog-Youn Choi, "A Critical Study on Symbolic Criminal Law", pp. 151-152; Hak-Tai Kim, "A Study on Symbolic Function of Law", *Korean Journal of Legal Philosophy*, 3(2), 2000, pp. 171-172.

38 Monika Voß, *Symbolische Gesetzgebung : Fragen zur Rationalität von Strafgesetzgebungsakten*, Gremer, 1989, p. 25.

39 Ibid., p. 27.

40 Stiina Loytomaki, "Law and Memory", p. 18.

41 Sara Beale, "Federalizing Hate Crimes : Symbolic Politics, Expressive Law, or Tool for Criminal Enforcement", *Boston University Law Review*, 80, 2000, pp. 1227–1230.

42 Giselinde Kuipers, "The Politics of Humour in the Public Sphere : Cartoons, Power and Modernity in the First Transnational Humour Scandal", *European Journal of Cultural Studies*, 14（1）, 2011, p. 81.

43 この用語は、二〇一三年一一月二五日にハーヴァード大学マヒンドラ人文学センターで行われた、「人権を前にした多方向的記憶とホロコースト・インターナショナリズム」というタイトルの講演のなかで、マイケル・ロスバーグによって使用された。

44 Michael Rothberg, *Multidirectional Memory : Remembering Holocaust in Age of Decolonization*, Stanford University Press, 2009, p. 6.

45 Michael Rothberg and Yasemin Yildiz, "Migrant Archives of Holocaust Remembrance in Contemporary Germany", *Parallax*, 17（4）, 2011, pp. 37–42.

46 Michel Wieviorka, "The Making of Differences", *International Sociology*, 19（3）, 2004, pp. 283–286.

47 Kabun Park, *The Thought of Ilbe*, pp. 122–123.

48 Stiina Loytomaki, "Law and Memory", p. 2.

49 Henri Rousso, "Intellectuals and the Law", *Modern and Contemporary France*, 17（2）, 2009, pp. 153–161 ; Henri Rousso, "Les raisins verts de la guerre d'Algérie", Yves Michaud ed., *La Guerre d'Algérie (1954–1962)*（Université de tous les savoir）, Odile Jakob, 2004, pp. 30–31.

50 Claire Eldbridge, "Blurring the Boundaries between Perpetrators and Victims : Pied-noir Memories and the Harki Community", *Memory Studies*, 3, 2010, pp. 123–124.

51 Michael Rothberg, *Multidirectional Memory*, p. 20.

52 Stiina Loytomaki, "Law and Memory", p. 12.

53 Ibid., p. 19.

54 Jie-Hyun Lim, *Letters of Global History : For the New Generation*, Humanist, 2010, p. 334.

55 彼の作品リストには次のようなものが含まれる。*The Destruction of Dresden*（1963）, *Hitler's War*（1977）, *Churchill's War*

（1987）, *Goebbels : Mastermind of the Third Reich*（1996）.

56 https://www.radioislam.org/irving/arrestation.htm

57 http://germarrudolf.com/

58 https://jhate.wordpress.com/2012/06/04/holocaust-denier-germar-rudolf-spreads-hate-from-pennsylvania/

59 イギリスの社会学者であるクリスティー・デイヴィスは、デンマークのムハンマド戯画スキャンダルを批判する際に同様の主張を行ってきた。See Christie Davis, “The Danish Cartoons, the Muslims, and the New battle of Jutland”, *Humor*, 21（1）, 2008, pp. 8–9.

60 Giselinde Kuipers, “The Politics of Humour in the Public Sphere”, p. 64.

61 Ibid., pp. 68–69.

62 Peter Jelavich, “When Are Jewish Jokes No Longer Funny?: Ethnic Humour in Imperial and Republican Berlin”, Martina Kessel and Patrick Merziger eds., *The Politics of Humour*, Toronto University Press, 2012, p. 23.

63 ギュンター・トイプナーがこの概念を最初に使ったのは、以下の論文である。Gunther Teubner “Verrechtlichung-Begriffe, Markmale, Grenzen, Auswege”, Friedrich Kübler ed., *Verrechtlichung von Wirtschaft, Arbeit und sozialer Solidarität*, 1985. 本稿の引用では *Juridification of Social Spheres*（1987）所収の英訳を使用した。

64 Gunther Teubner, “Juridification: Concepts, Aspects, Limits, Solutions”, Gunther Teubner ed., *Juridification of Social Spheres*, Walter de Gruyter, 1987, p. 19.

65 Ibid., p. 22.

訳注

＊1　Verhältnismäßigkeit. 個人の基本的権利を公権力が侵害するすべての場合に、比例原則が妥当する。公権力すなわち立法権、行政権、司法権はすべて、この原則に従わねばならない。すなわち個人の基本的権利を侵害する措置が採られるにあたっては、その措置が、第一に適切性を有し、第二に不可欠であって、第三に相応の限度に留まっている、という三つの基準を満たしていなければならない。その意味で、比例原則の訳語に換えて、「相応性原則」という訳語の方がより当を得ている、という提案もなされている。［大阪市立大学守矢健一教授の教示による］

＊2　Juridification. ギュンター・トイプナーの提唱した Verrechtlichung が原語。この概念で著者は、（法にはなじまない）社会問題を、立法をつうじて解決することを選好する法政策上の傾向という意味で用いている。

＊3　ここでは、大韓民国憲法前文にある「我が大韓国民」という表現が想起されている。

（訳者追記）　本稿の訳出にあたっては、大阪市立大学大学院法学研究科の守矢健一先生と立命館大学法学部の本田稔先生に校閲をお願いし、専門的見地からの多岐にわたる詳細なご批正とコメントを頂戴することができました。心よりお礼申し上げます。もとより、それでもなお残された誤りは訳者の責に属するものです。

第3章　フランスにおける植民地支配の過去と記憶
――法制化をめぐる議論から

平野千果子

はじめに

栄光の歴史と負の歴史

今日、多くの国家が自身の過去について、プラスの側面を強調する明るい語りをもっているだろう。フランスも同様である。フランスは言うまでもなく革命や人権宣言の国であり、近代世界を切り開いた先駆的な歴史を自負している。現代に目を移せば、第二次世界大戦は、その当否はともかく、民主主義とファシズムという対立の図式で語られることがしばしばある。ナチス・ドイツと戦ったフランスは、当然にして民主主義陣営を自任する。フランス人にとって自由や平等、人権といった革命の掲げた理念とともに、このような歴史は大きな誇りとなっている。

しかしフランスにも負の歴史はもちろんある。第二次世界大戦期にヴィシー政権下で行われたユダヤ人迫害は、その負の性質ゆえに戦後長らく隠蔽されていた。ドゴール時代に「レジスタンス神話」が席巻したのは、象徴的である。それが変化するのは一九七〇年代。アメリカの歴史家ロバート・パクストンが、フランスのユダヤ人迫害は支配者ドイツに強要されたからではなく、大戦下に成立したヴィシー政権が自発的に進めたものだと明らかにしたのを契機とする。レジスタンス史観を根底から覆し、歴史認識に大きな転換をもたらしたこの事態は、

「パクストン革命」と呼ばれている。(1)

この後の一九九〇年代には、ユダヤ人迫害をめぐって「人道に対する罪」でフランス人自身が裁かれる裁判も実現した。一九九五年には当時の大統領ジャック・シラクが、国家の責任を初めて認めたし、ヴィシー政権下で体制側にあったカトリック教会も、ユダヤ人迫害を見過ごしたことに悔悛の念を表明するにいたった。(2)反ユダヤ主義が払拭されていない現実もあるとはいえ、大戦期のユダヤ人迫害という過去はもはや誰の目にも明らかにされ、フランス国民が正面から見つめる状況が整えられている。

もう一つの負の歴史として、列強の一員であったフランスには、やはり植民地支配の過去があげられよう。しかしこれがいかに振り返られているのかについては、若干の注意が必要である。実はフランスの場合、日本のように旧支配地域から折に触れて厳しい批判を受けることも、アルジェリアを除けばほとんどみられない。支配に善の側面があったといった類の発言が、ただちに修正主義との批判を受けるわけでもない。それにはさまざまな事情を考慮しなければならないが、植民地支配の歴史が「支配と抵抗」という二項対立ではなかったのと同様に、脱植民地化後の認識も、謝罪を要求する旧植民地と、それにすぐには応えない旧宗主国という二項対立で展開されているわけでは、必ずしもない。(3)

宗主国を慕う植民地?

過去への認識が一筋縄ではいかないことを示す一例として、二〇〇六年の映画『原住民』(邦題『デイズ・オブ・グローリー』)を取り上げよう。主役は、第二次世界大戦でドイツに占領されたフランスを解放する戦いに従軍した、北アフリカ出身の兵士たちである。ドイツからの解放の戦いは、各地の多くの英雄譚とともに語り継がれるが、そこに植民地兵の貢献があったことは、十分に伝えられてはこなかった。加えて彼らにはフランス人のような恩給もなかった。この映画のインパクトは大きく、当時の大統領シラクは植民地からの旧出征軍人にも、フランス人と同等の恩給を支給することを決めている。

ここで指摘したいのは、この映画において、当時の兵士たちが支配者フランスから意に染まぬ戦いを強いられて、いかに支配構造のなかで苦悩したかという側面が希薄である点である。その内容はむしろ、兵士たちがいかにフランスを慕っていたかが、全編を通して強調されているとも受け取れる。言い換えるなら、母なるフランスを慕う子どもたちが、いかに「祖国」フランスから十分な愛情を受けていないかを訴えるものともみえる。こうした視点に立つ映画が、フランスが支配の過去の総体を見つめなおす契機につながらないことは、諒解されるのではないか。

筆者はこれまで、フランスが植民地支配の過去にどのような認識をもっているか、それはなぜかという問いに取り組んできたが、本稿では「法」を中心に改めてこの問題を整理し直してみたい。近年のフランスでは「記憶法」と総称される法がいくつか出されている。「負」の歴史や事象をめぐる解釈を、いわば法制化したものである。それらはフランスが過去の克服に取り組んでいることを、果たして証明するものなのだろうか。「記憶法」に関連しては他所で詳述したことがある。(4) 以下では議論の前提として、まずはその要約を第一節に記しておく。それに続いてユダヤ人迫害にかかわるゲソー法と、奴隷制の過去にかかわるトビラ法を順次取り上げて、最後にアルメニア人の虐殺をめぐる状況から考えることとする。

一 四つの「記憶法」

二〇〇五年の騒動――引揚者法

二〇〇五年のフランスでは、植民地支配の歴史を想起させる事件が連鎖的に起きた。なかでも、一〇月末にパリの郊外で始まった「暴動」は最後の締めくくりとなった。警官に追われた若者二人が変電所に逃げ込んで感電死したのを契機に、全国規模に抗議行動が広がった事件である。二人は旧植民地に出自をもつ者で、抗議行動に参加した多くが彼らと似た境遇の若者だった。植民地にまつわる事態が次々と起きたこの年、フランスでは植民地支配の歴史に関連して、「記憶法」という言葉が流布するようになった。この年より以前に出されたものも含め、四つの法がまとめてこのように称される。ここでは議論を整理するため、まずは発端となる、この二〇〇五年の二月二三日に制定された法から始めよう。

これは、旧フランス領からの引揚者に対する補償を定めたものである。おもな対象としては、最大の植民地アルジェリアからの引揚者が想定されていた。フランス軍に協力したアルジェリア人(ハルキと呼ばれる)も対象になったのは、新しいことだった。ただ、この法の正式名称は、「引揚者への国民の感謝と国民的支援に関する法」(以下、引揚者法)である。第一条ではかつてのフランスの支配領域において、祖国のために尽くしたフランス人への感謝が表明され、国民はこれらの地域からの引揚者が被った苦痛と犠牲を認めると記されている。このあたりにこの法のおよその性格は読み取れるだろう。

議論を呼んだのは、第四条第二項に、学校教育において「海外領土、なかでも北アフリカにフランスが存在したことの肯定的な役割」を認めるという文言があることだった。端的には植民地支配のよい面を教授せよ、ということになろう。それに先立つ第一項では、研究の面でも北アフリカなどにおけるフランスのプレゼンスの歴史にしかるべき位置を与えるよう、求めている。学校では植民地支配のよい面を学び、長じて研究ではそのような歴史を探求せよということとも受け取れよう。この法の背後には、アルジェリアからの引揚者の圧力と、彼らの支持を狙った政治家たちの、長い前史がある。要するにここに見られる植民地支配を肯定するまなざしは、引揚者の意向を汲んだものである。

第四条第二項に歴史家からの批判が寄せられるのに、さして時間はかからなかった。とりわけ『ル・モンド』紙(二〇〇五年三月二五日付)に掲載された歴史家六人による声明文で、この法自体の廃棄が唱えられたことは注目された[5]。学校の中立性や思想の自由に反して、公式の歴史が事実上強制されることが、大きな理由である。つまるところ最大の論点は、内容が肯定的側面であれ否定的側面であれ、公権力が一つの見解を教育現場に押し付けることへの是非であった。

この声明文に署名したクロード・リオズやジェラール・ノワリエルは、その後六月にはより多くの歴史家たちとともに、「歴史の公的使用に対する監視委員会（CVUH）」という団体を設立し、歴史が特定の利益のために利用される事態に警鐘を鳴らした。二〇〇五年は歴史と記憶をめぐる議論が盛り上がったが、この団体の設立もその一端を表している。

歴史家の提訴

ところで同じ六月、もう一つ別の事件に発展する事態が生じた。歴史家オリヴィエ・ペトレ゠グルヌイヨの手になる著作『黒人奴隷貿易』（二〇〇四年秋に刊行）が、上院の歴史書部門で賞を受けたのである。グローバルなアプローチを謳うこの書の序文で著者は、奴隷貿易については専門家の間にも多くの無知があると指摘し、より広い視野からこの問題を扱う必要を説く。本書はそれに応えるものだとして、著者は三つの黒人貿易（アラブ人による東方貿易、アフリカ内部の黒人交易、大西洋奴隷貿易）すべてを取り上げ、さらには奴隷貿易の廃止運動までも包括的に扱っている[6]。

ただし記述のいわば中立性には、疑問も呈された。たとえば交易数について、東方貿易が一七〇〇万人、アフリカ内部が一四〇〇万人、大西洋貿易が一一〇〇万人だとしている。収益についても、奴隷貿易はさほどの利潤をもたらしてはいないと結論づけた。また奴隷制が廃止されたのは経済的な理由に起因するのではなく、宗教的情熱で廃止に向けた運動が展開された結果だという。グローバルな試みとはいえ、総体としてみれば大西洋貿易を相対化し、過小評価しようとしているのではないかという疑念をもたれたのである。

そうした著者の立場は、受賞後に受けた週刊新聞のインタヴュー（『日曜紙』二〇〇六年六月一二日付）でいっそう明らかとなった。そのころフランスでは、「歴史の犠牲者」としてユダヤ人ばかりが注目される状況に対し、奴隷制や奴隷貿易もジェノサイドであったとする見方や、黒人の血を引く者はみな奴隷の子孫だとする主張が一部でなされていた。それに関して質問されたペトレ＝グルヌイヨは、そうした見解をみな否定した。奴隷の子孫であるか否かはアイデンティティの問題だとも述べている。そのうえで、奴隷貿易と奴隷制を「人道に対する罪」だと認めたトビラ法を批判したのである。二〇〇一年に制定されたこのトビラ法には、第三節で改めて立ち返る。

ペトレのインタヴューは、奴隷の過去をめぐる議論に火をつけた。というのはペトレの発言は旧奴隷植民地である海外県出身者の怒りを買い、彼らの作る団体がペトレを修正主義だと批判して、提訴する行為に出たからである。インタヴューでの発言内容は彼の著書に沿ったものであり、インタヴューが直接の契機とはいえ、要するに歴史家が自らの研究書における主張ゆえに訴えられる事態になったといってよい。

この本の評価のなかには、黒人貿易の担い手がヨーロッパ人だけではなく、アフリカ人自身やムスリム商人もかかわっていたことが、新しい知見であるかのように捉えるものもあった。フランスでは、奴隷貿易については学校教育でも十分に取り上げられてはおらず、[7] 黒人貿易自体に対する情報が少ないことは確かである。ペトレはそうした評価に対して、奴隷の東方貿易が最も栄えたのは大西洋貿易よりも遅く一九世紀で、それはイスラーム圏の繁栄に影響したと指摘し、「大西洋貿易と西洋の躍進についての研究は数多あるが、イスラーム世界の経済と東方貿易の関係については一点の論文すらない」と応じている。[8]

書物の内容はともあれ、研究者が訴えられるという顚末に、歴史研究者の間には危機感が広がって、事態は新たな展開をみた。年末の一二月一二日、『リベラシオン』紙に一九人の歴史家による「歴史のための自由」というアピールが掲載されたのである。そこでは、歴史家や思想家が自らの主張ゆえに裁判となる事態が憂慮され、歴史は宗教でも道徳でも記憶でもなく、現状に規定されるものでもないこと、さらには法の対象でもなく、国家の政策はいかなる方針に基づくものであれ、歴史の政策(politique d'histoire)たりえない点が強調された。[9]

法を撤廃すべきか

このアピールが何より関心を引いたのは、冒頭に「歴史研究と歴史教育の足枷となる法の条項を撤廃する請願」と掲げられているように、歴史研究を妨げるのみならず、民主主義にそぐわないとして四つの法をあげ、そのすべての廃止を訴えたことである。四つの法を以下に列挙しておこう。

(1)人種差別、反ユダヤ主義、外国人嫌いの行為を抑制する一九九〇年七月一三日の法(通称ゲソー法)

(2)一九一五年のオスマン帝国によるアルメニア人虐殺を「人道に対する罪」と認める二〇〇一年一月二九日の法

(3)大西洋奴隷貿易と奴隷制を「人道に対する罪」と認める二〇〇一年五月二一日の法(通称トビラ法)

(4)引揚者への国民の感謝と国民的支援に関する二〇〇五年二月二三日の法(引揚者法)

これら四つが「記憶法」と呼びならわされていくものである。こうした呼称からは、あたかも近年のフランスに公的な歴史政策などがあるかのような印象を与えがちだが、これは公式の名称ではない。引揚者法をめぐる議論のなかから出現し、その後に以上四つの法を指すようになったものである。[10]そもそもこれらは、性格を異にする。(1)の制定時期が、他にだいぶ先んじていることはもちろんだが、(2)と(3)はある過去の事象を「人道に対する罪」と認めると、いわば宣言するだけで、何ら罰則規定はない。それに対して(1)は罰則規定を伴っている。さらに(2)は外国の事柄である。

植民地支配という面からすれば、(3)は奴隷貿易や奴隷制の対象となった人びとの立場を尊重したものだが、(4)は支配の側の立場を取り入れたものである。それはまさに、負の過去にかかわった人びとの今日における受け止め方、すなわちそれらの人びとの記憶に、これらの法が関連することを意味しているわけだが、これほどヴェクトルの異なるものが何らかの一貫した政策から生み出されたとみるのは、適切ではあるまい。むしろ植民地主義を糾弾する性格の(3)が制定されたことへの対抗措置として、(4)が出されたという側面もある(11)。つまり異なる記憶をもつ人びとの主張を前に、それぞれの意向を汲んだ対応がなされたわけで、歴史の評価が一定のものでないことが図らずも示されたと言えるだろう。

ただし、異なる文脈から生み出されたこれら四つの法が、まったく無関係のものとして捉えられていったわけでも、やはりない。そのあたりを少しずつ読み解いていこう。

二　ゲソー法

修正主義を罰する

世界における人種差別との闘いは、条約や法の形で徐々に整えられていった。一九六五年一二月二一日に、「人種差別撤廃条約」が国連で採択されたのは、それを代表する一つである。フランスでは、国内の反人種差別を訴える団体などの働きかけもあり、一九七一年七月二八日に本条約調印の運びとなった(12)。それに合わせて国内法を整備するために、「人種差別(racisme)との闘いに関する法」(以下、プレヴァン法)が一九七二年七月一日に成立した。

ゲソー法は、このプレヴァン法を補強するために策定された。提案したのは共産党の議員ジャン゠クロード・ゲソー。ゲソー法の第一条では、「特定の民族、国民、人種、宗教に属している、あるいは属していないことを根拠にする差別は禁止」するとしている(13)。これはプレヴァン法第一条と同じ内容であり、基本的な姿勢は引き継がれている。

ゲソー法が注目された理由は、何よりも第九条にある。人種差別を確実になくしていくには、そうした行為に罰則を科す必要がある。この条項は、言論の自由を定めた一八八一年の法を改正し、ホロコーストの否定、つまり修正主義は罰せられる、と定めるものだった。こうしてフランスでは、ホロコーストの存在を否定する者には最高五年の公民権停止もしくは罰金、あるいはその双方が科せられることとなったのである。(14)

そもそも「人道に対する罪」は、「一九四五年八月八日のロンドン協定に付属するニュルンベルク国際軍事裁判所条例第六条」に、初めて明記された罪だった。言うまでもなく、ナチによるホロコーストを念頭に置いてのことである。同条例ではこの罪は、以下のように記されている。すなわち「犯行地の国内法に違反すると否とを問わず、本裁判所の管轄に属する罪の遂行として、あるいはそれに関連して、戦前もしくは戦時中に行われた、すべての民間人に対する殺人、絶滅、奴隷化、強制連行およびその他の非人道的行為、または政治的、人種的、ないし宗教的理由に基づく迫害行為」である。(15)ゲソー法がこの条文をそのまま引き写しているのも、目を引くところである。

ただし、この条文に記された文言が「人道に対する罪」の厳密な定義とはいえない。フランスで最初にこの罪による裁判が起きたとき、何が「人道に対する罪」に当たるのかは、きわめて狭く解釈された。結果として適用の範囲は大きく狭められ、第二次世界大戦期のユダヤ人虐殺についてのみ、この罪は遡及するとされたのである。換言すれば、フランスではこのことが判例となって、「人道に対する罪」が植民地支配の歴史に適用される道も絶たれたのであり、この罪の概念を「普遍的に」適用しようとする方向性は、開かれなかった。(16)それがまたこうして一九九〇年に引き写されていることには、象徴的な意味があるにせよ、歴史が繰り返されているという感をもたないではない。

ゲソー法批判

ではなぜ一九九〇年という時期に、修正主義を罰する方針が出されたのか。具体的には極右政党の国民戦線党首、ジャン＝マリ・ルペンを標的にしたものとされる。(17) ルペンは一九八七年九月、テレビ局のインタヴューで、ガス室は歴史の些事だとの発言を行い、物議を醸していた。(18) プレヴァン法と同じ年に創設されたこの政党が急速に党勢を拡大したのは、一九八〇年代。一九七三年の石油危機以降の不況下で、失業しても帰国しない非ヨーロッパ系の外国人労働者が社会で顕在化してきたのを背景に、排外主義的な主張で支持を伸ばしたのである。大統領選挙を翌年に控えた時期で、上り調子だったルペン自身、このときの発言は人生最大の舌禍だと悔いたというが、(19) その後もこの種の主張をやめてはいない。ちなみにルペンはゲソー法のような措置に対して、精神の自由を擁護する立場に立つと述べ、何らかの思想の禁止や規制を目するいかなる法制化にも反対する旨も表明している。(20)

ルペンのみならず、ゲソー法への批判は当初からあった。それをまとめたものとして必ず言及されるのが、歴史家マドレーヌ・ルベリウの論説である。(21) ここでも彼女によりながら、論点を三点にまとめておこう。ルベリウはまず、ジェノサイドが何であるか、ニュルンベルク裁判にすべての答えがあるわけではなく、いずれこの概念は拡大され、それぞれが「歴史の事実」だと主張されるようになるだろうという。次に、歴史の真実という概念自体が、国家の権威を拒絶するものであるはずなのに、その国家の策定する法に、何が歴史の真実かの決定をゆだねてしまう点である。最後に、歴史を歪曲しようとする者が罰せられるなどすれば、言論の自由を根拠に、彼ら自身に自らを犠牲者として語る余地を与えてしまう点があげられる。ルベリウは、ジェノサイドは「思考」されなければならないとする。それが戦うことであり、市民により明確に見えるようにする手段なのだという。要するに、ホロコーストの議論をタブーにすべきでないという主張だといえるだろう。

「人種差別」と「移民」問題

ところで人種差別といえば、ヨーロッパの外から到来した「移民」に向けられる差別はどのように認識されていたのだろうか。この点がゲソー法に関連して語られることはあまりなかったのだが、以下に少しみていこう。一九九〇年五月一〇日、南フランスのカルパントラでユダヤ人墓地が荒らされる事件が起きた。暴かれた墓の数は三四基、なかにはホロコーストの生き残りのものもあった[22]。ゲソー法案が審議されていたまさにその最中にこの種の事件が起きたことは、フランスにとって大きな衝撃だった。一四日には各地で抗議のデモが行われ、全国で二〇万人が参加した。パリのデモには大統領フランソワ・ミッテランの姿もあった。第二次世界大戦後、大統領がデモに参加したのはこれが最初だという[23]。

このデモを報じた『ル・モンド』紙(五月一六日付)は、反ユダヤ主義と人種主義(racisme)との結びつきを問うている。当然、関連していると思われるが、何が問題なのだろうか。じつはフランス社会には、反ユダヤ主義と人種主義を別物だと捉える世論の傾向が看取される。その際、人種主義は、かつて最大の植民地だった北アフリカ出身者、すなわち「移民」と認識される人びとへの差別を示すものに限って使われる。要するに、反ユダヤ主義は糾弾すべきものであるのに対して、人種主義は容認されるのではないか、という危惧がここでも表明されているのである。

この記事は唐突に出たわけではない。これに先立つ時期にも人種主義とヨーロッパ外からの移民は議論になっている。ゲソー法案のキャンペーンをめぐる社会党内の軋轢は、その一例である。『ル・モンド』紙(四月二九日付)が報じるところによれば、与党の社会党は、キャンペーンに向けて「人種主義はフランス人の間に壁をつくるか」というキャッチコピーを採択した。ところがこれに、党内部から的外れだとの批判が上がった。そこには移民問題について、国内で意見が割れているという認識がある。つまり移民の処遇をめぐっては、フランスはすでに壁があるといえる状況にある。意見が一致していない問題に直接触れないまま、こうしたコピーを掲げるのは戦略として好ましくない、というのである。

それに対してキャンペーンの責任者である社会党のベルナール・ロマンは、「反人種主義と、〔移民の〕統合をいっしょくたにするような罠に陥ってはならない」と反論した。一方は普遍的な価値をもつものであるのに対して、他方は実施すべき政策なのだという。要するにロマンの主張は、人種主義と闘うのは理念として当然で、その意味ではフランス人の間に壁はあってはならない。対して社会に溶け込んでいない北アフリカ系の移民は、人種主義という差別の問題なのではなく、いかに彼らを統合するかという政策の問題であり、壁が云々というような話ではない、ということであろう。

ただし見方によっては、これはやや危うい議論にもみえる。というのは、フランスは反人種主義で一致しているのに、移民が統合されていないのであれば、それは移民自身が統合されようとしていないからだ、とも解釈されうる。移民自身がもつ問題を放置して、フランス社会の差別にばかり焦点を当てるのは、「反フランスの人種差別だ」と主張するルペンの言い分と近いものにもなりかねない。(24) つまるところ、差別を受けている当の北アフリカ出身者に対して、それは人種差別なのではない、と言っていることにもなる。

社会党内の議論がどうあれ、ゲソー法が審議されている過程で、旧植民地にまつわる人びとへの差別の問題が話題になっていたことは示唆的である。四つの「記憶法」が異なる文脈から生まれたとはいえ、根底にはつながりがあることを示していると思われるからだ。この後の二〇〇一年、今度は奴隷貿易と奴隷制を「人道に対する罪」と認める法が成立した。このトビラ法をめぐっては、何が議論となったのだろうか。

三　トビラ法

法の制定へ

トビラ法が最初に議会に提案されたのは、奴隷制廃止の一五〇周年に当たる一九九八年二月のことである。それまでの準備期間を含めれば、二〇〇一年五月の制定までに四年を要したことになる。「記憶法」と総称される四つの法のうち、トビラ法は唯一、その制定にあたって専門家委員会がつくられ、そこで法案が練り上げられた(25)。議論の焦点は、奴隷貿易と奴隷制が「人道に対する罪」だと規定することへの賛否、また補償問題の扱いであった。最終的には、補償は本来の趣旨から離れるという懸念ゆえに織り込まれなかったものの、奴隷にまつわる歴史を「人道に対する罪」と認めることには合意が得られて、この法は満場一致で採択された(26)。

ただし、本国と旧奴隷植民地である海外県とでは、さまざまな面で認識に乖離があったことも記しておくべきだろう。たとえば奴隷制廃止一五〇周年を記念する行事に関してみても、旧奴隷植民地である海外県では、奴隷制に関する研究の推進はもとより、市民団体のイニシアティヴでも種々の企画が進められた。とりわけマルティニックでは「記憶の義務委員会」が設置され、奴隷貿易と奴隷制が「人道に対する罪」であったことを、国民全体に認識させる方向が打ち出された。それに対してフランスでは廃止が実現したこと自体に焦点が当てられ、共和主義のフランス、あるいは人権のフランスを讃える様相を呈したという(27)。

一般にフランスでは、奴隷にまつわる認識が希薄であると見受けられる。他所で指摘したことだが、奴隷制を国内にもったアメリカとは異なり、フランスの奴隷制は遠い海外植民地に存在した。しかもフランス自身は、奴隷制の時代にあっても「自由の国」を自任していた。フランスに足を踏み入れた奴隷はすべて解放されたという「神話」が、近代以前から社会に浸透していたからである(28)。このような背景は、フランスにおける歴史認識に小さからぬ影響を与えているのではないだろうか。

本国と旧植民地の認識の差を埋める努力は、さして払われては来なかった。社会党政権下の一九八三年には、海外県出身議員の働きもあって、奴隷制終焉を讃える祝日を制定する政令《デクレ》が出されている。同じ政令で、奴隷制廃止が決まった四月二七日に近い日付を選んで、小・中学校さらに高校で、奴隷制とその廃止について考える時間を一時間設けることも定められた(29)。しかしそれは、旧奴隷植民地にのみ、適用されるものであった。いわば歴史の「被害者」の意を汲む制度は、被害者の間でだけ作られていたわけである。

一九九八年にはトビラ法と別に、奴隷制廃止をフランス本国でも記念する日を制定するという法案が、共産党の議員から提出された。この件はようやく二〇〇五年四月、五月一〇日をその日に定めることで決着をみた（正式の法制化は翌年）[30]。じつは奴隷制が実際に廃止になったのは、奴隷植民地ごとに異なっており、日付の決定は自明のことではなかったのだ。最終的に決まった五月一〇日というのは、トビラ法が議会で採択された日付である[31]。この妥当性はともかく、こうした制度化の進展は、フランス国内で奴隷貿易や奴隷制をめぐって、一定の評価が定まってきていることの証なのだろうか。

歴史観の強制か

ところで前述のように、二〇〇五年二月の引揚者法をめぐっては、歴史家の間から批判が出され、リオズやノワリエルら歴史家六人が『ル・モンド』紙でこの法の廃棄を要請した。なかでもリオズはそれに先立つ三月一〇日、すでに共産党の機関紙『リュマニテ』紙に、法学者のティエリ・ル＝バールと連名で引揚者法への批判を記している[32]。

二人はこのなかで、やはり引揚者法の第四条第二項の廃棄を要請したのだが、これにアルジェリア史家ギ・ペルヴィエがさっそく反論を寄せた。ペルヴィエは、学校教育での内容を強制する最初の法は引揚者法ではなく、トビラ法だという従来からの主張を繰り返した。トビラ法第二条は「学校教育で奴隷貿易と奴隷制にしかるべき位置を与えるべき」だとしており、引揚者法はこれを真似ただけだというのである。さらにペルヴィエはペトレ＝グルヌイヨの研究に言及し、そもそもトビラ法が取り上げるのは大西洋貿易のみで、ペトレが明らかにしたような、アフリカ内部や東方貿易で黒人の取り引きにかかわった黒人やムスリムの役割にふたをしている。そのためトビラ法をみる限り、これらの交易が存在しなかったか、これらが「人道に対する罪」ではなかったかのようだとも述べている[33]。

ペルヴィエの文章には人権同盟のジル・マンスロンが批判を加え、さらにペルヴィエが応酬するなど議論が続いたが、それらを逐一取り上げてもさして意味はないだろう。ここでは、このような考えに立つ歴史家がペルヴィエだけではなかったことのみ記しておく(34)。

この後は第一節で述べた歴史家ペトレ＝グルヌイヨの提訴を機に、「歴史のための自由」が設立されると、トビラ法への風当たりも強まっていく。たとえばアルジェリア戦争に批判的な立場から深くかかわった古代史家ピエール・ヴィダル＝ナケは、「歴史のための自由」に署名した一人である。彼には次のような発言がある。「今日のギリシャ人は、古代ギリシャ人が奴隷をもっていたからといって、彼らが人道に対する罪をおかしていたとする法を策定するだろうか。そんなことに意味はない(35)！」

年が明けて二〇〇六年一月三一日、本稿第一節で言及した引揚者法の条項が、多くの批判のなか紆余曲折を経て、廃棄されることが決まった(36)。法の制定から一年後のことである。すると今度は、奴隷制廃止を記念する日となった五月一〇日を前に、右派政党である民衆運動連合(UMP、今日の共和党)の議員四〇名が、トビラ法第二条の廃棄を求める署名を大統領シラクに提出した。引揚者法の場合、法が歴史を書くのではないとの立場から修正されたのであり、トビラ法第二条についても同様の措置が取られるべきとの主張である(37)。それは実現にはいたらなかったが、フランスによる奴隷貿易や奴隷制の過去を見つめなおすことも、なかなかにたやすいものではないようである。

誰が同胞か

ここで改めて、ペトレ＝グルヌイヨをめぐる件に立ち戻っておこう。訴えた海外県出身者で作る団体は、彼の発言がトビラ法に違反していると唱えたが、じつはトビラ法そのものが提訴の根拠となっているわけではない。トビラ法にはゲソー法のような、罰則規定はないからである。告訴は具体的には、民法一三八二条、すなわち他者に何らかの損害を与えた場合は、その当人が償わなければならないという条項に基づいて起こされている(38)。

本稿では取り上げていないが、「記憶法」をめぐっては、ゲソー法が抜きんでて重要だとみなす、ユダヤ系を中心とする知識人たちも少なからずいた(39)。他の法はなくとも、ゲソー法がすべてをカバーするのであり、この法の廃棄だけは認められないとする立場である。そのような一人、アネット・ヴィヴィオルカは、民法に依拠して訴えが起こされたことについて、民法も記憶法なのかと皮肉っている(40)。要するに、トビラ法は不要だということだ。同時に、最も早く成立したゲソー法については、この法ゆえに何ら研究が妨げられたことはないとも断言している。

このあたりからは二つのことが見えてくる。一つは奴隷の歴史に光を当てたトビラ法への風当たりの強さ、もう一つは、批判もあるとはいえ、ユダヤ人に関する修正主義的発言を罰するというゲソー法に対する別格の扱いである。トビラ法批判には歴史的な「黒人嫌い」の系譜(41)をつなげてみることもできるだろうが、結局は誰を自らの同胞とし、誰を異質な者とするかという価値基準が透けて見えるような思いも拭いきれず残る。

結びに代えて――アルメニア人虐殺をめぐる議論から

トルコのEU加盟問題

二〇一五年一月、フランスの風刺画新聞社シャルリ・エブドが襲撃された。周知のように、同紙が「表現の自由」を盾に、ムハンマドの風刺画を長年にわたって掲載していたからである。事件の後には、「記憶法」に関する議論も起きた。ユダヤ人についてはゲソー法があるのに対し、ムスリムには何らそうした措置がないことに、二重基準だとの批判が一部で出されたのである。一見もっともな批判にもみえるが、ゲソー法が禁じるのは修正主義であり、ユダヤ教自体の「冒瀆」を禁じているのではない。二重基準を論じるのであれば、別の角度から考える必要があろう。[42]

そこで本稿の最後に、第一次世界大戦中に起きたアルメニア人虐殺を「人道に対する罪」だと認めた二〇〇一年の法[43]をめぐる状況から、少しく読み解いておこう。虐殺は当時のオスマン帝国によるもので、後継国家であるトルコがその責を問われている。この事件は長らく忘れられていたのだが、ベトナム戦争をめぐって開かれたラッセル法廷に倣って、一九八四年にパリで民衆法廷が実現したのを機に、啓蒙活動が広まった。[44]

ヨーロッパにおいてまずこの件を取り上げたのは、ヨーロッパ議会である。一九八七年四月一四日、トルコが統合ヨーロッパ（EC、一九九三年からEU）に加盟を申請すると、そのわずか二カ月後の六月一八日、ヨーロッパ議会は一九一五―一七年のアルメニア人虐殺を「ジェノサイド」と表現し、トルコ政府に対して、これを認めてアルメニア人の代表と対話に入るよう促す決議を採択したのである。[45]

その後、一九九九年にトルコが加盟の公式候補となると、この問題は二〇〇〇年、〇二年、〇四年と繰り返しヨーロッパ議会で取り上げられた。それらの決議では、トルコが加盟すれば、アルメニア（一九九一年に独立）を含む南コーカサス全体がEU加盟の対象となるために、事前にアルメニアとの関係を改善する必要があるとの理由づけもなされている。周知のように今日では、トルコがジェノサイドだと認めることがEU加盟の前提となっている。事件の一〇〇周年に当たる二〇一五年には、改めて決議文が採択されたところである。[46]

隠された二重基準

フランスでは、在仏アルメニア系の人びとの働きかけで二〇〇一年の法が実現した後、今度はこの虐殺が「人道に対する罪」であることを否定すると処罰されるという法を作る動きが相次いだ。ゲソー法のアルメニア版である。これは、準備されては成立をみずに終わるという事態が続いてきたのだが、最近この試みが再びあった。発端は二〇一五年一月に起きたシャルリ・エブド襲撃事件である。このとき事件の首謀者はみな、旧植民地に出自をもつ「フランス人」だったが、彼らがかくまでも社会に統合されていない現実は、大きな衝撃だった。フランスに「領土的、社会的、民族的アパルトヘイト」があるという当時の首相マニュエル・ヴァルスの発言[47]は、批判も呼んだが、フランス社会の受け止め方をある意味、象徴してもいる。

間もなく政府はこの種の事件が繰り返されないよう、「平等と市民権」に関する法を準備した。これには三つの柱がある。若者が市民生活を送るための社会的支援制度の拡充、社会の混成(mixité sociale)と機会の平等の促進、そして真の平等のための施策である。じつはこの三つ目の部分に、フランスでジェノサイドと認定された件に異議を唱えると罰則が科せられる、という条項があった[48]。まさにアルメニア人虐殺の事例がそれにあたる。「真の平等」を目的とする箇所に、修正主義を禁じる文言が入ったわけだ。たとえその首謀者が認めていなくとも、という一節は、もちろんトルコを想起させる。

この法自体は二〇一七年一月末に成立したものの、直後の憲法院の判断で修正主義に関する部分は違憲と判断され、削除された[49]。ゲソー法のアルメニア版を作る試みは、またしても頓挫した。いずれにせよフランスは、トルコとの外交関係などを考慮してなお、立法の試みに尽力し続けているわけである。

前述のようにこうした動きの背後には、在仏アルメニア人の働きかけがある。彼らの大半は今ではフランス生まれのフランス人である。「一部のフランス人の過去」を「フランスの過去」にという方向性は、今日のような多民族社会のあるべき姿ともいえる。しかし、シャルリ・エブド襲撃事件を機に浮き彫りになったのは、ムスリムを取り巻く差別的環境だった。「平等と市民権」に関する法の主眼は、イスラーム系の若者をフランス社会に統合して差別をなくすことであるはずである。トルコと対立する文言を含めることが、フランスにおける「真の平等」につながるのだろうか。蛇足ながらトルコは「世俗国家」であるものの国民の大半がムスリムで、フランスなどヨーロッパでは「イスラームの国」と表象されていることをつけ加えておく。

しかも歴史を振り返れば、アルメニア人問題に関する「修正主義」を罰するのに、何ら法は必要なかったことがわかる。一九九三年、『ル・モンド』紙(一一月一六日付)のインタヴューで、イスラーム研究の重鎮であるバーナード・ルイスが、これをジェノサイドだとするのは「この歴史のアルメニア・ヴァージョン」だと述べた件で訴追されたのである。ルイスもまた民法一三八二条で訴えられ、象徴的な一フランを支払う判決を受けた(50)。

もちろん判決に際して、アルメニア人虐殺がジェノサイドか否かを判事らが判断したわけではない。ルイスが他者と異なる見解を述べる権利も当然のこととして認められた(51)。とはいえ、トビラ法を否定したペトレ＝グルヌイヨの件に際しては、その主張の是非はともかく多くの歴史家が彼に連帯し、裁判自体も成立しなかった。それとは対照的に、ルイスの件は実際に裁きが下されるまで進んだ。一方はフランスが主体となった歴史的事象であり、他方はトルコがかかわる問題である。こうした対応の相違は意識されたものではないはずだし、若干時代もずれており、単純な比較は適切ではないだろう。しかしそれだけに、ここには無意識のうちの二重基準が働いているように思われる。

そもそもアルメニア人の問題は、当時から認識されていたものの、第一次世界大戦の戦後処理を議論したローザンヌ会議で、連合国に最終的に見捨てられたという経緯がある(52)。言うまでもなくフランスは見捨てた側である。歴史家ヴァンサン・デュクレールはフランスの責任を正面から問うている(53)。ここには第二次世界大戦期に、連合国がユダヤ人虐殺を見過ごしたことと類似の面がないとは言えない。アルメニア人虐殺からショアーまでを一続きのものとして捉える論集も、虐殺一〇〇周年、アウシュヴィッツ解放七〇周年の二〇一五年に刊行されたところである(54)。

このような傾向を目にすると、奴隷や植民地支配の歴史をめぐるものとは異なる感が否めない。本稿冒頭でレジスタンス神話に関連して「パクストン革命」に触れたが、植民地支配の歴史についても「パクストン革命」、すなわち認識の転換が必要だとする主張が一部でなされていることは、ここに記しておこう(55)。ある意味では二重基準は、いたる所にあるのではないか。それも必ずしもはっきりと目に見えるものではないのではないか。繰り返しになるがその根底には、誰を国民に含めるのか、あるいは含めないのか、という意識があるのではないか。アルメニア人の件は外国の問題だとして、「記憶法」を論じる際にあまり言及されることがなかったのだが、こうした側面からみると、フランスの植民地支配の歴史と記憶、あるいは歴史認識の問題に、密接に結びついている。そこにまさに政治が介入してもいる。四つの「記憶法」をめぐる議論が根底でつながっているのは、この点においてではないかとみえるのである。

世界では冷戦終結／ソ連崩壊を機に、さまざまな歴史観が噴出し、さまざまな方向への歴史の見直しが起きている。しかし植民地支配の歴史という観点からすると、フランスでは冷戦終結は、そうした契機には必ずしもならなかった(56)。「記憶法」は冷戦体制の崩壊後に議論となってきたことだが、それは大きな政治構造の地殻変動によるわけではない。むしろ一つの焦点となるのは、社会が行き詰まるなかで異なるものへの非寛容や憎悪が昂じており、そのことがそれぞれ固有の歴史のなかでどのような現われ方をするのか、といった点ではないか。それに政治がどうかかわろうとしているのか、大きな枠に回収されない側面を見極めなければなるまい。

1 ロバート・O・パクストン、渡辺和行・剣持久木訳『ヴィシー時代のフランス』柏書房、二〇〇四年。
2 拙著『フランス植民地主義と歴史認識』岩波書店、二〇一四年、第一章参照。
3 同上、とくに序文を参照。
4 同上、第八章。
5 "Colonisation: non à l'enseignement d'une histoire officielle", *Le Monde*, 25 mars 2005.
6 Olivier Pétré-Grenouilleau, *Les traites négrières : essai d'histoire globale*, Gallimard, 2004.
7 拙稿「奴隷制時代のフランスにおける「黒人」——見えないものから見えないものへ」『歴史学研究』第九四六号、二〇一六年七月、五五頁。
8 Altermedia France-Belgique, http://www.altermedia.info/france-belgique/gnral/olivier-petre-grenouilleau-quelques-verites-genantes-sur-la-traite-des-noirs_8353.html#more-8353（二〇一七年三月二五日閲覧）

9 "Liberté pour l'histoire", *Libération*, 12 décembre 2005, repris dans *L'Histoire*, n° 306, 2006, p. 79.

10 La Documentation française, "Les « lois mémorielles »", http://www.ladocumentationfrancaise.fr/dossiers/loi-memoire/lois-memorielles.shtml（二〇一七年三月二五日閲覧）

11 René Rémond, *Quand l'Etat se mêle de l'histoire*, Stock, 2006, p. 52.

12 この経緯については以下を参照。Mouvement contre le racisme et pour l'amitié entre les peuples, http://archives.mrap.fr/index.php/Dossiers_th%C3%A9matiques_-_La_loi_de_1972_contre_le_racisme（二〇一七年三月二五日閲覧）

13 Loi n° 90-615 du 13 juillet 1990 tendant à réprimer tout acte raciste, antisémite ou xénophobe, *Journal officiel de la République française*（以下 *JORF*）, 14 juillet 1990.

14 Loi du 29 juillet 1881 sur la liberté de la presse, version consolidée au 12 novembre 2016, Legifrance, https://www.legifrance.gouv.fr/affichTexte.do?cidTexte=JORFTEXT000000877119&dateTexte=20161112（二〇一七年三月二五日閲覧）

15 清水正義訳「戦争責任と植民地責任——もしくは戦争犯罪と植民地犯罪」、永原陽子編『「植民地責任」論——脱植民地化の比較史』青木書店、二〇〇九年、四八頁。

16 この経緯については、前掲拙著『フランス植民地主義と歴史認識』第一章第四節を参照。

17 *Le Monde*, 3 mai 1990.

18 *Le Monde*, 15 septembre 1987.

19 *Ibid.*

20 *Le Monde*, 3 juillet 1990 ; 15 septembre 1987.

21 Madeleine Rebérioux, "Le Génocide, le juge et l'historien", *L'Histoire*, n° 138, novembre 1990.

22 この件については、さしあたり以下を参照。Claude Mossé, *Carpentras : la profanation, chronique*, Editions du Rocher, 1996.

23 *Les Echos*, 9 janvier 2015.

24 *Le Monde*, 15 septembre 1990.

25 Françoise Vergès, *La mémoire enchaînée : questions sur l'esclavage*, Albin Michel, 2006, pp. 109–110.

26 *Ibid.*, pp. 110, 115–116.

27 *Ibid.*, pp. 111–112.

28 前掲拙稿「奴隷制時代のフランスにおける「黒人」」を参照。

29 Décret n° 83-1003 du 23 novembre 1983 relatif à la commémoration de l'abolition de l'esclavage, *JORF*, 24 novembre 1983.

30 Décret n° 2006-388 du 31 mars 2006 fixant la date en France métropolitaine de la commémoration annuelle de l'abolition de

l'esclavage, *JORF*, n° 78 du 1 avril 2006.

31 *Le Monde*, 9 mai 2006.

32 *L'Humanité*, le 10 mars 2005.

33 Guy Pervillé, "Mon avis sur l'article de Claude Liauzu et Thierry Le Bars paru dans *L'Humanité* du 10 mars 2005 et sur la pétition des historiens contre la loi du 23 février 2005", 26 mars 2005, http://ldh-toulon.net/Guy-Perville-est-reserve-sur-la.html（二〇一七年三月二五日閲覧）

34 Cf. Alban Dignat, "Esclavage : la traite, un crime contre l'humanité ?", Herodote, https://www.herodote.net/La_traite_un_crime_contre_l_humanite_-article-17.php（二〇一七年三月二五日閲覧）

35 *Le Monde*, 16 décembre 2005.

36 Legifrance, https://www.legifrance.gouv.fr/affichTexte.do?cidTexte=JORFTEXT000000265974（二〇一七年三月二五日閲覧）

37 Cahier de recherche et d'action pédagogiques, http://www.cahiers-pedagogiques.com/Revue-de-presse-du-mercredi-10-mai-2006（二〇一七年三月二五日閲覧）

38 Gilles Manceron, "Sur quelles bases aborder le débat sur la loi, la mémoire et l'histoire ?", *Traces : Revue de sciences humaines*, hors serie, 9, 2009, https://traces.revues.org/4307（二〇一七年三月二五日閲覧）

39 前掲拙著『フランス植民地主義と歴史認識』三一四―三一五頁。

40 Annette Wieviorka, "Malaise dans l'histoire et troubles de la mémoire", *Matériaux pour l'histoire de notre temps*, n° 85, 2007, p. 39.

41 Cf. Odile Tobner, *Du racisme français : quatre siècles de négrophobie*, Les Arènes, 2007.

42 シャルリ社に続きユダヤ人商店も襲われた。拙稿「シャルリ・エブド襲撃事件とフランス――報道から考える現代社会」『歴史学研究』第九三六号、二〇一五年一〇月を参照。

43 Loi n° 2001-70 du 29 janvier 2001 relative à la reconnaissance du génocide arménien de 1915 (1), *JORF*, 30 janvier 2001.

44 Gérard Chaliand (dir.), *Le crime de silence : le génocide des Arméniens*, Archipel, 2015, pp. 7-29. 近年の研究状況は以下。吉村貴之「「アルメニア人虐殺」をめぐる一考察」、石田勇治・武内進一編著『ジェノサイドと現代世界』勉誠出版、二〇一一年。

45 Résolution du Parlement européen sur une solution politique de la question arménienne（18 juin 1987）, CVCE, http://www.cvce.eu/obj/resolution_du_parlement_europeen_sur_une_solution_politique_de_la_question_armenienne_18_juin_1987-fr-91fbffca-0721-49d5-9e53-f95393d470b2.html（二〇一七年三月二五日閲覧）。ただしこれに先立つ一九八四年一月、当時の大統領フランソワ・ミッテランはウィーンでの演説で、すでにジェノサイドと認めている。Chaliand (dir.), *Le crime de silence*, p. 20.

46 Cf. Bariş Özdal, "Les répercussions des décisions du parlement européen sur les relations entre la Turquie et l'europe", Université de Marmara, http://turksandarmenians.marmara.edu.tr/fr/les-repercussions-des-decisions-du-parlement-europeen-sur-les-relations-entre-la-turquie-et-leurope/（二〇一七年三月二五日閲覧）

47 *Le Monde*, 21 janvier 2015.

48 Vie Publique, http://www.vie-publique.fr/actualite/panorama/texte-discussion/projet-loi-egalite-citoyennete.html（二〇一七年三月二五日閲覧）

49 Conseil constitutionnel, http://www.conseil-constitutionnel.fr/conseil-constitutionnel/francais/les-decisions/acces-par-date/decisions-depuis-1959/2017/2016-745-dc/decision-n-2016-745-dc-du-26-janvier-2017.148543.html（二〇一七年三月二五日閲覧）

50 ルイスは事実を否定しているのではなく、ジェノサイドという言葉が不適切だとの立場である。それはユダヤ人のホロコーストとは性質が異なるからだと記している。Bernard Lewis, *Notes on a Century: Reflections of a Middle East Historian*, Viking Penguin, 2012, ch. 11. 前出のルベリウは司法に訴えることも批判した。Rebérioux, "Le Génocide, le juge et l'historien".

51 *Le Monde*, 23 juin 1995.

52 Richard H. Hovannisian, "La question arménienne : 1878–1932", in Chaliand（dir.）, *Le crime de silence*.

53 Vincent Duclert, *La France face au génocide des Arméniens*, Fayard, 2015.

54 Gérard Dédéyan et Carol Iancu（dir.）, *Du génocide des arméniens à la Shoah : typologie des massacres du XX*e *siècle*, Privat, 2015.

55 フランソワーズ・ヴェルジェス他、菊池恵介・平野千果子訳『植民地共和国フランス』岩波書店、二〇一一年、一七〇頁。

56 たとえば前掲拙著『フランス植民地主義と歴史認識』第二章を参照。

第4章　オーストラリアの「歴史戦争」
――新自由主義の代償

藤川隆男

はじめに――太平洋戦争

日本

日本では「歴史戦争」は、主に右翼や保守派の用いる言葉で、オーストラリアを研究している少数の者(主に私)を例外とすれば、これを研究する人間は他にあまりいない。例えば、日本の論文を捜すサイトであるサイニィでこの言葉を検索すると、『正論』『Voice』『歴史通』『SAPIO』など保守・右翼系の雑誌が所狭しと並ぶ。時系列では私のものが最も古いが、物量面からは右翼の圧勝である。(1)

日本での歴史戦争は、いわゆる従軍「慰安婦」、靖国神社、尖閣諸島や竹島などをめぐる歴史認識に関する、中国や韓国との対立と国際的なプロパガンダ合戦のことを指す。それと同時に、国内で外国に与するとされる左翼勢力や朝日新聞、さらにはアメリカ合衆国内の敵対勢力との歴史認識をめぐる思想・言論闘争を指すようだ。このような日本の歴史戦争も、一九八〇年代以来、世界各地で生じた自国の歴史認識とアイデンティティをめぐる広範な文化闘争の一部であり、世界的な歴史・文化戦争の局地的発現形態の一つだとみなしうる。(2)

一般的に歴史戦争は、グローバリゼーションが進行し、製造業や農業など多くの分野で経済的に困窮する者が増加すると同時に、新自由主義政策を推進する政府が実質的な国民への便益提供を削減したときに発生する。政府による社会・福祉政策の後退によって、貧困層が拡大する一方で、投資家や国際的ビジネスマンは富裕化し、貧富の差が拡大した。貧窮化した層の国家への不満が高まる一方で、国境を越えて活躍する人びとにとって、国民国家の必要性は小さくなった。そうした状況下で、オーストラリア、アメリカ合衆国、日本などの政府の一部指導者や右翼的活動家は、伝統的な文化や歴史的価値を称揚することで、実質的な面では弱まりつつある国家と国民との紐帯を強化しようとする。歴史戦争は、そうした活動の重要な一部分である。歴史戦争とは、実質的に失われつつある国民国家の凝集力を、イデオロギー的な面で埋め合わせる試みである。失業や賃金の低下に怯え、社会変化に慄く国民の多くが、伝統的な価値観と歴史意識に共感を抱いて、こうした動きに賛同した。歴史戦争の展開は、ローカルな諸条件によって異なるし、その結果も均一ではない。しかし、それらは共通の背景を持つ闘争である。(3)

アメリカ

広島への原爆投下五〇年に向けて、スミソニアン航空宇宙博物館は、原爆を投下したエノラ・ゲイの展示を核にする回顧展覧会を一九九五年一月に企画したが、空軍協会や在郷軍人会の抵抗を受け、中止になった。その後、展示は小規模なものに差し替えられ、原爆投下の正当性を疑問視する資料は除去された。さらに博物館の館長マーティン・ハーウィットは責任を取り辞任した。(4) エノラ・ゲイの展示の問題は、日本でも比較的よく知られている。しかし、日本との関係に焦点を絞りすぎて、アメリカにおける文化戦争や歴史戦争の一部として、この問題を理解することは少ないように思われる。(5)

同じく一九九五年一月に、学校の歴史教科書をめぐって多文化主義的な歴史への攻撃が行われていた。合衆国上院は、カリフォルニア大学で作成された歴史の教育目標の概要を示す「歴史教育の全国学習基準」を九九対一で非難する決議を採択した。決議は、学習基準の作成において「西洋文明と合衆国の歴史、思想、制度が世界の自由と繁栄の増加に貢献したことを尊重する」ことを要求した。ニュート・ギングリッチや後の副大統領夫人リン・チェイニーなどの保守派は、「全国学習基準」を反アメリカ的だと攻撃することで、保守派の思想を宣伝し、民主党クリントン政権への攻撃を強めたのである。こうした歴史教育をめぐる論争は、一九九四年にはすでに顕在化していた。

ただし、教育内容に関しては対立があったが、全国学習基準の作成には超党派的な支持があり、作成を担当したカリフォルニア大学の機関は、チェイニーが代表を務める全米人文学基金の援助を受けていた。歴史教育は国民的紐帯を強化する重要な手段として、アメリカでも党派を問わず重要視されていた(6)。

明らかに歴史教科書の問題とエノラ・ゲイの問題は連動していた。共和党上院の指導者ロバート・ドールは、九月二五日、アメリカ在郷軍人会の全国大会に出席し、アメリカの真の敵を列挙した。その敵とは、ポリティカル・コレクトネスの唱道者や、反アメリカ的な民主党政府や知的エリート、アメリカの統一と価値観を破壊する教育者や教授である(7)。ドールは、「多様性、多言語主義、アファーマティヴ・アクション、そして新しく提案された歴史の全国学習基準」を攻撃した。さらに、パット・ブキャナン、ニュート・ギングリッチ、ラッシュ・リンボーなどの保守的・右翼的政治家やコメンテイターが行ってきたように、学校以外にリベラルな学者たちが支配している場所として、博物館の展示に矛先を向けた。

スミソニアン博物館は広島の記念日を祝う展示を生み出した。それは我々が悪の軍団に対する世界戦争に事実上勝利した日だったのに。……博物館が言いたいのは、原爆投下が日本文化に対するアメリカの暴力行為だということだ。どういうわけか、日本人は侵略者としては描かれず、第二次世界大戦の犠牲者として描かれた。アメリカ在郷軍人会のような復員軍人の組織の不満は、客観的になれない特殊な利害集団として退けられた。それでもかまわない。……もしこの国を心から愛している人間なら、この国のために喜んで死ぬだろう。それゆえ「特殊利害」に属しているのかもしれない。しかし、この特殊利害はかつて、アメリカ合衆国の人民と呼ばれていた。(8)

エリート的でリベラルなメディア、ポリティカル・コレクトネス、伝統的なアメリカ的価値観を冒瀆するとされる人種的他者などへの攻撃。多文化主義や機会均等の施策、ジェンダーやセクシュアリティにおける平等への反発。これらは現在のドナルド・トランプを思わせるが、鋭く対立し矛盾する様々な要素を内部に抱え込む共和党は、こうした主張を受容することで、これまで一つの党として機能してきたのである。このような主張は、共和党が選挙で勝利する道でもあった。アメリカの右翼や保守派は、一九八〇年代からすでに文化戦争を仕掛けており、エノラ・ゲイの展示をめぐる闘争はその一環であった。(9)

アメリカの状況を見ると、オーストラリアの歴史戦争が孤立したものでないことがわかる。いずれの国においても、自国のアイデンティティをめぐる文化的な対立が、グローバリゼーションと新自由主義政策という背景の下で、国の政策と選挙の帰趨に大きな影響を与えるようになったのである。

一　オーストラリアにおける争点

移民論争

一九八四年三月、ヴィクトリア州の地方都市ウォーナンブールで、高名な歴史家ジェフリー・ブレイニーが講演を行った。彼は、アジア系移民の数が世論の許容範囲をはるかに超えていると主張し、当時の移民政策は白豪主義とは逆の方向に極端に進んでおり、オーストラリアの多数派に対して傲慢で無神経な政策だと断罪した。この講演がメルボルンの有力紙『エイジ』の一面に引用されると、移民論争を引き起こした。ただし当時は、ブレイニーに与する者はほとんどいなかった。与党の労働党が強く批判しただけではなく、自由党も超党派的な非人種的移民政策への支持を確認した。こうして最初の移民論争は終結に向かう(10)。

私はその翌年に、ブレイニーが自らこの論争を描いた著書『すべてはオーストラリアのために(*All for Australia*)』が山積みされていたのを、定価五ドル九五セントのところを二〇セントで入手している。これからもわかるように、この時点では、一般の人びとも彼の主張にほとんど関心を持っていなかった。

再び移民問題に注目が集まったのは、オーストラリア入植二〇〇年に当たる一九八八年である。ここに歴史戦争の立役者で、後に首相となるジョン・ハワードが登場する。一九八五年に野党自由党の党首となったハワードは、党の移民政策の転換を図り、家族移民よりも技術移民の拡大を目指す立場を明確にした。そこには、家族移民には同化の難しい移民が多いのに対して、技術移民の多くはアングロ・サクソン的主流文化に適合的だという背景があった。他方、労働党政権は家族移民を支持していたが、現実にはボブ・ホーク首相が任命したフィッツジェラルドによる移民問題に関する報告書を契機に、技術移民重視の政策に転換する(11)。

オーストラリアで新自由主義政策を最初に採用したのは労働党のホーク政権であり、労働党と自由党の経済政策に大差はなかった。両者の差は、社会政策の一部、とりわけそのレトリックに顕著に見られた。技術移民の重視は、新自由主義的政策の帰結であり、二大政党が同じ方向に舵を切ったことに不思議はないが、ハワードが技術移民の重視が内包する意味を公言したことで、移民論争に再び火がついた。

一九八八年八月一日、ハワードはラジオのインタヴューで、アジア人の移民が多すぎると一般の人びとが感じており、その削減が必要だと主張した。ハワードは自身が反アジア的ではないと主張したが、彼が率いる影の内閣の財務大臣で、友党国民党のジョン・ストーンがアジア系移民の削減を公然と唱え、同じく党首のイアン・シンクレアもアジア系移民の削減を支持したことで、ハワード論争と呼ばれる移民論争が拡大した。しかし、自由党内にも反対意見があり、ヴィクトリア州首相のジェフ・ケネットとニューサウスウェールズ(NSW)州首相のニック・グレイナー、前首相のマルコム・フレイザーなどがアジア系を標的とする政策に反対した[12]。ハワードは、多文化主義政策は批判したが、人種や民族に基づく移民選別の主張から後退し、ストーンとシンクレアは影の内閣から排除された。一九八九年には、おそらく移民論争の影響を受けて、ハワード自身も党首を退かなければならなかった。特定の民族を名指しするような主張は、自由党内でも受け入れられなかったのである。こうした状況にあって、保守的・右翼的な勢力は、マイノリティ集団への批判を民主主義の権利として擁護する傾向を強めていく。人種主義的な意見の表明を、ポリティカル・コレクトネスによる言論統制に対する民主主義的な権利の行使だとする主張を繰り返し行うことで、差別的な言論空間を拡張していった[13]。

国家の歴史的アイデンティティ

一九九一年、労働党党首かつ連邦首相にポール・キーティングが就任した。キーティングの就任とほぼ同時に演説の草稿作成者となったドン・ワトソンは歴史家であり、著名な歴史家マニング・クラークの思想を、首相演説のなかに積極的に取り入れた。キーティングは、クラークの歴史観を用いて、国家のリーダーとしての国家目標を表現した。キーティングが提示した「ビッグ・ピクチャー」は、クラークのオーストラリアの文化的・政治的独立という物語の強い影響を受けていた。彼は、自らと労働党をオーストラリアの独立を導く輝かしき党だと自画自賛し、女王を元首の座から退ける共和制への移行を唱道した。他方で、キーティングは、自由党をイギリスに媚びへつらう、時代遅れの帝国主義者だと攻撃した[14]。

キーティングは、クラークを引用し、オーストラリアを「若い緑の木」に喩え、イギリスを「古き朽ち果てた木」になぞらえた。朽ち果てた木に拘泥し続ける保守政党は、未来のビジョンを持たない政党であった。とりわけ、キーティングはハワードを過去の人間、イエスタデイズ・マンとして批判し続けた。当時、自由党党首であったジョン・ヒューソンやハワードは、一九五〇年代の文化的アイコン、トースターや芝刈り機などといっしょに博物館で展示されるのがふさわしいと皮肉られた。さらに一九九二年一二月にキーティングは、レッドファーン・パークの演説で、先住民に対する暴力と土地の略奪を確認し、先住民との和解を進めようとした(15)。

一九九三年、保守勢力は、クラークに対する攻撃と誹謗中傷で反撃に出た。ロバート・マンが編集する保守的な雑誌『クァドラント(*Quadrant*)』における、かつてクラークの本を出版していた編集者ピーター・ライアンによる裏切りのような攻撃に始まり、ブリスベンの有力紙『クリア・メイル(*The Courier-Mail*)』による根拠のない中傷へと、反撃は続いた。他方、オーストラリアの世論は、先住民の土地権原を認めた一九九二年のマボウ判決を契機に、先住民に不寛容になりつつあった(16)。

同年、移民論争を引き起こした歴史家ブレイニーも、彼の観点から見て必要以上にオーストラリア史を暗く描く歴史を、黒い喪章をつけた歴史観、「喪章史観」と名づけて批判を始めた。ブレイニーは、かつてのあまりにも楽観的な進歩主義的歴史観(万歳三唱の歴史観)から、あまりにも悲観的に見る方向に、オーストラリアの歴史の振り子がふれすぎていると主張し、その修正を求めた。多文化主義、先住民、女性、移民の歴史などがその批判の対象であった(17)。

一九九五年に再び党首に返り咲いたハワードは、彼を過去の人間と呼ぶキーティングに対して、「私たちすべてのために」を標語とし、伝統的なナショナル・シンボルを掲げて反撃に出た。経済的競争に疲れた人びとが、キーティング流の多文化主義、過去を断罪し未来を語る「ビッグ・ピクチャー」に馴染めないことを見て取って、ブレイニーが用いた「喪章史観」という表現で、クラーク＝キーティング的歴史観を激しく攻撃した。新自由主義が席巻する世界にあって、その要素の多くを取り入れた未来志向のキーティング流のナショナリズムに対し、ハワードは明らかに経済政策とは矛盾するが、過去の強調による伝統的ナショナリズムを対置したのである(18)。

一九九六年の総選挙では、労働党が惨敗し、ハワード率いる自由党と国民党の連立政権が成立した。九七年の演説では、ハワードは、その政治哲学の中心にブレイニーの歴史観をすえ、「喪章史観」への攻撃を続けた。九七年の演説では、オーストラリア人が偏狭で頑固な偏見を持つという考え方を否定し、オーストラリア国民に対する根拠のない批判を終わらせることを主張した。ハワードにとって、オーストラリア史は、帝国主義、搾取、人種主義、性差別などの汚辱に満ちた物語ではなく、英雄的で、勇敢であり、人道的な歴史であった。オーストラリアの歴史が多くの部族によって構成される国(ブレイニーの表現では a cluster of tribes など)の歴史ではなく、一つの国民の人道的で英雄的な歴史であるというのは、ハワード政権の公式見解のようになった(19)。

歴史戦争が最も先鋭化して現れたのが先住民問題である。先住民の土地権原を認めたマボウ判決とそれに続くウィック判決が、ヘンリー・レイノルズらによる歴史研究に大きく依拠していたのに対し、ブレイニーやハワードは、「喪章史観」を背景とするこうした研究の正当性に疑問を投げかけた。二人が傑作として激賞した歴史研究が、キース・ウインドシャトルにより二〇〇二年に出版された『アボリジナルの歴史の捏造』である。彼は、タスマニアにおけるアボリジナルの虐殺が創作・虚構だと主張し、主要な新聞や雑誌を巻き込んだ論争を引き起こした。唯一の日刊の一般全国紙『オーストラリアン』に、この本に関して一年間に四〇本もの記事が掲載されていることを見ても、この論争の広がりが理解できる(20)。

先住民問題

ウインドシャトルによる先住民に関する歴史研究への攻撃とハワードやブレイニーによるそれに対する支援には、先住民に対する反発が強まっていたという背景がある。マボウ判決に続いて、一九九六年にウィック判決が牧畜のために民間にリースされた公有地における先住権原の存続を認めると、牧畜業や鉱山業と関連する圧力団体は、先住民の土地権原を縮小・廃止することを声高に主張するようになった。また、家の裏庭を先住民が奪っていくなど、根拠のないデマが土地所有者たちの不安感を高めた。さらに一九九七年に、人権と機会平等委員会が、「盗まれた子どもたち」に関する報告書を提出した。報告書は、一九一〇年から七〇年にかけて、一〇人に一人から三人に一人のアボリジナルの子どもが政府の政策によって親から強制的に引き離されたことを確認し、賠償の必要性を認めた。また、こうした政策が「ジェノサイド的(genocidal)」だと断じた。ハワード政権がこれに強く反発したのは言うまでもない。『クァドラント』や右翼的な歴史家は、いわゆる「盗まれた子どもたち」が根拠のない話だとの論陣を張り、右翼的なコラムニストは先住民やその支援者への誹謗中傷を繰り返した。[21]

ハワードは、これに加えて国立博物館や公営放送局ABCやSBS(多言語放送局)などの役員を、保守的な見解を持つ人物に入れ替えた。こうした行動は、日本の安倍政権とも類似しているが、アメリカをならっただけだとも言える。以下では、国立博物館と歴史教育を例に歴史戦争のさらなる展開を見ていく。

二　オーストラリアにおける主戦場

国立博物館

国立博物館の建設に労働党が冷淡だったのとは対照的に、一九九六年に登場したハワード政権は協力的であった。ハワードは展示施設の建設を約束し、連邦成立一〇〇周年記念の二〇〇一年にキャンベラに国立博物館が開館した。ただし、彼は「どのような博物館が作られるかについて理解していなかった」。[22] 歴史戦争という文脈で語られる場合、ハワードは博物館に攻撃を加える頑迷な保守主義者としてしばしば描かれる。しかし、ハワードにとって新しい博物館は未知との遭遇だったのかもしれない。彼は展示を見学したのち、開館セレモニーで祝辞を述べている。そこに批判的な言葉は見られない。

この博物館の変わったところは、そこに魅力を感じるのだが、私たちの国民の歴史を解釈しようとしている点だ。でき事や展示物からだけではなく、様々な出自を持つ人びと、すなわち、先住民の人びと、他国で生まれてこの国に来た人びと、この国で生まれた人びとの人生経験からも、解釈を試みている点だ。……この博物館は、時とともに人びとが博物館を見る目さえ変えるだろう。なぜならこの博物館とその構想が求めるものは、いくぶん変わった方法で、歴史と私たちの国の経験を解釈し、説明することだからである。(23)

ハワード首相は、近年の博物館の変化を熟知しておらず、予想外の博物館の姿に素直な感想を述べたように思われる。ハワードはそれまで率先して「喪章史観」を批判してきたが、博物館への攻撃は、ハワード自身ではなく、保守系の歴史家や研究者、シンクタンクによって行われた。(24)

開館の直後から、ウインドシャトルやジャーナリストによる展示への激しい批判が始まる。しかし、博物館の内部にすでに批判は存在した。ハワードの公式の伝記作者で、国立博物館の評議員であったデイヴィッド・バーネットが、展示の組織的な左翼的偏向に警鐘を鳴らした。それを受けて、自由党の全国組織の元代表で国立博物館の評議会の委員長となったトーニ・ステイリーが、ブレイニーが推薦した歴史家、モナシュ大学教授のグレイム・デイヴィスンに検証を依頼した。ところが、デイヴィスンは、展示に偏向はないと報告し、逆にバーネットの主張を政治的イデオロギーに基づいていると批判した。(25)

報告は保守的な評議員を激昂させ、ステイリーは、保守的な社会学者、ジョン・キャロルを委員長とする調査委員会を新たに発足させた。さらに博物館を成功裏に立ち上げた先住民の館長、ドーン・ケイシーが事実上解任された。また、ケイシーを支持した三人の評議員の任期は延長されず、すべて自由党の文化政策を支持する委員に置き換えられた。ただし、ハワード政権の意に沿った構成員が選ばれたにもかかわらず、キャロル委員会の報告書は保守派の論客を満足させるものではなかった。

「キャロル報告書」は、その評価の基準として、一方では「イギリス人到来以来の主要な物語とテーマの提示」を求めながらも、他方では「日常生活のモザイクともっと平凡な物語の感覚を伝え」「暗い歴史的なエピソードをカバーする」ことも求めており、内容には保守的な傾向があるが、妥当な指摘も多かった。報告書は、多元的な観点の重要性を強調するデイヴィスンの意見をとくに引用し、「この見解には説得力があるが、国民の集合的な良心の中核に、委員会は多様性よりもより多くの合意を読み取りたいと考えている……評価委員会の見解とデイヴィスン教授の見解の違いは、強調すべき点の違いであり、国立博物館を評価するに当たって、顕著に異なった判断を行うことには至らない」と述べており、その後の展示はこの見解に沿っておおむね行われたと思われる。報告書は、先住民のギャラリーに対して賛辞を連ね、評価基準を最も満たし、他の展示のモデルになるとして推奨したうえで、組織的な偏向があるという主張を退けた。これは、先住民に関する展示をとりたてて強く非難してきた保守派の人びとを当惑させた。他方、ヨーロッパ人による探検と発見を主要なテーマにするべきだとの報告書の主張には、左翼的知識人からの批判が相次いだ。[26]

多くの博物館員は、国立博物館に対する介入を時代錯誤的だと感じ、博物館の特徴を擁護しようとした。この特徴はどのように認識されていたのだろうか。館長のケイシーから検討してみよう。ケイシーは、解任後、各地の博物館の館長を歴任するだけでなく、オーストラリア先住民局（ＩＢＡ）と先住民土地公社（ＩＬＣ）の議長も務め、現在も先住民の最もすぐれた指導者の一人として尊敬されている。[27]

ケイシーは、新しい博物館の特徴として、来館者との対話の場とするために、様々な意見を、様々な観点から提示し、現在の問題にも関与することを挙げている。また、オーストラリアのアイデンティティ、とりわけ先住民の問題を重視した。この点に関連して彼女は、「先住民のアイデンティティの問題は、先住民自身の手にしっかりと委ねられなければならない」と述べ、それを提示する場合には、博物館と先住民が対等な立場で、相互の信頼と協議に基づく合意を形成する必要があるとしている。[28]

歴史戦争についても、ケイシーは次のような発言をしている。

オーストラリアでは、私たちもこの戦場の一部になっているが、個人的にはそれを残念と思うどころか歓迎したい。国立博物館は、博物館や収蔵品や展覧会が社会的・政治的変化を媒介するものだという考え方を支持しており、私たちはその役割を担うつもりだ。実際「新しい」博物館は、コミュニティが集合的意識の問題に対する答えを、考え、追求するように仕向けることができる。私たちは、その結果、多様な文化的アイデンティティに誇りと安心感を抱くことができるコミュニティが誕生することを願っている。(29)

ただし、現実の展開は、彼女の予想を超えていたようだ。

多くの博物館関係者は、デイヴィスンのように、「オーストラリア国立博物館は、私たちが国民と呼ぶ想像の共同体がまさにその本質からして、多元的で流動的だという前提から始めたほうがよい」と考えていた。しかし、「盗まれた子どもたち」の展示や、多元主義的な見解の提示が攻撃対象になり、多くの学芸員や博物館員には、大胆な展示の開催を躊躇するような自己規制が働くようになった。(30)

博物館への露骨な政治的介入は、自由な市民文化にとってきわめて有害である。しかし、様々な見方や解釈が提示され、対話を行うフォーラムという新しい博物館の特徴は、歴史戦争を招き入れる側面も有していた。ケイシーは、これを歓迎すると述べたが、最終的には、多くの博物館で挑戦的な展示を控える自己規制を生み出した。また、先住民と対等の立場で、協議に基づいて展示をするという考え方は、先住民の主体性を承認し、これまで無視されてきた価値観に光を当てることに成功した。しかし、博物館の展示が先住民との協議に基づいて変更されるとすれば、国民を代表する政治権力が展示への介入を行おうとしたときに、博物館が専門性を根拠にこれを拒否するのは容易ではない。新しい博物館は、その理想からして、外部からの介入を受けやすい存在なのである。(31)

シティズンシップ教育

歴史教育において自由党と労働党が真っ向から対立していたというのは皮相な見方である。新自由主義的経済政策を推進すると同時に、ナショナリズムを強化しようとする共通の思惑を持つ両政党は、多くの点で似通っていた。両者の対立は言論の上で最も先鋭化したが、実質的には同じ方向に進んでいたかのようにさえ見える。

一九九四年、労働党のキーティング首相が、メルボルン大学でブレイニーと対立したとされるスチュアート・マッキンタイアを議長とするシヴィックス(市民学)専門家グループを招集し、シティズンシップ(国民)教育に関する戦略的プランを練るように要請した。グループは、それを超党派の優先課題として進めるべきだと提言した。その報告書は、シティズンシップ教育を、社会・環境科目(SOSE)の一部として実施することを要求し、不可欠の媒介としてオーストラリア史の重要性を指摘した(32)。

キーティングは政権を失ったが、続くハワード政権の下で、SOSEの一部として、「デモクラシーの発見」プログラムというシティズンシップ教育が導入された。ところで、一九八九年に、連邦政府と州政府の合意によって公表された「ホバート宣言」では、オーストラリア初の統一的国家教育指針が示され、全国規模の教育目標とカリキュラムの設定が目指されていた。ただし、連邦には統一的なカリキュラムを州に導入させる強制力はなく、各州は独自のカリキュラムを維持し続けた。一般的に歴史はSOSEの一部で、歴史を単独科目として採用しているのは一州だけだった(33)。

ハワードは、マッキンタイアに代えて、保守的な歴史家ジョン・ハーストを議長とするシヴィックス教育グループ(「専門家グループ」から名称を変更)を招集し、「デモクラシーの発見」プログラムの開発に当たらせた。飯笹佐代子は、マッキンタイアからハーストへの交替に、歴史戦争を背景とする大きな変化を見ている。また、歴史の比重が大きくなったことも問題視している(34)。しかし、この交替には大きな断絶があったのだろうか。

保守的な新聞は、マッキンタイアがかつて共産党員であったことを強調し、「喪章史観」の帰依者だと断罪する。しかし、その実態は大きく異なっている。マッキンタイアは、労働運動や共産主義の研究を行ってきたが、同時にオーストラリアの自由主義者の伝統や思想史にも強い関心を抱いてきた。先住民史、女性史、アジアに関連するような歴史とは研究上の接点を持たない。オーソドックスなアングロ・ケルティックな領域を専門とする歴史家であって、先住民なども研究対象としたブレイニーと対照的である。研究対象だけを見ると、ハーストと似かよったタイプである。実際、マッキンタイアとハーストの関係は良好で、ハーストは、シヴィックス専門家グループの前議長であり、シヴィックス教育グループの一員でもあったマッキンタイアを高く評価し、その助力に感謝している。また立場は逆転しても関係は継続し、ハーストは次の労働党政権下で、マッキンタイアが歴史カリキュラム作成の責任者になったことが歴史戦争を再燃させるという、『オーストラリアン』紙による批判が的外れだと述べている。(35)

シティズンシップ教育に関しては、歴史戦争を通じて、敵対したとされる二人の歴史家の信頼関係は続いており、それは教育内容にも反映されている。歴史戦争という表面的な対立軸の根底に、歴史に基づく国民教育の全国的実施という共通項が明確にあったのである。

歴史教育の強化は、シティズンシップ教育だけには留まらなかった。二〇〇一年の連邦結成一〇〇年を契機に、オーストラリア史に関する大規模な啓発キャンペーンが繰り広げられた。(36)また、歴史教育拡大の要求は超党派的であり、これまで州ごとにバラバラであったカリキュラムを全国的に統一しようとする動きにつながった。ところで、歴史戦争は、歴史家のみならず、労働党と自由党の政治家を、きれいに二つに分断していたわけでもない。クィーンズランド州の首相ウエイン・ゴスやNSW州の首相ボブ・カーは、いずれも労働党であったが、ヨーロッパ人による入植を「侵略」と呼ぶことに難色を示すなど、「喪章史観」に批判的であった。(37)

歴史教育の全国統一カリキュラムの導入

労働党のジョン・ドーキンズが始めた教育改革は、州権を重く見る自由党の抵抗に直面し、初等・中等教育への全国統一カリキュラム導入は挫折した。オーストラリア憲法では、教育は州権に属しており、連邦政府は勝手に介入できないのである。(38) ところがハワード政権は、自由党の伝統的政策を放棄し、連邦の財政権限を利用して、州の教育に介入した。国旗を掲揚する旗竿の設置や、読み書き算数能力試験の導入を資金助成の条件とした。さらに歴史戦争は、全州に統一的なカリキュラムを導入させる方向に、ハワード政権を進ませた。

二〇〇六年一月二五日、ハワード首相はプレス・クラブで、歴史教育の根本的な刷新を求め、歴史教育を受ける生徒数の拡大と民主的な伝統を強調する物語的な歴史の重要性を訴えた。同年七月一八日には、教育大臣のジュリー・ビショップが、歴史教育改革を目指すヒストリー・サミットを開催する意向を明らかにした。参加者の多くは、ブレイニーやハーストなどを含む歴史家で、その他にはボブ・カー、数名の教育者や教育の専門家、保守的な知識人などがいた。(39)

ヒストリー・サミットが、ハワードの見解を押し付けるための儀式にすぎないのではないかという疑念が表明されていたが、その結果は、こうした懸念を払しょくするのに十分なものであった。八月一七日にサミットが開催されると、ビショップがあらかじめ用意していた、エドマンド・バークを敬愛する保守的な歴史家グレゴリー・メリッシュのワーキング・ペーパーの多くは事実上棚上げされて、生徒に疑問文を投げかける方式と、時代順に重要事項を列挙する方式を、歴史教育のモデルにすることが合意された。また歴史を独立した教科とすることを参加者は一致して要求したが、ハワードがこだわっていた物語性や歴史的重要事項は、ほとんど触れられることはなかった。それでも保守的な歴史家の重鎮のブレイニーやハーストも同意した方向をビショップは受け入れた。サミット後、ハーストを議長とする小委員会を作り、カリキュラムの下敷きを作ることも決まった。小委員会には、教育学者のトーニ・テイラーや先住民の歴史家ジャッキー・ヒギンズも加わった。

テイラーは、ハワード政権の委託を受けて、小委員会の素案に基づいて幅広い関係者の意見を聴取し、ナショナル・カリキュラムの草案を作成。二〇〇七年四月に政府に提出した。ところが、おそらくハワードがこの草案に強い不満を抱いたために、ブレイニーを含む四人の歴史外部諮問グループが新たに任命され、テイラーの草案を修正することになった[40]。しかし、その前に状況は大きく変わる。総選挙を前にして、ナショナル・カリキュラムの導入が選挙の争点として浮上したのである。二〇〇六年一〇月に、ビショップはすでに統一カリキュラムの導入を呼びかけていたが、中等教育に数学、物理、化学、オーストラリア史、英語のナショナル・カリキュラムを導入するという自由党による提案に対し、翌年二月、労働党もほぼ同じ科目のナショナル・カリキュラムを、初等・中等教育の両方に導入すると宣言した[41]。つまり、いずれの党が総選挙で勝利しても、史上初めて連邦レベルで、統一的なナショナル・カリキュラムが全土に導入され、オーストラリア史が必修科目となることが事実上決まったのである。

二〇〇七年末の総選挙では労働党が大勝した。新首相に就任したケヴィン・ラッドのいわゆる「教育革命」のスローガンの下で、ナショナル・カリキュラムがさらに規模を拡大して全国的に導入されることになった。カリキュラムの内容は、本稿の守備範囲ではないので、歴史の必修化に焦点を絞りたい。

ハワードが手を入れて二〇〇七年一〇月に完成した自由党の歴史カリキュラム草案は、ラッド政権の下で、新設されたナショナル・カリキュラム委員会によって再検討されることになった。カリキュラム委員会は、マッキンタイアを歴史カリキュラムの作成者に任命し、彼の指導の下でナショナル・カリキュラムは完成した[42]。

自由党はマッキンタイアが中心となって作成した歴史カリキュラムに批判的ではあったが、歴史戦争を再開できるほどの材料はなく、カリキュラム全体を通して強調すべきとされた三つのテーマ、環境の持続性、アジア、先住民を放棄するように求めた。もちろん、保守的な知識人からの批判はある。例えば、クリス・バーグは、「喪章史観」の影響を批判しているが、同時に「ナショナル・カリキュラムのイデオロギー的前提が希薄」なことも認めている。他方、一般的なアナリストは、「少しばかりの環境とアジアの材料を加えただけで、自由党が作ったとしてもおかしくはないカリキュラム」とさえ述べて、両党の近似性を指摘している[43]。

シティズンシップ教育における二大政党の連続性はすでに指摘したとおりである。ラッドも「歴史戦争」の終結を宣言し、ブレイニーとハワードのレトリックを借用して、バランスのとれた歴史、「単純な物語的歴史」でも「相対主義」でもない歴史を標榜した。また、次の首相のジュリア・ギラードも、黒い「喪章史観」でもなく、白い「目隠し史観」でもないと、新しいカリキュラムを擁護した。こうした状況に対して、レイノルズやマリリン・レイクなどの改革主義的な歴史家は、戦争における犠牲を美化する傾向が強いアンザック神話を特別視する状況を厳しく批判し、歴史戦争の再開を呼びかけた(44)。

新しい歴史カリキュラムは、グローバル・ヒストリーに関連させてオーストラリア史を理解させようとする点に最大の特徴があるが、これはメリッシュのワーキング・ペーパーの柱でもあった。アジアや先住民を強調しているが、ハワード時代にも、これをカリキュラムから排除しようとする意図はなかった。結論を言うと、新しい歴史カリキュラムは、ブレイニー的な見解に近いか、少なくともブレイニーも受け入れられる内容だと言えよう。

二〇一三年九月、総選挙で勝利した自由党が政権に返り咲き、自由党のなかでも保守的なトーニ・アボットが首相となった。二〇一四年一月、教育大臣のクリストファー・パインが、労働政権下で生まれた歴史カリキュラムを見直すために、保守的な二人の知識人を任命し、その報告書も提出されたが、カリキュラムの大きな見直しにはつながらなかった(45)。

おわりに――休戦

オーストラリアの歴史戦争は休戦状態にある。二〇一六年三月三〇日、『デイリー・テレグラフ』紙がＮＳＷ大学の先住民に関するガイドブックを取り上げて、その指針をポリティカル・コレクトネスだと批判したが、呼応したのはハワードくらいしかいなかった。歴史認識や先住民や難民への対応に、自由党と労働党に大差がなくなり、その差をイデオロギー的に強調しようとする政治家も少なくなったオーストラリアでは、歴史戦争が話題になることがほとんどなくなった。ラッド以来、労働党は歴史戦争への関与を避け、他方、ジェラルド・ヘンダーソンを筆頭に保守的な知識人の一部は、歴史戦争を保守派の敗北とみなし、厭戦気分を抱くようになっている。右翼・保守系の雑誌はもはやこの問題を何年間も取り上げていない。

その背景には、アジアの経済発展に依存しながら良好なパフォーマンスを示す経済基盤がある。歴史戦争は白豪主義の亡霊を蘇らせ、アジアに悪印象を与えるという点で、政権にとっては好ましい事態ではないし、米オバマ政権との関係という意味でも、有益ではなかった。国民の間でも、ナショナリズムは明らかに強まっているが、多文化主義をオーストラリアの独自性として受け入れようとする気分も強い（八割以上が支持）。エスニック文化を個別に援助はしないが、多様な民族文化を認める、弱い多文化主義的国家への国民の支持がある。[46]

アメリカ合衆国のトランプ政権との関係を除けば、当面、オーストラリアで歴史戦争が再開される懸念はなかろう。しかし、日本の事情は異なる。極東の政治情勢や国内の経済状況、士人発言を差別ではないと擁護できる言論状況、マスコミへの統制の強化など、かつてのオーストラリアと似通った、歴史戦争が継続する潤沢な土壌がある。

1直近のものでは、マイケル・シーゲル「民族アイデンティティー、歴史認識、そしてオーストラリアの「ヒストリー・ウォーズ」」立命館大学生存学研究センター編『生存学』九巻、生活書院、二〇一六、一四八―一六一頁がある。その他は、拙稿「歴史戦争の渦中で『オーストラリアの歴史』を刊行するということ」『書斎の窓』五三六号、二〇〇四年、四六―五〇頁、関根正美編「戦後の公定多文化主義発展史をめぐる歴史戦争〈特集〉二〇〇四年度全国大会シンポジウム「オーストラリア史を展望する――白人、先住民そしてアジア人の視点から」報告集）」『オーストラリア研究』一七号、二〇〇五年、一―三四頁、拙稿「オーストラリアにおける歴史戦争後の歴史博物館――クィーンズランド州における調査から」『パブリック・ヒストリー』一〇号、二〇一三年、一五―三三頁、拙稿「オーストラリアにおける歴史博物館の発達とポストモダニティ——国立博物館／歴史戦争／地方博物館」『西洋史学』二四九号、二〇一三年、一一一九頁、拙稿「オーストラリアにおける歴史教育の統一的・全国的カリキュラムの導入——歴史戦争を終えて」『パブリック・ヒストリー』一二号、二〇一五年、一五—二八頁である。

2 文化戦争という言葉は、一九九一年にアメリカで、James Hunter, *Culture Wars: The Struggle to Define America*, Basic Books, 1991 が出版されてから一般化した。この言葉は日本で「文化闘争」と翻訳されているドイツ語の Kulturkampf を借用したものなので、Culture Wars も文化闘争と訳すべきかもしれない。また、歴史戦争も闘争とする方が実態に近いが、歴史戦士たちの誇大妄想癖に敬意を払い、歴史戦争と呼びたい。

3 Takao Fujikawa, "House of History : Academic History and History in Society", *Public History*, No. 11, 2014, pp. 109–110.

4 Martin Harwit, *An Exhibit Denied: Lobbying the History of Enola Gay*, Copernicus, 1996（マーティン・ハーウィット著、山岡清二監訳『拒絶された原爆展——歴史のなかの「エノラ・ゲイ」』みすず書房、一九九七年）pp. v–viii; Edward T. Linenthal and Tom Engelhardt eds., *History Wars: The Enola Gay and Other Battles for the American Past*, Metropolitan Books, 1996, p. 40.

5 Ibid., p. 103; 例えば、油井大三郎『日米　戦争観の相剋——摩擦の深層心理』岩波書店、一九九五年を参照。米山リサ『暴力・戦争・リドレス——多文化主義のポリティクス』岩波書店、二〇〇三年、第三章「記憶と歴史をめぐる争い——スミソニアン原爆展と文化戦争」八六頁などには、原爆展を巡る騒動が文化戦争の一部だとの指摘があるが、具体的内容は描かれていない。

6 Linda Symcox, *Whose History?: The Struggle for National Standards in American Classrooms*, Teachers College Press, 2002, pp. 1–3, 9–10, 24; ibid., p. 42 ではレーガン政権の教育予算の削減と教育政策におけるイデオロギー的攻勢の活発化が指摘されている。

7 Linenthal, *History Wars*, p. 4.

8 Ibid., pp. 4, 174–187.

9 Ibid., pp. 4–5, 109, 159–160.

10 Stuart Macintyre and Anna Clark, *The History Wars*, Melbourne University Press, 2003, pp. 81–92; Andrew Markus and M. C. Ricklefs eds., *Surrender Australia? Essays in the Study and Uses of History: Geoffrey Blainey and Asian Immigration*, Allen &Unwin, 1985, pp. 1–9; ブレイニーについては、藤川隆男『人種差別の世界史——白人性とは何か?』刀水書房、二〇一一年、一八六—一九〇頁も参照。

11 Rachel Stevens, *Immigration Policy from 1970 to the Present*, Routledge, 2016, pp. 46–54.

12 Ibid., p. 55 ; Macintyre, *History Wars*, pp. 121–122.

13 Ibid., p. 123 ; Stevens, *Immigration Policy*, pp. 55–56.

14 歴史戦争の経過の描写に関しては、拙稿「オーストラリアにおける歴史教育の統一」の注4、5の文献を参照。この他に Michael Connor, *The Invention of Terra Nullius : Historical and Legal Fictions on the Foundation of Australia*, Macleay Press, 2005 も近年新たな戦場の一つを提供した。

15 Macintyre, *History Wars*, pp. 124–125.

16 Ibid., pp. 64–71.

17 Ibid., pp. 128–132 ; Geoffrey Blainey, "Drawing up a Balance Sheet of Our History", *Quadrant*, *Vol. 37,* No. 7–8, July/Aug 1993, pp. 10–15 ; Paul Kelly, *The March of Patriots : The Struggle for Modern Australia*, Melbourne University Press, 2009, p. 335.

18 Ibid., pp. 335–337.

19 Andrew Gunstone, "Reconciliation, Nationalism and the History Wars", Refereed paper presented to the Australasian Political Studies Association Conference, 2004, pp. 5–6.

20 ウインドシャトル論争については、Helen Irving and et al, "Footnotes to a War" 他, *The Sydney Morning Herald*（*SMH*）: 2003/12/13 ; ルーパート・マードックによるメディア支配についても検討する必要がある。

21 「盗まれた子どもたち」については Human Rights and Equal Opportunity Commission, *Bringing them Home*, 1997, Part 2, Ch. 2 and Part 4, Ch. 13 参照 ; Macintyre, *History Wars*, pp. 155–157.

22 Craddock Morton, "The National Museum of Australia : Have we got the museum we deserve ?", *reCollections, Vol. 3*, No. 2, National Museum of Australia, 2008（2016/12/27 ; http://recollections.nma.gov.au/issues）を参照。

23 "Transcript of the Prime Minister, the hon John Howard MP, Address at the Opening of the National Museum", Canberra, 11 March 2001（2016/12/27 ; http://pandora.nla.gov.au/pan/10052/20030821-0000/www. pm. gov. au/news/speeches/2001/speech810.htm）.

24 保守派の対応に関しては、"Australian National museum controversy", PM Archive, 14 July 2003（2016/12/27 ; http://www.abc.net.au/pm/content/2003/s901933.htm）を参照。国立博物館に関して影響力を行使できたにもかかわらず、その開館まで保守勢力が十分に展示内容に検討を加えていなかったことが見て取れる。

25 国立博物館を舞台とする歴史戦争の関連文献については、拙稿「オーストラリアにおける歴史博物館の発達」注34参照。

26 Commonwealth of Australia, *Review of the National Museum of Australia : Its exhibitions and public programs*, Department of Communications, Information Technology and the Arts, 2003, pp. 8, 13–14, 20–24, 36.

27 *SMH* : 2003/12/6.

28 Dawn Casey, "The New Museum", paper delivered at the MAQ State Conference, 2001, no pages; Casey, "Reflection of a National Museum Director" in Marilyn Lake ed., *Memory, Monuments and Museums: The Past in the Present*, Melbourne University Press, 2006, pp. 110–115.

29 Casey, "The New Museum".

30 Graeme Davison, "Submission to the Review of Exhibitions and Public Programs at the National Museum of Australia"（2016/12/27; http://www.nma.gov.au/__data/assets/pdf_file/0011/2414/Prof_Davison_r.pdf）; see also Davison, *The Use and Abuse of Australian History*, Allen & Unwin, 2000, pp. 264–269; Margaret Anderson, "Museums, History and the Creation of Memory: 1970–2008", Des Griffin and Leon Paroissien, eds., *Understanding Museums: Australian Museums and Museology*, National Museum of Australia, 2011（2016/12/27; http://nma.gov.au/research/understanding-museums/_lib/pdf/Understanding_Museums_whole_2011.pdf）.

31 Mathew Trinca, "Museums and History Wars", *History Australia, Vol. 1*, No. 1, 2003 の内容は、こうした雰囲気を反映している。

32 Civics Expert Group, "Whereas the People: Civics and Citizenship Education / Report of the Civics Expert Group", Australian Govt. Pub. Service, 1994; シティズンシップ概念に関しては、飯笹佐代子『シティズンシップと多文化国家――オーストラリアから読み解く』日本経済評論社、二〇〇七年、一六―一七頁が適切な説明を行っている；同書一三七―一三九頁と Anna Clark, *History's Children: History Wars in the Classroom*, University of NSW Press, 2008, p. 22 を参照；導入については、J. S. Dickson, "How and Why has Civics Education Developed to its Current Situation?", 1998（2014/09/16; http://www.abc.net.au/civics/teach/articles/jdickson/currentsit.htm）が詳しい。

33 ホバート宣言や全国的カリキュラムについては、佐藤博志編『オーストラリアの教育改革――二一世紀型教育立国への挑戦』学文社、二〇一一年、三七―四〇頁、七九―八七頁を参照。

34 飯笹『シティズンシップと多文化国家』一四一頁。

35 John Hirst, *Discovering Democracy: A Guide to Government and Law in Australia*, Curriculum Corporation, 1998, p. iii; マッキンタイアの歴史家としての評価とハーストとの関係などについては、Anna Clark, "Talking about History: A Case for Oral Historiography", *Public History Review* 17, 2010, p. 65; The History Teachers' Association of Australia, "HTAA September Update 2008: 16/Sept/2008"（2016/12/27; http://www.historyteacher.org.au/? p=60）; Justine Ferrari, "New Posting to Curriculum Board Reignites History Wars", *The Australian*: 2008/9/10 などを参照。

36 藤川隆男『猫に紅茶を――生活に刻まれたオーストラリアの歴史』大阪大学出版会、二〇〇七年、一三六頁。

37 Anna Clark, *Teaching the Nation: Politics and Pedagogy in Australian History*, Melbourne University Press, 2006, p. 40, p. 48.

38 藤川隆男「書評　佐藤博志編著『オーストラリアの教育改革――二一世紀型教育立国への挑戦』」『オーストラリア研究』二五号、二〇一二年、九〇頁。

39 John Howard, “A Sense of Balance: The Australian Achievement in 2006” (2016/12/27; http://australianpolitics.com/2006/01/25/john-howard-australia-day-address.html); ヒストリー・サミットに関しては、The History Teachers’ Association of Australia (2016/12/27; http://htansw.asn.au/archives-2006) を参照し、NLA の Pandra でも検索すればよい。

40 こうした経緯については、Tony Taylor, “Howard’s Way Fails School Test”, *The Age*: 2008/01/14; Stuart Macintyre, “Howard Faces Judgment of History”, *The Age*: 2007/10/22; Anna Patty, “No Way for Students to Avoid Gallipoli, Historians Confirm”, *SMH*: 2007/06/29 などを参照。

41 *The Age*: 2006/10/6, 2007/03/01; *The Australian*: 2007/02/28.

42 *The Age*: 2008/01/10, 2008/10/01, 2009/06/01; *The Illawarra Mercury*: 2008/02/12; ナショナル・カリキュラム委員会の仕事を引き継いだＡＣＡＲＡのサイト (2016/12/29; http://www.acara.edu.au/home) に、関連文書が多数掲載されている。

43 *SMH*: 2010/03/02, 2010/05/26; *The Age*: 2010/03/02, 2010/08/16; *The Sunday Age*: 2010/08/15, 2011/01/09.

44 *SMH*: 2010/03/08; *The Age*: 2010/04/02.

45 *SMH*: 2014/01/11, 2014/10/14; *The Age*: 2014/10/15.

46 Andrew Markus, “Mapping Social Cohesion: The Scanlon Foundation Surveys 2016”, Monash University (2016/12/30; http://scanlonfoundation.org.au/wp-content/uploads/2016/11/2016-Mapping-Social-Cohesion-Report-FINAL-with-covers.pdf).

第Ⅱ部　紛争と対話

――「難しい過去」をめぐる二国間・多国間関係

第5章 二〇世紀の困難な過去をめぐるポーランド人と隣人との紛争と対話

ズザンナ・ボグミウ

はじめに

中東欧で第二次世界大戦は、ヒトラーとスターリンという二人の暴君が並び立つ、二つの全体主義システムの衝突として認識されている。ベストセラーとなった自著『ブラッドランズ――ヒトラーとスターリンのはざまのヨーロッパ』[*1]のなかで、このような見方を大胆にも表明したのはティモシー・スナイダーであった。同様に、戦争をめぐるヨーロッパ的な記憶と、それと深く関わるポーランドの記憶は、二つの全体主義の犠牲者としてのそれであり、そのことは「スターリニズムとナチズムの犠牲者を想起するヨーロッパの日」にもっともよく現れている。この日はモロトフ＝リッベントロップ協定が締結された日（八月二三日）であり、二〇〇八年以降、毎年、欧州連合（EU）によって公式式典が行われている。特筆すべきは、この記念日の制定が二〇〇四年の中東欧諸国のEU加盟を歓迎するものであるということ、そして西欧が、戦時下の自分たちの運命は中東欧と異なることを認識した旨表明したということである。[*2]中東欧には、ブダペシュトのテロルの館、リーガの占領博物館、タリンの占領博物館などの歴史博物館があるが、これらを見ると、戦争に関する物語が二つの全体主義を中心に構築されていることがはっきりと窺えよう。

とはいえ、これはスナイダーの著作への書評のなかでオメル・バルトフが指摘したことなのだが(1)、中東欧の諸民族を、二人の暴君の意のままに動かされる無力な駒や罪なき犠牲者であるかのように捉え、暴君とその犠牲者というように二者を峻別するだけでは十分とはいえない。ブラッドランヅがかかえた特徴は、大国間の衝突の影で生じたローカルな紛争の尋常ならざる激しさであった。二人の暴君が、ローカルな紛争が発生するきっかけを与えたのは確かである。しかしそれらの紛争は、ローカルなステレオタイプや、何世紀もかけて蓄積されてきた敵意がひしめく各地のコミュニティの主導で発生したものだったのだ。例を挙げると、すぐ傍で暮らすユダヤ人にたいするポーランド人によるポグロムがそれである。その象徴ともいうべきイェドヴァブネでは、一九四一年にポーランド人がユダヤ人を家に閉じこめて、生きたまま火を放ったのだ。[2][*3]また、ヒトラーとスターリンの衝突の影で生じたローカルな紛争のなかでももっとも凄惨なものとして「ヴォウィン／ヴォルィニ虐殺」[*4]を挙げることができる。一九四三年、戦前はポーランド、現在はウクライナに属するヴォウィンの地で、一〇万ものポーランド人をウクライナ人が殺害したのである。ポーランド人が報復行動に出た結果、数千のウクライナ人も命を落とすこととなった[3]。

今日ポーランドと国境を接し、あるいは戦前に接したそれ以外の隣人との間でも、大小の紛争が起きていたことを強調しておくべきだろう。一九八九年以降、ポーランドで発生した第二次世界大戦期に関わる過去をめぐる論争の経緯を見ると、世論を牽引する主要紙誌やテレビをつうじて、ポーランド人とドイツ人、あるいはポーランド人とロシア人とのあいだの困難な過去だけではなく、ポーランドとユダヤ人[4]、あるいはポーランド人とウクライナ人の関係[5]をめぐって熱を帯びた討論がなされてきたことが看取される。そこから生じるのは、戦争から七五年もたったというのに、暴君の手による犯罪よりもローカルな紛争の記憶がかき立てられるのはなぜなのか、という問いである。

この問いは、戦争体験者が退場して戦争がますます間接的な経験になってきている現状を踏まえると、よりいっそう興味深いものである。いまでは戦争の知識は、図書や博物館の展示、記念碑、映画をもとに構築されるものであり、文書館に保存され、文化的な景観に書き込まれたものになっている。ポーランドは、ロシア、リトアニア、ベラルーシ、ウクライナ、スロヴァキア、チェコ、ドイツという七つの国家と国境を接しているけれども、本稿において私は、ポーランドと三つの隣国、すなわちドイツ、ロシア、ウクライナとの間の困難な過去の扱われ方を描くことにする。この三つの隣国に焦点を合わせるのは、これら諸国民間の紛争をめぐる記憶の軌跡が、いちじるしく異なるからである。同様に、国民間の対話や和解もそれぞれ異なるシナリオにそって進んだ。ポーランドとドイツの和解は、ポーランドを侵略してそれに続く六年間にわたって当地の住民を占領し搾取した、まぎれもない敵との和解だった。ドイツ人はすでにポーランド人民共和国の時代から、ポーランド人が自分たちの犠牲者であることを明確にしてみずからの罪を認め、あらゆる犯罪に対する責任を引き受けてきた。

ポーランドとロシアのあいだの過去をめぐる対話には、ソヴィエト連邦による戦時犯罪が影を落としてきた。今日のロシアは、ソ連の歴史と一体であることから、それらの犯罪の直接の継承者なのである。ソ連の犯罪をめぐる記憶は、ナチ犯罪とは異なる軌跡を描いて展開してきた。一九八九年までは否定されタブーとされてきたソ連による犯罪の記憶は、政治体制の転換後、ポスト共産主義期のポーランドの国民的アイデンティティの主要な基礎とみなされるようになった(6)。

ドイツやソ連による犯罪の記憶は全体主義体制による犯罪の記憶だったわけだが、それとは異なりウクライナ人による犯罪の記憶は、隣人が手を下した悪業にかかわるものだった。共産主義体制下ではヴォウィン

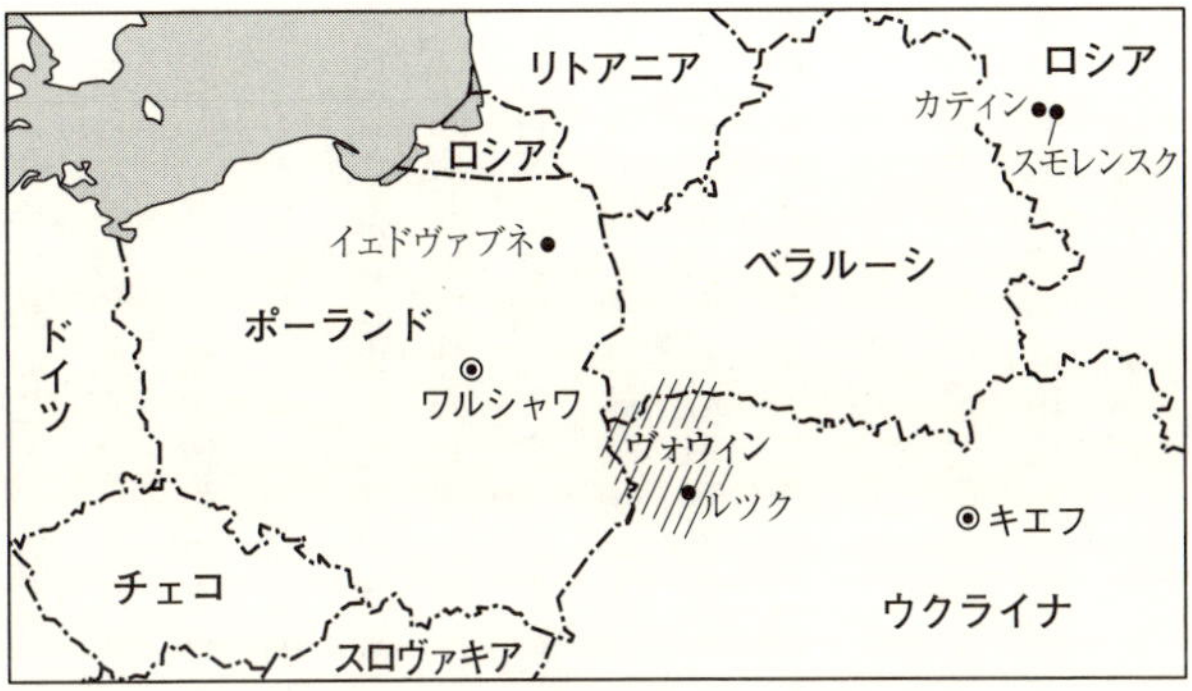

図1 現在のポーランドと周辺国.「カティンの森」はスモレンスク郊外にある.

虐殺について語ることは許されなかった。人民ポーランドがウクライナ・ソヴィエト社会主義共和国と友好関係にあったからである。一九八九年以降もポーランドには、この主題を追及する政治的意思がなかった。民主化を達成してEU加盟を望むウクライナの協力者や相談役として、みずからの政治的立ち位置を確保しようとしたのである。しかし、ヴォウィン虐殺七〇周年(二〇一三年)から、このローカルな紛争をめぐる記憶はポーランド人の国民的記憶においてより重要な位置を占めるようになった。(7)

一九八九年以降の変化に留意しつつ記憶をめぐる隣人との対話や対立を再構成する時、過去に依拠して自身の政治資本を確保しようとする新しい「記憶のアクター」がこの時期登場したことを考慮しておくことで、この試みはよりいっそう興味深いものとなる。記憶のアクターは、そのための新しい「記憶の場」を創ろうとするからである。(8)より多くの消費者をえるために創られる記憶の場は、「歴史的に形づくられた文化的(記憶論的)形式や主題のレパートリー」に訴えかけねばならないものであった。(9)一九八九年以降のポーランド政治の舞台では、何よりも「ポーランド人の、ポーランド人のための国家」(10)としての国民国家の構築に力が傾注されたため、この時期に登場した記憶の場で記憶のアクターは、ポーランド的なシンボルとして感得可能な象徴や意味を利用した。困難な過去をめぐる隣人との対話と対立を再構成するにあたり、私は、このポーランド的なるものがどのような仕方で定義され表象されるのか、また所与のできごとに関するポーランド人の記憶形成にそれがどのような帰結をもたらしてきたのか、こうしたことの素描を試みたい。

本稿では、ポーランドにおける第二次世界大戦という過去を記憶化する行為についての筆者自身の研究成果とあわせて、それぞれの国家間対話において研究者から本質的かつ重要だとみなされてきたできごとを扱うことにする。(11)

一　ポーランドとドイツの対話と和解

一九三九年九月一日、宣戦布告をすることもなく第三帝国はポーランドに進攻し、九月一七日には赤軍がポーランド領内に侵入した。対独防衛戦争は、一〇月六日まで続いた。八月二三日に第三帝国とソ連が調印したモロトフ＝リッベントロップ協定に沿って、ポーランド領はこれら二つの国家に分割された。第三帝国の手に渡った領土の一部は帝国直轄とされ、別の部分には総督府が設けられた。[12] 六年にも及ぶドイツ占領下では人種政策が導入され、強制労働のためのドイツへの移送が組織され、市民たちは抑え込まれ、レジスタンスや知識人は無慈悲に弾圧された。第三帝国はポーランド領内に強制収容所や絶滅収容所を建設し、ポーランド・ユダヤ人のほとんどすべてや、戦前にポーランド市民であった諸民族の多くの人びとがそこで命を落とした。政治犯が拘束されて拷問を受けたワルシャワのパフィアクや、人種を理由にした処刑が行われたワルシャワ近郊のパルミリといった監獄はその象徴となった。

人民ポーランドは、占領下のテロルやドイツへの恐怖心の記憶にもとづいてみずからの権力を正当化した。それゆえ、戦後、ドイツの犯罪に関連した重要な場所はいずれも、ドイツによる犯罪犠牲者のための記憶の場となった。マイダネク強制収容所の跡地に博物館が建てられたのは、まだアウシュビッツ強制収容所でガス室が稼働しているときだった。[13] ポーランド国民の受難や闘争の場所を記憶するために、一九四七年には、ドイツの手にかかったポーランド人殉難者の場の記憶化に取り組む「闘争と受難の記憶防衛評議会」が設立された。記憶化をすすめる際の形式の好事例は、首都で見ることができる。一九四九年、第二次世界大戦期の闘争と受難の場所を記憶するためのコンクールが組織された。優勝したカロル・トゥホレクは、五〇年代以降、市内で設置される共通様式の銘板をデザインした。トゥホレクのデザインした銘板は、首都の景観でもっとも特徴的なものの一つになった。一九七九年時点でワルシャワには約四五〇点あり、(14)今もおよそ一六〇点が残っている。当時、ドイツのテロルによる犠牲者を記憶する場は、たんに過去の情報を伝えて死者を記憶するだけではなく、西ドイツという仮面をかぶった侵略者に対峙する恐怖を社会に直視させるためのプロパガンダとして重要な役割を果たしていた。

和解の象徴

国家の政策に抵抗するなかで、諸国民間の和解を目的にした社会による対話が始まった。ポーランドとドイツが和解にいたった道の第一歩は、一九六五年、第二ヴァチカン公会議のさなかに三四名のポーランド人司教が署名し、ドイツの司教たちに手渡された手紙(ヴァチカン宣言)だった。ポーランド・ドイツ間の和解の象徴として称揚されるこの手紙のなかで、もっともよく知られている文章は、「もっともキリスト教的であり、しかし同時にもっとも人間的である精神において、私たちは、この幕を閉じようとしている公会議に列席されているあなた方に手を差し伸べ、赦しを与え、また赦しを請います」、というものだった。(15)

和解への道における次なるできごとは、ドイツ連邦共和国首相ウィリー・ブラントによる一九七〇年のワルシャワ訪問だった。この時、第二次世界大戦後初めて、両国は国境の不可侵性を確認し、ポーランドとドイツはそれぞれの領土的一体性を相互に尊重することを宣言した。ウィリー・ブラントは西ドイツを代表して、ウジツェ／ラオジッツ地方のオーデル・ナイセ川に沿ったポーランド西部国境を承認し、今後、西ドイツが法的現状を問題視しないことを約束した。ゲットー蜂起英雄記念碑に献花する際、ウィリー・ブラントが突然跪《ひざまず》いた。この振舞いは、ドイツ国民を代表して罪を公式に認め、殺害されたワルシャワのユダヤ人や第二次世界大戦のあらゆる犠牲者に弔意を表したものとして解釈された。(16)国際関係論センター所長のヤヌシュ・レイテルによれば、「このできごとは、まず人びとの良心を動かし、次いで政治過程に道を開いた道義的な振舞いとして歴史の教科書に書き込まれた」(17)。他方、ドイツの歴史家ミヒャエル・ヴォルフゾーンらは、これを世界史上もっとも重要な振舞いの一つだったとしている(18)。

和解に向かう道における象徴的なできごとの最後は、一九八九年一一月一二日にクシジョヴァ/クライザウ*5で挙行された和解のためのミサだった。これには、当時のポーランド首相タデウシュ・マゾヴィエツキとドイツ首相ヘルムート・コールが参加した。両首脳は抱きあって平和の接吻をかわすという象徴的な形で、両国間協力関係の新たな一章を開いた(19)。

ポーランドとドイツとの関係において、これら三つのできごとはたいへん重要で、いずれも公共空間で記憶化を進めるものだった。ワルシャワ・ゲットー蜂起英雄記念碑前でウィリー・ブラントが跪いて三〇年が経とうとした前日には、当時のドイツ首相ゲルハルト・シュレーダーとポーランド首相イェジー・ブゼクが、これを記憶する記念碑の除幕式にそろって出席した。同様に、和解の歴史にかかわる他の二つのできごとにも形が与えられ、可視化させられている。二〇〇五年には、ヴァチカン宣言四〇周年を機に、手紙の発案者で起草者であったボレスワフ・コミネク枢機卿の像がヴロツワフに建立された。さらに、クシジョヴァのミサを受けて、「ヨーロッパ合意のためのクシジョヴァ財団」が一九九〇年に発足した。このように、ポーランドにはナチ犯罪犠牲者を記憶する数百の記念碑とならんで、ポーランド・ドイツ間の対話や和解にとって重要な歩みを想起する記念碑が存在しているのであり、クシジョヴァ財団も無形の生きた記念碑として扱うことができよう。だが、それ以外の隣人との交流の場合、対話を記念するこのような碑は存在せず、あるのは相互間の対立であり、犠牲者を記憶する記念碑のみである。

二 カティン——ロシア人から加えられたポーランド人の苦難の象徴

一九三九年九月一七日、ドイツの侵略からの共和国《ジェチポスポリタ》*6東部地域に暮らすウクライナ人やベラルーシ人の保護を名目として赤軍がポーランドに侵入した。ポーランド政府には東西二つの戦線で戦う力はなく、赤軍兵士を相手に公然たる戦闘を行わないよう命じた。ポーランド軍部隊は武装解除され、捕虜となった。多くの場合、兵士のほとんどが解放されたのにたいして、将校は収容所に取り残され、一九四〇年三月五日の〔ソ連共産党政治局〕決定により、カティン、メドノエ〔ロシアのトヴェーリ近郊〕、ハリキウ〔ウクライナのハリコフ〕など、ソ連内の各地で銃殺された。一九四〇―四一年には、第二共和国内のさまざまの民族の市民がソ連深奥部に移送された。(20)

一九九〇年までソ連当局は、カティン犯罪の責任を否定してきた。一九九〇年四月一三日に「スターリニズムの深刻な犯罪の一つ(21)」としてこれを公式に認めたものの、それにもかかわらず、カティン犯罪にかかわる多くはこれ以降も明らかにされなかった。ソ連とポーランドの共産党政権が、厳然たるソヴィエト犯罪を頑なに否定してきた結果、ポーランドでは、自由なポーランドという建国神話*7のもとに統合された国民共同体にとっての第一の契機としてカティンが位置づくことになった。(22)約二万二〇〇〇人もの将校や警察官、著名なポーランド人知識人が銃殺されたという規模の大きさ、手を縛られたまま頭を撃ちぬかれるという残酷さ、そして実行に至る過程が明らかにされるなかで、カティンはそのような地位を獲得したのである。

カティン犯罪をめぐる記憶の紛争史

一九四三年にドイツがカティンで大量の墓穴を発見するまで、ソ連は、殺害された人びとの運命についてなにひとつ語らなかった。ドイツは、カティンの森における発掘作業に赤十字を招聘した。この調査ではっきりとしたのは、ポーランド人将校を銃殺した犯人はソヴィエトだということだった。ドイツの調査から得られた情報は、ゲッベルスによるプロパガンダの重要な論点となった。(23)その結果、ソ連はポーランド亡命政府を対独協力者だとして非難し、彼らとの外交的関係を断った。一九四三年秋にソ連は独自調査を行って、ポーランド人将校の死の罪責を負うべきなのはドイツ側だと結論づけた。歴史家たちが「カティンの嘘」と呼んできた、カティン犯罪の改竄と隠蔽の時代が始まったのである。[24]

ポーランドの共産主義政権は、ソヴィエトの犠牲となった人びとを記憶しようとはしなかった。しかしすでに一九五六年から、教会や墓地では犠牲者を記憶する碑銘が登場するようになった。[25]一九七四年にはヴァツワフ・カルウォヴィチ神父とステファン・メラクの呼びかけにより、〔ワルシャワにある〕ポヴォンスキ軍人墓地——通称では「カティンの谷」と呼ばれている——でカティン事件犠牲者を追悼する非公式の式典が初めて開かれた。その後も同種の式典が挙行され、一九八一年には「谷」にカティン事件犠牲者を記念する十字架が初めて掲げられた。しかしこれは、夜陰にまぎれて当局の手で破壊された。その後もステファン・ニェジェラク神父がステファン・メラクとその兄であるアンジェイとともに十字架を掲げる努力を重ねたが、当局は規則通りにこれを破壊し続けた。[26]

政治変動の波のなか、一九八七年には、両国間関係上空白となっている問題の解明のために、ポーランド・ソヴィエト両党歴史家委員会（ポーランド統一労働者党およびソヴィエト共産党）が発足した。同委員会の活動はソ連の政治変動と軌を一にして進展し、その結果、一九九〇年四月一三日にはミハイル・ゴルバチョフが、モスクワ滞在中のポーランド人民共和国のヴォイチェフ・ヤルゼルスキ大統領に、ソ連の文書館に所蔵されていたカティン犯罪関連文書をいくつか提示して、事件はソ連内務人民委員部によって行われたと初めて公式に認めた。[27]しかしまた、同じく一九九〇年のゴルバチョフの命令により、歴史家が「アンチ・カティン」と呼ぶことになるプロパガンダが始まった。これは、一九一九—二一年のソヴィエト・ポーランド戦争時にポーランドの捕虜となったソヴィエト人の死亡率の高さと対比することで、カティン犯罪の相対化をはかることを目的としたものである。ロシア側からすればこの死亡率の高さは、ソヴィエト人にたいしてポーランド人の行った犯罪の結果だった。「アンチ・カティン」は今も続いており、カティンその他のソヴィエト犯罪の責任が問われるたびにロシア側から提起される主たる論点である。[28]

ボリス・エリツィンは、ロシア連邦大統領在任中の一九九三年、ポーランドに滞在した折にポヴォンスキ軍人墓地にあるカティンの十字架に花を手向けて、「赦してください」と述べた[29]。この振舞いは両国間関係の修復にむけて舵を切る重要な一歩と受けとめられたが、ゲットー蜂起英雄記念碑前でウィリー・ブラントが跪いた際のような象徴的な力はもたなかった。当初はソ連、続いてロシアの軍事検察がカティン犯罪問題の公式捜査を開始したことから、真摯な調査が可能なようにも思われたが、そうした調査の結果はいまだに待望されたままだ。時を同じくして、ワルシャワとロシア国内の双方の墓地で、尊厳ある形で犠牲者を記憶する試みが始められた。

一九九一年、犠牲者の近親の人びとが「東部戦没者・殺戮犠牲者基金」を結成した。目標は、首都ワルシャワに公式の「ソヴィエト抑圧犠牲者」記念碑を建立することだった。建立には長い年月を要し、一九九五年九月一七日にようやく除幕式が行われた。記念碑建立の呼びかけ人や主だった寄付者が犠牲者の近親者であって、新生国家でなかったことには重要な意味がある。当時、国家はカティン犯罪問題に関するロシア側の捜査に関与していた。捜査は長らく続いたが、二〇〇四年に犯人死亡を理由に訴訟手続きは取り下げられてしまった[30]。〔ロシア側の〕最高軍事検察庁は会合の場で、「ポーランド国民へのジェノサイドは、国家レベルでも法的意味でも発生しなかった。服務資格違反に関連する服務上の戦時犯罪ということで本件は幕を閉じた」ことを確認した[31]。こうしてカティン犯罪は一般犯罪扱いされることになったが、そのことは、犯罪者が時効によって守られたということを意味した[32]。これは、両国家間関係における大きな後退だった。

二〇〇六年から〇八年にかけて、カティン犯罪の犠牲者の親族に代わってロシアの弁護士らが最高軍事検察庁に対して、ロシアによるカティン犯罪の被害者としての地位を認定するとともに、死者の名誉を回復するよう申し入れたが、これらの申し立ては否定的扱いを受け続けてきた[33]。そのため「カティンの家族」という団体に結集した犠牲者の親族は、二〇〇九年にロシアを相手にストラスブールの欧州人権裁判所に申し立てた。申し立てのなかで彼らは、カティン事件を解明するための適切な捜査を行わず、ロシア国内裁判所で歴史的事実である犯罪を否定することで犠牲者の親族を侮辱したと非難した。中立人らは人権および基本的自由に関する条約〔欧州人権条約〕に基づき申し立てたのだが、同条約は、国家公務員の関与した犯罪について実効性ある行動をとる義務を課したのと並んで、法にもとづかない故意による生命の剝奪を禁じている。ポーランド政府は、犠牲者家族の申し立てに加わりはしたが、それはロシア政府の態度に対応して文書を提出し応答する第三者としてであって、中立人としてではない(34)。

対立と対話のあいだで――事件七〇周年

「カティンの家族」とロシア政府との国際紛争の陰では、国家間レベルで友好的な接触をはかる試みが生まれていた。二〇〇九年、ポーランド共和国政府は西欧とならんで東欧からも首脳を招待して、第二次世界大戦開戦七〇周年式典を挙行した。この時期はワルシャワ＝モスクワ間の関係が友好的であったことから、ロシア連邦のウラジーミル・プーチン首相の演説がおおいに注目を集めた。式典前日、ポーランドの全国紙の一つである『ガゼータ・ヴィボルチャ』には「ポーランド人へのプーチンの手紙」が掲載された。そのなかでプーチンは、たしかに戦争犠牲者を記憶する必要があると述べながらも、カティン事件をいわゆる「アンチ・カティン」と同列視して、「カティンやメドノエの記念墓地も、一九二〇年の戦争で捕虜となったロシア人兵士の悲劇的な運命もともに、共通する悲しみと相互の赦しの象徴となるべきです」と語った(35)。この対置は、〔ドイツが最初にポーランドに侵攻したグダンスク郊外の〕ヴェステルプラッテの公式式典におけるプーチン演説とともに、ポーランドの評論家たちから非常に批判的に受けとめられた。式典の場でプーチンは、過去を倫理的かつ批判的に考察することが必要だとしながら、こう主張したのである。

一九三四年から三九年までになされたあらゆる試み、つまり当時行われた合意や和解了解が道徳的観点からは受け入れられないということを覚えておくべきです。(中略)そして、まさにこうした歩みこそが、第二次世界大戦開戦という悲劇につながったのです。(36)＊9

同時にプーチンは、他国がおのれの過ちを今日に至るまで認めないなかで、ロシアでは第一回ソ連邦人民代議員大会がモロトフ＝リッベントロップ協定の非道義性を早期に認めたと述べた。

ポーランド・ロシア両国間の和解をめざす途上で重要なできごととなったのは、カティン犯罪七〇周年とカティンの墓所で挙行された式典であり、これにはロシアのウラジーミル・プーチン首相とポーランドのドナルド・トゥスク首相が参列した。その場でプーチンはこう強調した。

スターリニズム犯罪はポーランドとロシアの人びとのあいだで広く知られています。〔……〕それは、恐怖心をかきたてられ、人びとにもっとも苦痛に満ちた本能を呼び起こさせるものだからという、ただ一つの理由によるものです。〔……〕この土地には、三〇年代の大粛清時に命を落としたロシアの市民と、スターリンの命で殺害されあるいは大祖国戦争下でナチの手にかかって殺されたポーランドの市民が眠っています。カティンは彼らの運命を永遠に結びつけました。この場でともに同じ墓所に眠る兄弟として、忘却ではなく永遠の平和を実現したのです。(37)

プーチンは、たとえ「真実がどれほど苦い」ものであろうとも、過去の記憶を保持する必要があることを力説した。この時のプーチン演説は、前年にヴェステルプラッテでなされたのとは異なる調子で書かれており、それゆえ、真実の対話をはじめることができると、その演説を熱烈に受けとめる論評までもが存在したのである。ところが三日後、カティンで別途予定された式典に参加するはずのポーランドのレフ・カチンスキ大統領と賓客を乗せた飛行機がスモレンスクで墜落した。この惨事とその後の真相解明のための調査は、不信に満ちた雰囲気を新たに生みだしてしまい、かつてない対立をもたらすこととなった。

記憶の紛争――カティンとスモレンスクの惨事

スモレンスクの惨事は、カティンをめぐる記憶のその後の展開に大いに影響を与えた。右派勢力が、スモレンスクの惨事は事故ではなくロシアの仕組んだ暗殺だという説を唱えて、惨事をめぐる政治的論争がカティンをめぐる記憶をくるんでしまったことから、二つの事件が相互に結びついたのである。二〇一〇年以降、スモレンスク惨事の犠牲者への想起を抜きにしてカティンの記念行事を行うことは不可能になった[38]。他方で、カティンの式典は重要な国家行事ではなくなってしまった[39]。「カティンの家族」に加わる多くの人びとにとってはこのことが新たなトラウマの原因となり、新しい「カティンの嘘」というテーゼを導き出すこととなった。

カティンの記憶は、第三共和国市民のアイデンティティの基礎をなすはずのものだった。しかし、第三共和国の基盤をなすべきこの神話が、政治家や社会によってはっきりと語られ、賛同をえることにはならなかった[40]。カティンの記憶に書きこまれた多義性は、「記憶の闘士」たちによる一面的で攻撃的な政治のために、これを活かすことが困難になっている。ポーランドの記憶にまつわる問題は、「記憶の闘士」たちが政治の場で活動しているところにある。彼らは「(過去の「正しい」理解を身につけている)自分たちと、歴史の「間違った」あるいは「虚偽」の見方を増殖させる他者とのあいだにはっきり線引きする傾向がある[41]」のだ。だからこそ、「法と公正」[*10]は政権第一期目(二〇〇五―〇七年)からきわめて強硬な歴史政策を開始したわけだし、ロシアで行われるカティン犯罪七〇周年記念式典にレフ・カチンスキ大統領みずから出席することがあれほど重要だったのである。肝心なのは、式典の場に自分たちがいることを思い知らせて、自分たち流の記憶レジームに即してカティンの記憶を教えることであった。大統領搭乗機の惨事が起こったためにこの目論見は実現しなかったが、いまではこの惨事が人びとに訴えかける感情的なものになってしまって、社会に多大な効果をもたらしている。だからこそスモレンスクの惨事が記憶レジームの基本になってしまい、カティン犯罪の記憶にうえに覆いかぶさることとなっているのである。

三　ウクライナ人から受けた苦難がもつ意味

戦時下で暴君たちから受けた苦難の記憶がますます冷却されてきたのにたいして、ウクライナ人の手にかかった受難の記憶は激しさを増している。一九四三年から四五年にかけて、ステパン・バンデラに率いられたウクライナ人ナショナリスト組織（OUNバンデラ派）とその軍事組織であるウクライナ蜂起軍（UPA）は、ポーランド人住民への民族浄化を行った。殺戮が頂点に達したのは血の日曜日と呼ばれる一九四三年七月一一日で、このときおよそ一〇〇カ所ものポーランド人の村が襲撃され、村人が虐殺された。正確な犠牲者数は分からないが、およそ六万人のポーランド人が命を落とし、報復として二〇〇〇人から三〇〇〇人のウクライナ人が殺害されたとされている。(42)

今日ヴォウィン／ヴォルィニはウクライナにあるが、戦前は第二共和国の一部だった。ポーランドの神話でこれはいわゆる東クレスィにあたるのだが、一四世紀から一八世紀までは第一共和国の境界内にあったその領土の一部が一九一八年に再興されたポーランド国家に編入された。(43)第二次世界大戦後、ヤルタ合意によりポーランド国境は西に移動させられ、戦前の東部諸県はリトアニア・ウクライナ・ベラルーシの各ソヴィエト社会主義共和国に編入された。ポーランドの国民神話ではこの失われた土地は、人びとが愛と調和に生きたある種の失楽園として受けとめられてきたが、その一方で、キリスト教の砦を防衛するためにタタール人と戦った流血の空間としてもみなされてきた。(44)ポーランド人民共和国時代には政治的理由から、UPAが東クレスィで行った犯罪はおざなりの扱いしかされておらず、真剣な調査や犠牲者名簿の作成は許されなかった。記憶を掘り起こす作業は亡命知識人のあいだで取りくまれた。イェジー・ギェドロイツがその代表的人物なのだが、一九七四年以降パリで出版された『クルトゥーラ』という影響力のある雑誌のなかで彼は、ポーランド東方政策の構想をつくりあげた。ギェドロイツは、ウクライナ、リトアニア、ベラルーシの主権国家としての独立が、ポーランド共和国の自由と独立を保障することになると主張した。彼の構想は、一九八九年以降、ポーランド政府の公式見解として受け入れられた。ポーランドはウクライナの独立を承認した最初の国家であり、その後も、オレンジ革命(二〇〇四年)やユーロ・マイダン(二〇一三―一四年)の際に、自由を求めるウクライナを支援したのである(45)。

図2　2003年，ワルシャワのヴォウィン広場に建てられた「ヴォウィンの蝋燭」記念碑．後方には，1993年に建立された国内軍第27歩兵部隊の石剣型の碑が見える．

同時に、共産主義の崩壊とソ連邦の解体は、これまで抑えられてきた感情を解き放った。カティン犯罪を記憶化してきた事例に倣って、クレスィの新興諸団体がヴォウィン虐殺の記憶化に着手したのである。これらの団体は目撃証言を集め、地方当局や「闘争と受難の記憶防衛評議会」とも協力して、ポーランドとウクライナに記憶の場を設ける試みを開始した。なかでも、ワルシャワに建立された最初の記念碑は、ヴォウィンとポドラシェで「嵐《ブジャ》」作戦*11に参加した国内軍第二七歩兵部隊の兵士を記念する石剣をかたどっていた(図2)。

一九九四年六月には、ポドコヴァ・レシナにあるカルタ・センター*12のイニシアティブでポーランド・ウクライナ両国の学者が初めて会合を開き、その後、『ポーランドとウクライナ　一九一八―四八年――困難な諸問題』も出版された(46)。会合は共同声明を発表して幕を閉じたが、これにはそれぞれの立場が表明されていた。声明では、一九四一―四五年の両国民間の流血の紛争が、今回の対話で最大の論争点になったことが確認された。ポーランド側は虐殺の事実をジェノサイド犯罪として認定し、OUNバンデラ派指導部にその責任があるとした。ウクライナ側は、紛争原因はなによりもポーランド第二共和国の民族政策にあると考えており、悲惨な経路をたどった責任は「両国民のおかれた極端に民族主義的な状況」にあるのだと主張した(47)。

二〇〇二年までの八年間にポーランドとウクライナの歴史家は、共通見解を得ることを目的とした定例会合やセミナーを開催してきた。共同作業が途切れたのは二〇〇三年、ヴォウィン虐殺六〇周年のことだった。ズビグニェフ・グルザはこのように書いている。

ウクライナの学者らは、もっとも困難な諸問題について実りある議論を進める意思を固めてきたはずなのに、記念式典後は一緒に積み上げてきた共同作業の年代記を完成させる仕事に加わろうとしなかった。〔……〕この九年間(一九九四―二〇〇三年)記録されてきた共同作業の成果が、二〇〇三年七月に利用されることはなかった。継続できる見込みはもはやほとんどない。これは、ポーランド・ウクライナ間の対話でもっとも大きな議論であったにもかかわらず(48)。

紛争含みの記念日

対話が頓挫した理由の一つは、国内諸都市とならんでウクライナの殺害現場でポーランド側が組織したヴォウィン虐殺六〇周年記念式典の規模の大きさと広がりである。一連の式典では、虐殺犠牲者を記憶する新しい記念碑が数多く披露された。その一つが、ワルシャワにある国内軍第二七歩兵部隊の記念碑、つまり上述の石剣型の碑のそばに新たに築造されたものである。これは、蠟燭形の一一本の石柱――「ヴォウィンの蠟燭」と呼ばれている――からなっていて、民族浄化の起きたポーランド東部、ヴォウィン県内の一一の郡を記憶化するために、それぞれの郡の名称と紋章を刻みこんだものである（図2・図3）。

その後、ウクライナ側もますます対決姿勢を取るようになったことが見てとれた。この過程で重要な役割を果たしたのは、二〇一〇年にヴィクトル・ユーシチェンコ大統領が行った歴史政策であり、これはOUN-UPAを犠牲者扱いし、あるいはその栄光化を進め、ステパン・バンデラを国民英雄として認めるものだった。[*13] その結果、ヴォウィンをめぐる相互の対話は長く退潮した。ポーランドではヴォウィン虐殺をジェノサイド（あるいはジェノサイド的民族浄化）とみなす認識が広まったが、これにたいしてウクライナでは、OUN-UPAを免罪する解釈、なにより第二共和国の民族的少数者政策の帰結としてこの犯罪を理解し、ポーランド人に罪を負わせる解釈が強まった[49]。

紛争を激化させる次なる契機となったのは、二〇一三年のヴォウィン虐殺七〇周年記念式典である。とりわけ、上述の二つの記念碑に続けて、三番目のきわめて感情に訴えかける形状をしたヴォウィン虐殺犠牲者の記念碑がワルシャワで除幕された（図4）。記念碑の基調をなす要素は、手のないイエス・キリスト像をあしらった七メートルもある十字架である。この記念碑によってヴォウィン虐殺は、ポーランド史とポーランドの歴史的役割に関する殉教者的思想のなかに組込まれたのである。アンジェイ・ヴァリツキも書いているが、このようなアプローチを取ることで、いにしえからのポーランドと

図3 正面から見た「ヴォウィンの蝋燭」．11本ある蝋燭は，ウクライナ人によるポーランド人の村への大規模攻撃の行われた郡を示しており，それぞれ郡の名称と紋章が刻まれている．背景の壁際には，ポーランドとウクライナの紛争で亡くなった兵士の名前が記された御影石のプレートが並んでいる．

図4　2013年，ヴォウィン広場に建立されたヴォウィン虐殺犠牲者のための3つめの記念碑.

ポーランドの未来との連続性を保つことが可能になっている[50]。しかし同時にこのアプローチは、記憶のアクターがあたかも「記憶の闘士」であるかのように振る舞うよう強いるものでもあるのだ。

このことは、ブロニスワフ・コモロフスキ大統領が記念碑を除幕した際にはっきりした。コモロフスキは、以前の別式典の演説では、自分が「記憶論的多元論者」、つまり「「私たち」と私たちなりの歴史の見方と並んで、彼らなりの過去の見方をもつ「彼ら」がいる」ことを受け入れる人間であるかのように演出していた[51]。しかし、この記念碑の除幕式で大統領は、歴史にはただ一つ真実の見方が存在することを認めて、こう語ったのだ。

> それが痛ましいものであっても、真実が傷を負わせるわけではありません。しっかりと理解され適切に身についた真実は、〔虐殺事件という〕あのドラマをポーランド・ウクライナ間の和解の基盤とするための大きなチャンスになりうるものなのです。私たちは誰かと敵対するような記憶を望みはしません。私たちが望むのは、もっと賢明に暮らし、ポーランドとウクライナとの善隣関係と協働を深めるために記憶することなのです[52]。

ウクライナでは、この言葉が和解をめざしたものとは受けとめられなかったし、それどころか、同時期にポーランド国会がヴォウィン虐殺犠牲者追悼声明を採択して、これを「ジェノサイド的な性格を帯びた民族浄化」と呼んだことに注意が払われていた[53]。その結果、ヴィクトル・ヤヌコヴィチ大統領は、ルック〔かつてのヴォウィンの県都)で行われた七〇周年の公式式典に出席しなかった。

関係修復をめざす重要な振舞いを示したのは、二〇一六年七月、ワルシャワで行われたNATOの会議に参加したウクライナのペトロ・ポロシェンコ大統領である。ポロシェンコはウクライナ代表団とともにワルシャワのヴォウィン虐殺記念碑を訪れて献花し、ランタンに追悼の火を灯し、記念碑の前に跪いたのである。このできごとは、ウィリー・ブラントの歴史的な振舞いに倣ったものだが、所期の目的を果たせるものではなかった。評論家たちは、「ペトロ・ポロシェンコは、先例なき行動を決意したウクライナで最初の高位の政治家である」(54)と書きながらも、その一方では、遅すぎたと述べている。(55)政治行為上の戦略としての謝罪について論じてきたポーランド人研究者のカロリーナ・ヴィグラが指摘しているように、いまではこのような行為は効き目を失ってしまっている。

政治的な赦しを求めることは、逆説的にも、あまりに安易であるのと同時に難しすぎるものになってしまった。安易すぎるというのは、この行為が広くグローバル化してしまい、今では誰かれかまわず行うようになってしまったためである。難しすぎるというのは、芝居がかったものになりかねず、陳腐なものと見なされがちだからである。まさに「当たり前」のものになってしまったのだ。赦しを乞うことはもはや勇気ある行為などではなく、日常の政治に組込まれた要素なのである。(56)

こうして、ポロシェンコの行動は虚しく終わった。

それから一〇数日後、ポーランド議会は「法と公正」の発議によりヴォウィンについての審議を行って、七月一一日をウクライナ民族主義者が第二共和国市民に行った「ジェノサイドの犠牲者への国民記念日」に定めたが、その際に採択された決議ではこう述べられていた。

一九四〇年代にウクライナ人ナショナリストの行った犯罪は、これまで適切に記憶されてこなかったし、この大量殺戮は、歴史的真実に忠実なジェノサイドの名では呼ばれてこなかった。(57)

ウクライナ側からこの決議は、反ウクライナ的な行為であり対話にとって好ましからぬものと受けとめられた。ウクライナの議会である最高会議も決議を採択し、そこではポーランドで採択された決議への遺憾の意を表明して、こう述べた。「必要なことは、両国内のあらゆる犠牲者を尊厳と等しい配慮をもって記憶化することである」。さらにウクライナ側は、「ポーランドの同僚たちが、歴史上の悲劇的側面の政治化をやめるよう」呼びかけた。(58)

これに続けて火に油を注いだのが、ヴォイチェフ・スマジョフスキ監督の映画『ヴォウィン』の公開だった。ウクライナ政府の圧力により、予定されていたキエフでの上映が中止されたのである。だがこの頃、ポーランド議会とウクライナ最高会議は連名で、「記憶と連帯の宣言」に署名していた。そこにはこのように書かれていた。

われわれポーランド共和国議会ならびにウクライナ最高会議の代議士は、第二次世界大戦中に両国民が被った数百万の犠牲者に弔意を表明し、両国の独立を脅かした外部からの侵略者を非難するために、共同して同時にこの「記憶と連帯の宣言」を採択する。(59)

宣言で力説されているのは、「共産主義のソ連とナチ・ドイツによる両国への侵略と占領の犠牲者である数百万もの人びと」を追悼することである。そこでは、ポーランド人がウクライナ人から、あるいはウクライナ人がポーランド人から受けた相互の暴力行為については語られていない。その代わりに「両国の独立回復に向けた道義的根拠を提供した、ポーランドとウクライナの反共産主義抵抗勢力」の闘争の意義を確認するとの文言がある。(60)

両国家が、二つの全体主義体制から受けた苦難として第二次世界大戦を捉える解釈の点で一致したという事実は、驚くには値しない。それゆえ、ソヴィエトの侵略者と戦った民族パルチザン運動を評価することも、同様に理解できることだ。しかし、両国間で発生した犠牲者について「記憶と連帯の宣言」が沈黙しているという事実には重大な意味がある。

アンドレイ・ポルトノフはヴォウィンについてこのように書いている。

〔ヴォウィンは〕たんに例外的に悲劇的な歴史上の事件という以上のもの、つまりポーランド国民にかかわる永遠の真理を暴き出した集合的経験となっている。それはまた、一七世紀から一八世紀のウクライナ人による反ポーランド蜂起の際の残虐さという古びたイメージを強化させることをつうじてクレスィ神話を思い出させ、再活性化させている。(61)

自分たちこそ犠牲者だという主張に回帰してしまうということは、ポーランド人とウクライナ人のあいだの対話がいまだ困難であることを示している。両国はともに、まるで「記憶の闘士」であるかのような構えを取っている。対話を望まず、しかしどんな場合も、過去について自分たちのただ一つ真実の理解を万人に受容させようとするのである。クレムリンは、スマジョフスキ監督の映画がウクライナ人のファシスト的な真の姿を暴露したとして、この映画を大歓迎しているが、このことは、ヴォウィンがクレムリンの政策の道具にもなっていることを示している。この事実も考慮するならば、もはやポーランドとウクライナだけではなく、中東欧全体の記憶レジームのなかでヴォウィン虐殺がきわめて重要になりつつあることが理解されよう。近年では確実に、第二次世界大戦の記憶は、何らかのかたちで国家的言説に包み込まれつつある。

おわりに

本稿で筆者は、ポーランド・ドイツ間の和解を促したできごととあわせて、二〇世紀にロシア人とウクライナ人が手をそめた犯罪の象徴ともいうべき事件を扱うことにした。二つの隣国から蒙った苦難の本質的意味をよりよく描けるようにするために、最後に、本稿中で言及したことだが、隣人たちがポーランド人に加えた犯罪の犠牲者を記憶する記念碑のことを想起しておきたい。それらに依拠することで、ポーランドにおける国民的記憶の現在の姿をめぐる問いに答えることになるだろう。

ソヴィエト犯罪犠牲者を記憶する記念碑として重要なのは「東方における死者と被強制移住者の記念碑」で、これには宗教的シンボルがちりばめられている。首都中心部に設置されているとはいえ、この記念碑は特に死者を想起することを訴えている。ヴォウィンの記念碑は都心にはないが、それは、当初、設置が決められた時には、ヴォウィンの記憶はポーランドの国民的記憶の中で周縁的だったからである。しかし近年になってこの記憶がますます重要になってきており、そのことはワルシャワのヴォウィン広場の記念碑をみれば明らかである。一九九三年に設置されて以来、内容的な追加が重ねられてきただけでなく、その拡張ぶりが、ヴォウィン記憶の重要性がますます大きくなっていることを示している。

ステファン・チャルノフスキの言葉に倣ってこう言うことができる。ワルシャワは、コミュニティ形成にとって本質的な価値観を具現した犠牲者の記念碑で覆いつくされているが、これらの記念碑は、こうした価値観が集団内に息づいている証拠である(62)。これら新しい記念碑の多くは、人民共和国政府によってタブー視されたものの、いまではポーランドの国民的アイデンティティの重要な構成要素としての地位を獲得した人びとと事件に捧げられている。カティン犯罪の犠牲者、シベリアに強制移住させられた人びと、国内軍兵士、ヴォウィン虐殺の犠牲者といったように、それぞれ異なる事件を記憶するものでありながら、記念碑の多くは視覚的に似た形状をしていて、象徴として十字架を利用している。そのおかげで、記憶を示す記号は景観のなかにとけこみ、これらはみな等しく殉難者だとする過去の捉え方を伝達するものとなる。今日では記憶を記号化して表現する際の形が確立させられており、それがポーランドの文化景観を支配している。だが、時は経過したにもかかわらず、これらの諸事件の意義について説明してくれるような、新しい想起の言語は生み出されていない。そうした言語こそが、ポーランドの国民的記憶がはらむ宗教的・愛国的・殉難者的な性格の持続的有効性を示してくれるにもかかわらず。

（福元健之訳）

1 https://www.holocaustresearch.pl/index. php? mod=news&show=242&template=print（二〇一六年一二月六日最終閲覧）

2 Jan T. Gross, *Sąsiedzi – historia zagłady miasteczka żydowskiego*, Fundacja Pogranicze, 2000. / Jan T. Gross, *Neighbors: The Destruction of the Jewish Community in Jedwabne, Poland*, Princeton University Press, 2001.

3 Grzegorz Motyka, *Wołyń '43. Ludobójcza czystka – fakty, analogie, polityka historyczna*, Wydawnictwo Literackie, 2016. 村落全体が消滅ないし住民登録簿の失われた場所では正確な人数を算定できないため、はっきりした死者の数を示すのは困難である。このことについてはTimothy Snyder, "The Causes of Ukrainian-Polish Ethnic Cleansing 1943", *Past and Present*, no. 179, 2003, pp. 197–234; Grzegorz Motyka, "Zbrodnia wołyńska 1943 roku i mit buntu ludowego", *Dzieje Najnowsze*, t. 48, z. 1, 2016, s. 53–66.

4 イェドヴァブネ論争については以下を参照。Piotr Forecki, *Spór o Jedwabne. Analiza debaty publicznej*, Wydawnictwo Naukowe Instytutu Nauk Politycznych i Dziennikarstwa Uniwersytetu im. Adama Mickiewicza, 2008; Barbara Törnquist-Plewa, "The Jedwabne Killings: A Challenge for Polish Collective Memory", in Ulf Zander and Klas-Göran Karlsson eds., *Echoes of the Holocaust: Historical Cultures in Contemporary Europe*, Nordic Academic Press, 2003.

5 ヴォウィン虐殺については以下を参照。Agnieszka Pasieka, "Reenacting Ethnic Cleansing: People's History and Elitist Nationalism in Contemporary Poland", *Nations and Nationalism*, vol. 22, no. 1, 2016, pp. 63–83.

6 Maria Kobielska, *Polska kultura pamięci w XXI wieku. Dominanty. Zbrodnia katyńska, powstanie warszawskie i stan wojenny*, IBL PAN Wydawnictwo, 2016.

7 Andrii Portnov, Clash of Victimhoods : The Volhynia Massacre in Polish and Ukrainian Memory（https://www.opendemocracy.net/od-russia/andrii-portnov/clash-of-victimhood-1943-volhynian-massacre-in-polish-and-ukrainian-culture 二〇一六年一二月一四日最終閲覧）. Zuzanna Bogumił, "Pamięć o konfliktach i dialogach Polaków z sąsiadami zapisana w kulturowym krajobrazie stolicy", Joanna Kurczewska（red.）, *Przemiany kulturowe we współczesnej Polsce. ramy, właściwości, epizody*, Wydawnictwo IFiS PAN, 2016, s. 402–426.

8 ピエール・ノラの「記憶の場」を私は広義に理解している。ここでそれは、像や文書館、博物館のような物理的に存在する空間、記念日といった時間的なもの、あるいは過去に関する特定の見方を提示することを目的にした政治的な身振りや法律などの比喩的なものを含むものとする。Pierre Nora, "Between Memory and History : Les Lieux de Mémoire", *Representations*, vol. 26 Spring, 1989, pp. 7–24.

9 Michael Bernhard and Jan Kubik eds., *Twenty Years after Communism : The Politics of Memory and Commemoration*, Oxford University Press, 2014.

10 Geneviève Zubrzycki, "National Culture, National Identity, and the Culture（s）of the Nation", in Laura Grindstaff, John R. Hall and Ming-cheng Lo eds., *Sociology of Culture : A Handbook*, Routledge, 2010, p. 519.

11 「中東欧における記憶の場プロジェクト」(2013/09/D/H/S6/02630)、研究代表者：ズザンナ・ボグミウ、主要分担者：マルタ・カルコフスカ、マウゴジャタ・グウォヴァツカ＝グライペル。

12 一九三九年一〇月二六日に成立した総督府は、ポーランドの被占領地域のうち第三帝国に併合されず独立した行政体として区別された部分である。統治責任者にはハンス・フランク総督が任命され、総督府はヒトラーに直属した。

13 Zofia Wójcicka, *Przerwana żałoba. Polskie spory wokół pamięci nazistowskich obozów koncentracyjnych i zagłady, 1944–1950*, Wydawnictwo Trio, 2009.

14 Marian Gajewski, *Urządzenia komunalne Warszawy. Zarys historyczny*, Państwowy Instytut Wydawniczy, 1979, s. 391.

15 http://www.opoka.org.pl/biblioteka/W/WE/kep/oredzie-niem_18111965.html（二〇一六年一二月一〇日最終閲覧）

16 Karolina Wigura-Kuisz, *Wina narodów. Przebaczenie jako strategia prowadzenia polityki*, Wydawnictwo Naukowe Scholar, 2011.

17 http://csm.org.pl/pl/blog-sub3?start=312（二〇一六年三月一〇日最終閲覧）

18 Michael Wolffsohn i Thomas Brechenmacher, *„Kanclerz uklęknął". Gest Brandta drogowskazem dla polityki. „Raporty Fundacji Konrada Adenauera"*, Fundacja Konrada Adenauera, 2010.

19 Waldemar Czachur i Annemarie Franke (red), *Krzyżowa jako miejsce dialogu polsko-niemieckiego. Szanse na europejską narrację*, Fundacja Krzyżowa dla Porozumienia Europejskiego, 2013.

20 Stanisław Ciesielski, Wojciech Materski i Andrzej Paczkowski, *Represje sowieckie wobec Polaków i obywateli polskich. Ministerstwo Sprawiedliwości RP*, Ośrodek KARTA, 2000.

21 "Oświadczenie agencji TASS nadane w piątek 13 kwietnia 1990 o godz. 14.30", *Zeszyty Katyńskie*, nr. 1, 1990, s. 196.

22 Kobielska, *Polska kultura pamięci w XXI wieku*.

23 ポーランド共和国政府〔ロンドン亡命政府〕は、第三帝国とソ連が一九三九年九月にポーランドに侵攻した後に成立し、一九九〇年まで活動を続けた。レフ・ヴァウェンサ（ワレサ）がポーランド大統領に選出され、ポーランド共和国政府大統領リシャルド・カチョロフスキがワレサに大統領の記章を渡した後、共和国政府としての活動を停止した。

24 Piotr Łysakowski, "Kłamstwo katyńskie", *Biuletyn IPN*, nr 5–6, 2005, s. 85–94.

25 Irena Grzesiuk-Olszewska, *Warszawska rzeźba pomnikowa*, Wydawnictwo Neriton, 2003, s. 190.

26 Łukasz Kudlicki, *Stefan Melak. Strażnik pamięci Katynia*, Wydawnictwo Komograf, 2015.

27 "Oświadczenie agencji TASS nadane w piątek 13 kwietnia 1990 o godz. 14.30", s.196.

28 カティン紛争、あるいは「アンチ・カティン」は今も盛んである。カティンの記念墓地は、大粛清や市民を対象としたソヴィエト犯罪の犠牲者が埋葬されたロシア側部分と、ポーランド人将校犠牲者を記憶する記念碑群の置かれたポーランド側部分からなるのだが、二〇一七年四月にはこの墓地に、一九二〇年戦争時にポーランドの捕虜収容所で落命した赤軍捕虜を記憶する銘板が設置された。銘板にはこう刻まれている。「赤十字報告書、ポーランド当局の情報、アメリカのキリスト教青年会の証言その他の文書が明らかにしているとおり、捕虜のおかれた環境は劣悪だった。じめじめして暖房もないバラックや塹壕小屋、劣悪で不規則な食事、靴や衣服の深刻な不足、疫病、乱暴かつ容赦のない使役、収容所行政の無秩序さ、これら一切が幾千万の赤軍兵士の死をもたらした。正確な死者数を歴史家は今も数えている」。さらに「二〇カ月続いた戦争で一五万七〇〇〇人もの赤軍兵士がポーランドの捕虜にされたが、戦後帰国できたのは約七万五〇〇〇人だった」と続く。http://www.newsweek.pl/swiat/polityka/w-katyniu-ustawiono-tablice-o-radzieckich-jencach-1920-r-,artykuly,408494,1.html

29 Andrzej Przewoźnik i Jolanta Adamska, *Katyń. Zbrodnia, prawda, pamięć*, Świat Książki, 2010.

30 Władimir Abarinow, *Oprawcy z Katynia*, Znak, 2007, s. 272–276.

31 ibid., s. xx.

32 Ireneusz C. Kamiński, "Skargi katyńskie przed Europejskim Trybunałem Praw Człowieka", *Zeszyty Katyńskie*, nr. 21, 2006, s. 15–

27.

33 Aleksander Gurjanow, "Sprawa katyńska w sądach rosyjskich 2007–2009", *Zeszyty Katyńskie*, nr. 24, 2009, s. 100–128.

34 詳細は、Kamiński, "Skargi katyńskie przed Europejskim Trybunałem Praw Człowieka", s. 15–27 を参照。

35 http://wyborcza.pl/1,75399,6983945,List_Putina_do_Polakow___pelna_wersja.html

36 http://wyborcza.pl/1,75477,6983945,List_Putina_do_Polakow___pelna_wersja.html#ixzz3n4Xe7qXM（二〇一六年一二月一四日最終閲覧）

37 http://www.rmf24.pl/raporty/raport-katynrocznica/katynrocznicafotoreportaze/news-putin-w-katyniu-nie-mozna-schowac-i-ukryc-pamieci-o-zbrodnia,nId,271193（二〇一六年一二月一四日最終閲覧）

38 スモレンスク惨事犠牲者への追悼抜きでいずれの国家的な公式式典も行えなくなった例として、二〇一六年に起きたワルシャワ蜂起記念式典参加者と国防大臣アントニー・マチアレヴィチとの対立をあげられる。参加者らは、ワルシャワ蜂起勃発の記念式典の最中に、蜂起犠牲者へのアピールに加えてスモレンスクに関する呼びかけが大臣によって述べられることに反対した。大臣は、参加者の多くが抗議のために式典から退場したおかげで目的を果たすことができた。スモレンスクへの呼びかけは、二〇一六年のヴェステルプラッテにおける公式式典（第二次世界大戦開戦記念式典）でも読み上げられている。

39 二〇一七年の式典がその証拠である。四月一〇日の記念式典に大統領や首相は出席せず、カティンに来たのは下級の役人のみだった。大統領や首相らはワルシャワで行われたスモレンスク惨事式典に出席した。http://www.newsweek.pl/polska/katastrofa-smolenska-7-rocznica,artykuly,408644,1.html? src=Article_readMore_inner（二〇一七年四月二五日最終閲覧）

40 Michael Bernhard and Jan Kubik, "Roundtable Discord: The Contested Legacy of 1989 in Poland", in Bernhard and Kubik eds., *Twenty Years after Communism*, p. 82.

41 ibid., p. 13.

42 Motyka, *Wołyń'43*; idem, "Zbrodnia wołyńska 1943 roku i mit buntu ludowego", s. 53–66; Snyder, "The Causes of Ukrainian-Polish Ethnic Cleansing 1943", pp. 197–234.

43 Małgorzata Głowacka-Grajper, *Transmisja pamięci. Działacze "sfery pamięci" i przekaz o Kresach Wschodnich we współczesnej Polsce*, Wydawnictwo Uniwersytetu Warszawskiego, 2016.

44 Bogusław Bakuła, "Kolonialne i postkolonialne aspekty polskiego dyskursu kresoznawczego（zarys problematyki）", *Teksty Drugie*, nr. 6, 2006, s. 11–33.

45 https://www.opendemocracy.net/od-russia/andrii-portnov/clash-of-victimhood-1943-volhynian-massacre-in-polish-and-ukrainian-culture（二〇一六年一二月一四日最終閲覧）
46 *Polska-Ukraina: Trudne pytania*, t. 1–11, Ośrodek KARTA, 1998–2009. Zbigniew Gluza, "*Wprowadzenie*", [w:] *Polska – Ukraina. Trudna odpowiedź. Dokumentacja spotkań historyków（1994–2001）*, Naczelna Dyrekcja Archiwów Państwowych, Ośrodek KARTA, 2003.
47 Ibid.
48 Ibid, s. 11.
49 Anna Wylegała, "Managing the Difficult Past: Ukrainian Collective Memory and Public Debates on History", *Nationalities Papers*, 2017, pp. 1–18.
50 Andrzej Walicki, *Mesjanizm Adama Mickiewicza w perspektywie porównawczej*, Instytut Badań Literackich PAN, 2006, s. 144–145.
51 Michael Bernhard and Jan Kubik, "A Theory of the Politics of Memory", in Bernhard and Kubik eds., *Twenty Years after Communism*, p. 13.
52 http://www.prezydent.pl/archiwum-bronislawa-komorowskiego/aktualnosci/wypowiedzi-prezydenta/wystapienia/art,176,wystapienie-prezydenta-z-okazji-odsloniecia-pomnika-poswieconego-ofiarom-zbrodni-wolynskiej.html（二〇一六年一二月一四日最終閲覧）
53 http://www.tvn24.pl/wiadomosci-z-kraju,3/poslowie-upamietnili-rzez-wolynska-jakoczystke-etniczna-o-znamionach-ludobojstwa,339207.html（二〇一六年一〇月一〇日最終閲覧）
54 http://www.polskieradio.pl/5/3/Artykul/1641044,Prezydent-Ukrainy-oddal-hold-ofiarom-rzezi-wolynskiej（二〇一六年一二月一四日最終閲覧）
55 https://www.opendemocracy.net/od-russia/andrii-portnov/clash-of-victimhood-1943-volhynian-massacre-in-polish-and-ukrainian-culture（二〇一六年一二月一四日最終閲覧）
56 Wigura-Kuisz, *Wina narodów. Przebaczenie jako strategia prowadzenia polityki.*
57 http://wyborcza.pl/1,75398,20436098,sejm-przyjal-uchwale-w-sprawie-wolynia-ze-stwierdzeniem-o-ludobojstwie.html#ixzz4SfXycNis（二〇一六年一二月一四日最終閲覧）
58 http://www.rp.pl/Polityka/160909137-Ukraina-Parlament-potepil-uchwale-Polski-w-sprawie-Wolynia.html#ap-1（二〇一六年一二月一四日最終閲覧）

59 http://wiadomosci.wp.pl/kat,1342,title,Deklaracja-pamieci-i-solidarnosci-z-Ukraina-przyjeta-przez-Sejm,wid,18551901,wiadomosc.html?ticaid=11841５(二〇一六年一二月一四日最終閲覧)
60 ibid.
61 https://www.opendemocracy.net/od-russia/andrii-portnov/clash-of-victimhood-1943-volhynian-massacre-in-polish-and-ukrainian-culture（二〇一六年一二月一四日最終閲覧）
62 Stefan Czarnowski, *Kult bohaterów i jego społeczne podłoże. Święty Patryk – bohater narodowy Irlandii*, PWN, 1956, s. 17.

訳注

＊1　Timothy Snyder, *Bloodlands: Europe between Hitler and Stalin*, Basic Books, 2010（布施由紀子訳『ブラッドランド――ヒトラーとスターリン　大虐殺の真実』上・下、筑摩書房、二〇一五年）。

＊2　この叙述は、二〇〇八年九月に欧州議会決議で八月二三日が「スターリニズムとナチズムの犠牲者を想起するヨーロッパの日」とされたことを念頭に置いている。モロトフ＝リッベントロップ協定は独ソ不可侵条約と附属秘密議定書をさし、後者により独ソ間の「影響圏」が確定されて、その後、両国による占領や併合が進んだことがここでは重要である。こうした事実に基づき、スターリニズムの犠牲者とナチズムの犠牲者を並列させたこの記念日の制定は、唯一無二のものとしてのナチ犯罪を前提に構築されてきた西欧型の歴史像の書き換えを意味するものとして受けとめられた。

＊3　イェドヴァブネについて、日本では解良澄雄「ホロコーストと「普通の」ポーランド人――一九四一年一月イェドヴァブネ・ユダヤ人虐殺事件をめぐる現代ポーランドの論争」『現代史研究』第五七号、二〇一一年、がある。

＊4　ヴォウィンはポーランド語、ヴォルィニはウクライナ語表記。以下、地名について二言語表記する場合は／を用いて、前はポーランド語、後はその他の言語とする。なお、この虐殺による犠牲者数は論者によってまちまちで確定されていない。本稿一三四頁と一四六頁で揺れがあるのは、そのためである。

＊5　今日ポーランドの下シロンスク県に位置するクシジョヴァは、戦後の国境移動まではドイツのクライザウであった。反ナチ運動のクライザウ・グループで知られる。

＊6　ポーランドでは、近世のポーランド・リトアニア共和国を第一共和国、戦間期を第二共和国とし、体制転換後の体制は第三共和国と呼ばれることがある。「共和国」はジェチポスポリタの訳語で、ポーランド国家を指して用いられている。

＊7　体制転換期には、共産主義と決別したポーランドを表現する際に、「自由なポーランド wolna Polska」とされることがあった。

＊8 式典での各国首脳の発言について、http://www.forumpoland.org/okano09.pdf に日本語による紹介がある。

＊9 この発言をつうじてプーチンは、モロトフ＝リッベントロップ協定だけでなく、一九三四年のドイツ・ポーランド不可侵条約以降、とりわけミュンヘン協定に代表される一連の国際関係上の動向が第二次世界大戦につながったことを認識すべきだとのロシア側の立場を示唆している。

＊10 「法と公正」は二〇〇一年に成立したポーランドの政党。二〇一五年の総選挙で政権を奪還した。党首のヤロスワフ・カチンスキは、スモレンスクで死亡したレフ・カチンスキ大統領の双子の兄である。

＊11 一九四四年二月以降、ポーランド国内で抵抗戦争を組織してきたポーランドの国内軍が、ソ連軍と協力してヴォウィン地方などを皮切りに展開した対独戦闘作戦を指す。

＊12 社会主義時代末期以降、ポーランドと東欧の現代史に関わる記憶と記録を収集・保存・公刊してきたポーランドの社会団体。

＊13 二〇一〇年一月、政権末期のユーシチェンコ大統領が選挙目当てでバンデラに国民的英雄の称号を与えたが、同年の大統領選挙で誕生したヤヌコヴィチ新政権によって翌年一月に取り消された。

第6章　過去の政治化と国家間「歴史対話」
――ロシアと周辺諸国との二国間歴史委員会の事例から

橋本伸也

はじめに――謝罪と対話　過去を「正常化」する政治

本書全体を貫く目的は、過去が政治化され紛争化させられる様相を、ポスト冷戦期の世界に固有の新たな特徴を帯びたものとして適切に捉えることに設定されている。ここでポスト冷戦期に着目するのは、近代国家の正統性を弁証する役割を背負った「国民史《ナショナル・ヒストリー》／一国史」に内在する政治性と排他性、あるいは歴史学の研究と教育が政治権力と切り結んできた対立と癒着の錯綜といった一般的次元に還元するのではすまない状況が現出してきたと考えるからである。本書の冒頭でも述べたように、冷戦末期以来、過去の「悪事」や不正義について国家その他の権力機関による謝罪が多方面でなされ、「反省の政治」(1)が目立つようになったのはそのことの一面である。また、国家や集団間の歴史をめぐる対話と和解の経験や歴史の共有化の試みが規範的事例をつうじて紹介される一方、(日本では「歴史認識問題」と呼ばれる)過去をめぐる国内的／国際的な紛争も各地で際立ってきた。和解が目指される場合であれ、対立が熾烈化させられる場合であれ、植民地支配、侵略戦争、大量殺戮、人権侵害といった国家の手になる数々の不正義の「記憶」が、学知の対象というレベルをはるかに超えて個人や集団さらには国家次元での意識や態度の規定因として前景化し、これらが新たな紛争の火種となって現実政治を左右する光景が目立つようになったのだ。それはまるで、冷戦下で氷結させられた負の記憶が解凍・噴出して冷戦期的な「歴史の体制」では対応しきれなくなり、新たな枠組みを構築するための闘争が始まったかのようにも見えた。しかもその舞台では、かつて「鉄のカーテン」で仕切られた東西のみならず、冷戦終結に並走して独裁的で非民主的な体制からの離脱が進んだ南アフリカや中南米諸国など南の世界も大役を果たした。本書で論じられた数々の事例は、過去の不正義を問い直し、逆にそれを打ち消そうとする動きが、世界規模で連鎖的に生起したことを示している。

冷戦終結からほぼ一〇年を隔てた時点で国際政治学者のバーカンは、国家犯罪に関与した者（国家）が過去の非人道的行為に関わる罪と責任を認め、被害者への謝罪と賠償が世界各地で顕著に見られるようになったことに「新たな国際的道義となる秘められた可能性」を見出した。同時に彼は、一義的に確定されない、再解釈と書き換えを許容する可塑性に富んだ「歴史」が、ポストモダン／ポスト冷戦期のリベラルな政治空間において「政治的な形成力」を有し、「政治闘争にとっての決定的な戦場」となったと指摘した(2)。過去が不正義の是正を要求する闘争の主たる舞台となり、謝罪と賠償による歴史と記憶の書き換えが、虐げられてきた人びとの肯定的なアイデンティティの形成のみならず、世界規模での新たな道義の確立につながると考えたのである。そして、過去の叙述を生業とする歴史家には、「ナラティヴの創造において仲裁者としての役割を果たし、倫理規範の遵守を確実なものにすることをつうじて諸国民間の和解に貢献(3)」することが期待された。「誤った観念を糺し、政治的交渉のための新たな空間を創造する(4)」のが歴史家の責務だというのである。

だが、過去の不正義をただすための謝罪や賠償の倫理性を認めるにしても、それが「歴史認識問題」の焦点である国家間和解につながるかどうか、懐疑的な見方もある。植民地支配や戦時下の悪業への反省を表明した河野談話・村山談話に向けられた、日本の「保守派」による「バックラッシュ」に着目したリンドの議論がそれである。彼女によれば謝罪は、これに苛立つ加害国側の一部政治勢力による猛烈な巻き返しを誘引してより激しい対立の火種となりかねない以上、無用という以上に「潜在的な危険(5)」である。それゆえ彼女は、謝罪や反省の表明抜きの国家間和解の道もありうるし、それこそが探求されるべきではないのか、という。もとより、謝罪抜きの和解を国際政治上の紛争回避モデルとして一般化する立場はにわかに与しうるものではない。謝罪に代えて「咎めだてを含まぬシンボル」を用いて過去を想起し共有化する儀式の有効性を提唱する彼女の立論も、さほど説得的ではない。ド・ゴール／アデナウアーからミッテラン／コールにいたるまでフランスとドイツの「和解」ではこの手法がたびたび活用されたとリンドは主張するが、この説に従えば、本書の冒頭で触れた日米首脳の広島・真珠湾相互訪問は、模範的な和解の儀式だったことになる。その一方で、謝罪や賠償によって惹起されるバックラッシュがかえって緊張激化をもたらすという観察自体は、確かにわれわれが久しく目撃してきた醜悪で悲しむべき現実を捉えている。過去が紛争化させられる際の構図を読み解くうえでの多少の示唆を、そこから得られることもあろう。そのうえで、謝罪によらない和解を求める際にリンドが期待をかけるのは、多国間共通歴史教科書の編纂による過去をめぐる認識の共有化であり、あえて加害国を限定せずに多国間協力のもとで実施される歴史的な実相の解明と共有である(6)。

国家による過去の不正義をめぐる対立を緩和し、和解を達成する方途を模索するこれら二つの議論は、謝罪の意義をめぐって対極的な立場を取っているとはいえ、公正かつ真正な過去の事実の解明こそが和解を促進する要件だと考える点では共通している。歴史家に真相究明と和解のために重要な役割を期待する点でも論をともにする。もとより、そうした期待は広く見られたもので、権威主義体制や独裁政治からの民主化を遂げた多くの国家で、国家犯罪の真相究明を目指した歴史家らの専門家委員会(以下、歴史委員会と総称する)が設けられてきた。体制転換諸国以外では、日系人強制収容問題を扱うアメリカ合衆国の歴史委員会や、先住民に関わるカナダやオーストラリアの委員会も、同じ脈絡で理解できるだろう(7)。

歴史委員会は個別国家にとどまらず、複数の国家間でも設けられてきた。共有する過去に相異なりしばしば激突する解釈を与えてきた諸国家間の調停と和解をはかる手段として、二国間の歴史委員会を活用する例が散見されたのである。こうした動きを支えたのは政治的・外交的発意や市民的創意、そして歴史家自身の自発性である。

相互に対立しあう国家に属していても、歴史家が専門職者としての矜持を保ち、国益や政治からの独立と学問の自由を担保された環境で事実解明に当たるならば、公正で客観的な成果をえられるはずだとの期待がそこには存在した。この点で、日本でもよく知られたドイツ・フランス間、ドイツ・ポーランド間の歴史教科書対話や共通教科書編纂が先進的で模範的な事例であることは贅言を要しない。そのことは、『ドイツ・フランス共通歴史教科書』の日本語訳に添えられた「監訳者あとがき」が、「和解と協調への揺るぎない姿勢を讃えつつ」(8)と題されているところによく現れている。他方、東アジアのような鋭い緊張をはらんだ地域でも、対話と討議の試みが多様な次元で取り組まれてきた。だが、範型視されがちのドイツと周辺諸国による経験と比して困難が目立つことは否めず(9)、日独比較の試み自体が軋轢をより感情的なものにしている。日本国外務省は、「歴史問題」をめぐる「Q&A」のなかで「両国の取組みを単純に比較して評価することは適当ではありません」と明言し、各方面でなされた日独比較に基づく批判を拒否する姿勢を示している(10)。政治学者による歴史家への期待にもかかわらず、それがいかにも容易でないことを東アジアの経験は教えている。

ところが、そうした困難は東アジアに限定的ではなく、ヨーロッパでも広く見られるというのが筆者の観察である。第二次世界大戦と社会主義化による熾烈な体験をくぐり抜けてきた中東欧・バルト諸国とロシアとのあいだでそのことは顕著である。国家的な後ろ盾を受けて設立された二国間歴史委員会が、対話と和解どころか対立のアリーナと化して頓挫した例もある。バルト諸国とロシアとの対立の構図は別著で詳述したので、本稿ではロシアが周辺諸国と組織した二国間歴史対話の成果と顚末について紹介し、過去を共有する至難を確認するとともに、それでもなお持続すべき過去への向き合い方を考えてみたい。

一　中東欧・ロシアにおける歴史をめぐる紛争の構図

歴史・記憶の政治化と歴史委員会

ヒトラーのドイツとスターリンのソ連による苛烈な経験を強いられ、いまもその記憶を生々しくとどめる中東欧・バルト諸国では、一九八〇年代の独立や民主化を求める運動のなかにすでに記憶の復権と歴史の見直しを求める契機が埋め込まれていた。一九四〇年にソ連に占領／併合されて独立を失ったバルト諸国では、独ソ間の勢力圏分割を約した独ソ不可侵条約附属秘密議定書の存在とその違法性を認めさせることが運動上の最重要課題だったが、これは独立回復が過去の不正義の是正であったことをよく示している。そして実際、社会主義体制からの離脱や独立が実現するとたちまち、どの国でも歴史と記憶の改変が大規模に進められた。旧体制を象徴する銅像の破壊、碑銘の付け替え、地名の改称はもとより、旧秘密警察文書の暴露、体制犯罪に手を染めた者の公職追放や処罰、犠牲者の解明や名誉回復と慰霊、被害者や遺族への賠償など、「移行期正義」の過程そのものが過去を「正常化」する実践だった。むろん、学校教育用の歴史教材の書き換えも最重要の課題であった。

中東欧・バルト諸国で安定化が進んで欧州連合加盟が現実味を帯びる一方、国際刑事裁判所設立などにより戦争犯罪や人道犯罪への国際的訴追の機運が強まった一九九〇年代末には新たな局面が生まれた。自国民による対独協力《コラボ》も含めて、ナチズムと共産主義による犯罪を糾明・検証する歴史委員会やそれに類する国家機関が相次いで設立され、歴史と記憶をめぐる政治の高次化が進んだのである。(11) 実際に取り組まれた事業は国ごとに異なるとはいえ、隠蔽されてきた文書史料の発掘・整理・保管・公開、告発証言の収集、史実の確定と報告書の刊行、博物館展示や図書、映像資料による人びとへの啓発、学校生徒向け歴史教材開発と教員研修など、共通して取り組むべき課題は多様に存在した。そうしたなかでポーランド国民記憶院は、過去の体制犯罪に関与した者の訴追を行う検察機能を備えた点で異例だった。また、ドイツ占領下からソ連赤軍の手で「解放」された国々と、枢軸側で参戦した国々との違いを考えればすぐに了解されるとおり、歴史・記憶政治の方向性や力点の置き方は各国のたどった経路の違いによりまちまちだったし、達成されるべき目的や思惑にも相当の差異があった。体制転換後の旧共産党勢力の影響力の有無、諸政治勢力間の力関係、ロシアとの二国間関係も有力な制約要因だった。ソ連とロシアの国家継承関係を主張するバルト諸国が、ソ連による犯罪への謝罪と賠償をロシアに要求する強硬な姿勢を示したのにたいして、問題は共産主義体制による抑圧だとして対ロシア関係に配慮した例もある。対ナチ協力問題も厄介だった。(12) ホロコースト責任を厳しく問い糾す国際圧力の強いヨーロッパの文脈では避け難いとはいえ、旧体制犯罪を糾明しつつみずからの対ナチ協力を清算するという二重化された課題に向き合うことは、心情的に処理しにくい葛藤へと人びとを追い込むからである。この点の処理の仕方も国ごとに温度差があるが、総じて共産主義体制告発を第一義としつつ、ホロコースト責任を問う外圧をある程度は受けいれながら、両者を「二つの全体主義」の図式にまとめて自国の犠牲者性を前景化させ、加害の問題ではそれぞれ異なるスタンスを取って各国の歴史・記憶政治は進められた。

ロシアにおける歴史と記憶の政治化はこれとは異なる経路で進展した。ゴルバチョフのペレストロイカはスターリン主義的過去を厳しく問い直す実践を伴ったが、(13) 連邦解体とともにロシアにおける歴史への関心は急速にしぼみ、エリツィン政権のもとでの歴史政治は総じて控えめだった。一九九五年の戦勝五〇周年も、「戦争の形象のなかで強調されたのは何よりも人びとの苦難であって、けっして国家の偉大さではなかった」(14) と指摘されている。だが、二〇〇〇年のプーチン大統領の就任後、とりわけ二〇〇五年の戦勝六〇周年を契機に様相は変わった。第二次世界大戦におけるソ連／ロシアの国際的貢献を前面に押し出し、身を挺して戦った赤軍兵士やソヴィエト市民の犠牲と栄光を讃えるだけではなく、ロシア帝国からソ連を経て現代につながるロシアの国家的伝統の偉大さを誇示する姿勢が打ち出されたのである。二〇〇八年に就任したメドヴェージェフ大統領は「ロシアの国益を損なう歴史歪曲の試みに対抗するロシア連邦大統領委員会」を設けて、バルト諸国などの批判に非妥協的な態度を明確にしたし、委員会廃止後は、ロシア歴史協会が実質上の後継組織としてより大規模な歴史政策の推進機関になった。(15) そうしたなかでは一貫して、ファシズムと軍国主義を打倒した大義が掲げられて、ヤルタとポツダムで確定された戦後秩序を否定する動き（とロシアが考えるもの）には激しい非難が加えられた。しかしその一方で、メドヴェージェフ大統領のもとでは、ポーランド大統領搭乗機墜落という不幸な偶然事も重なってカティン事件をめぐる両国間の歩み寄りがなされており[16]、ロシアが一貫して孤立的な動きをしていたわけではない。むしろロシアの政権は、機を見て敏に硬軟を使い分けたしたたかな歴史政策を展開してきたと見た方がよい。

言うまでもなく、中東欧諸国やロシアで構築された歴史像には鋭い対立の芽が多くはらまれており、過去の解釈が国家間の政治・外交上の深刻な争点に浮上した。一九四五年を「解放の年」とする西欧的歴史像と、ソ連による新たな「占領の年」とみなす中東欧のそれとの軋みは、欧州議会などを舞台に大戦終結六〇周年の迎え方をめぐる攻防につながった。独ソ戦における犠牲と栄光を国家アイデンティティの中核に据えるロシアと、「占領」と「ジェノサイド」をキーワードに、真っ向からこれに挑戦するポーランドやバルト諸国、ウクライナなどとの対立は熾烈で、ロシアからはこれら諸国を「ナチ親衛隊国家」ないし「ファシスト」呼ばわりする攻撃がしかけられた。紛争はロシアと他国とのあいだにのみ存在したわけではなく、中東欧諸国間にも難しい問題があった。戦間期のヴィリニュス領有／占領問題をめぐるポーランドとリトアニアの対立、「ヴォルイニ／ヴォウィンの虐殺」をめぐるウクライナとポーランドの軋轢、旧ユーゴスラヴィア諸国間の流血の亀裂など、いくつも例をあげることができる。国内外のユダヤ系住民と各国の多数派民族とのあいだの記憶の差異も大きく、対ナチ協力にとどまらない地域住民の反ユダヤ主義的行為や殺戮が問題化させられる場合もあった。ポーランドを揺るがせた「イェドヴァブネ」は端的な事例である[17]。スヴェトラーナ・アレクシエーヴィチはソ連末期の著書『最後の目撃者』（邦訳は『ボタン穴から見た戦争』）の冒頭で、「子供たちの運命は似ています。ロシアのスモレンスクと白ロシアの少年たち、ウクライナとリトアニアの少女たちの運命が。戦争は戦中世代共通の履歴です[18]」と述べて、戦争による犠牲の普遍性を語った。しかるにソ連という「普遍主義の帝国」のもとでこそ語りえた「共通の履歴」は、社会主義体制の崩壊とともにナショナルな個別主義に絡めとられ、それぞれがみずからの犠牲者性と英雄ぶりを競って対峙する複数の異なる記憶の渦に呑み込まれたかのようであった。

ロシアと二国間歴史委員会

こうした緊張関係からは意外なことに、中東欧・バルト諸国とロシアのあいだでは大統領間の合意などに基づく二国間歴史委員会が網の目のように組織されており、対話の試みと成果刊行の努力がなされてきた。筆者が確認できた範囲でも、次節で取り上げるポーランドやバルト諸国に加えて、ドイツ、オーストリア、ウクライナとのあいだで二国間委員会が設置された。日露間でも歴史家会議が組織され、成果の出版も行われた[19]。ロシア側で二国間委員会の母体となったのは国立人文大学、モスクワ国立国際関係大学（外務省管轄下）、ロシア科学アカデミー世界史研究所などで、特定機関に一元化されているわけではない。しかしいずれの場合も、国際関係大学学長として外務省中枢に陣取るアナトーリー・トルクノフや、ペレストロイカ期以来三〇年近く所長や学術顧問として世界史研究所に君臨するアレクサンドル・チュバリヤンが枢要な役割を果たしている[20]。二人の有力な歴史家をプーチン政権や「愛国」政治家に追随する単なる代弁者と見なすことはできないが、ともにナルィシキン総裁のもとでロシア歴史協会の「共同総裁」を務めており（チュバリヤンはメドヴェージェフ期の大統領委員会メンバーでもあった）、二国間歴史委員会が政権とも近しい学界の重鎮による統率のもとで推進されていることが推察される。

ロシアが取り組む二国間歴史委員会として早くに着意されたのは、露独関係現代史研究共同委員会である[21]。ソ連解体から間もない一九九四年五月にエリツィン大統領とコール首相とのあいだで発意され、九七年の両国外相間交換文書で正式発足した同委員会は、ロシア側はチュバリヤン、ドイツ側はミュンヘンの現代史研究所長ホルスト・メラーを共同議長として活動を開始し、現在まで四期二〇年にわたって安定的活動を行ってきた。当初重視されたのは二〇世紀史研究の促進を目的とした文書館公開だが、一九九九年九月にベルリンで第一回コロキウム「第二次世界大戦への道」が開催された後、ほぼ年一回の頻度で専門家会合が開かれてきた。そこで行われた研究報告の多くが『報告書』(既刊八巻)として出版されたのに加えて、委員会の助成を受けた出版も五〇点ほどを数えた。二〇一四年からは、『ドイツ―ロシア』と題して一八世紀以降を扱う高等教育用共通歴史教材(全三巻)の刊行も始まった。その序言には、「過去の偏見と過ち」を糺し、両国社会の間の堅固な協力関係をうちたてるための「共通教材開発という困難な課題」の重要性が語られている。[22] また、同委員会で初期に取り組まれた捕虜収容所における赤軍兵士虐待問題(諸説あるが、捕虜総数は五〇〇万以上で、半数以上が人為的飢餓などで死亡したとされる)に関しては、謝罪と補償による「過去の克服」というイメージからは遅ればせながら、二〇一五年五月にドイツによる補償の対象とされた。[23] もとより委員会の活動が政治的決定に直結したわけではないが、それにもかかわらず露独二国間委員会は大きな成果を生んでおり、独仏間の「和解と協調への揺るぎない姿勢」を讃えるのであれば、独露間の努力もひとしく関心と敬意が払われるべきであろう。独露間の共通教材編纂と並走して、ドイツ・ポーランド間の共通教科書『ヨーロッパ――私たちの歴史』[24] の刊行が始まり、他方でロシア・ポーランド間の中等学校歴史教員用共通指導書[25]の作成が進んだことにも留意しておきたい。そこに示された連鎖と共時性こそが、今後検討されるべき論点である。

これと対照的なのがロシア・ウクライナ共同歴史家委員会である。設置自体は二〇〇六年以前にさかのぼるが、二〇〇八年二月にプーチン大統領とユーシチェンコ大統領のあいだで「ロシアとウクライナの歴史とロシア・ウクライナ関係のもっとも喫緊の問題を研究[26]」するために委員会の定期会合を行うことが合意された。ユーシチェンコは、ウクライナ史の「国民化」をめざす歴史政策を展開したことで知られており、[27] 一九三〇年代初頭の「ホロドモール(大飢餓)」による犠牲を「ウクライナ人へのジェノサイド」として喧伝するようになったのもその在任中である。

ロシア・ウクライナ共同歴史家委員会については、ロシアの世界史研究所とウクライナ科学アカデミー歴史学研究所を母体に、それぞれの所長であるチュバリヤンとヴァァレリー・スモリー(一九九〇年代末にウクライナ副首相）が共同議長を務めた以上の情報は乏しい。報道などからは、共同教科書編纂企画とあわせて教師用参考書が刊行されたこともうかがえるが、実相はよくわからない(28)。結局は、さしたる成果を得られぬままウクライナ危機のなかで活動停止に追い込まれたようだ。ところが二〇一六年に突然、ロシア側のみが執筆した概説的通史が刊行された(29)。両国は、古代の国家起源をめぐる不毛な争いに始まり、大飢餓や大戦下の民族主義運動にいたるまで係争問題を多く抱えている。それにもかかわらず、一方的に共同歴史家委員会の名で通史的書物が刊行されたことはいかにも不可解である。同書の刊行記念式典でチュバリヤンは委員会の活動再開への期待を表明したが、決定的に対立したはずの両国関係にもかかわらず、水面下でいかなる動きがあるのかはよく分からない。

以上二つの事例の対比からは、ロシアの取り組む二国間歴史対話のはらむ一筋縄ではいかない難しさが示唆されている。国策的に設置された二国間歴史委員会は、期待されたような和解を促進する役割を果たしうるものなのか、そうだとしていかなる条件の下で二国間対話は生産的なものとなるのか、逆に二国間対話を隘路へと導くものは何か、以下ではこれらの問いを念頭に、ポーランドとバルト諸国の事例を紹介する。

二　ポーランド

ポーランド――「複雑な問題」とパラレル・ヒストリー

ロシアとポーランドとの歴史対話の成果として編まれた『白斑黒斑――ロシア・ポーランド関係における困難な問題』の序言はこう書き出されている。

時は過ぎ行き、人も変われば、国も変わり、国内問題や隣人との関係づくりを導く価値体系も変わった。ヨーロッパの東西分断の克服に帰着した大変革の始まりから二〇年を経てロシアとポーランドは、両国間関係から虚偽を取り除くことを目的に、共同の努力に着手した(30)。

続けて序言は、同書刊行にいたる経緯をたどったうえで、「二〇年前には想像もできなかったことが進行している。私たちの眼前では、新しい社会意識が形成されており、翻ってそれがロシア・ポーランド関係における新たな政治的現実を決定している(31)」と述べた。多くの不幸な記憶に彩られた過去の真実の解明と未来志向の関係構築が謳われたわけである。

同書を編纂した「困難な問題に関するロシア・ポーランド・グループ」(以下、「グループ」と記す)は、二〇〇二年、両国首脳間の政治的合意により、ともに外務省管轄下のモスクワ国立国際関係大学とポーランド国際問題研究所を窓口に設立された(32)。だが、二〇〇五年に始動したグループはたちまち膠着状態に陥った。ウクライナのオレンジ革命やポーランドへのミサイル配備計画などで両国間関係が冷え込んだことが理由だろう。潮目は二〇〇七年末に変わった。メンバーを一新して、翌年二月には共同議長による予備協議を開いて正常化をはかり、六月と一〇月に全体会議を開いて事業を進める手はずが整えられた。好転した背景には、ポーランドのトゥスク新政権のもとで二国間関係改善のきざしが見られたのに加えて、ヨーロッパ全体で歴史が政治的議題として浮上していたことがあった。ほぼ同時期にロシアはウクライナとの二国間委員会も動かしており、この時期に近隣国との関係調整を図っていたことがうかがえる。むろんこれを素朴に、全般的な緊張緩和をめざすものと捉えるのには無理がある。当時ロシアはバルト諸国と激しい歴史記憶紛争の渦中にあり、二〇〇八年八月にはグルジア(ジョージア)との武力衝突も勃発した。対近隣諸国関係においてロシアの政権は、硬軟取り混ぜたしたたかなアプローチを採用していたと考えるほうがよい。

グループには、歴史家や政治学者だけでなく政治家や外交官も参加した。ロシア側共同議長のトルクノフは国際関係大学長として外交政策に関与しており、ポーランドのロトフェルトは二〇〇五年に外務大臣を務めていた。

ミュンヘン会談・独ソ不可侵条約・カティンの森

外交的性格を帯びて組織されていたことがわかるが、期待された役割はあくまで「相互関係を阻害し困難なものにしている過去の問題の解決を促進すること」[33]であった。扱うべき「過去の問題」は、両国間歴史紛争の象徴である「カティンの森」、一九二〇年のソヴィエト・ポーランド戦争、第二次世界大戦開戦の経緯、戦後の世界構造など多岐にわたる。とりわけカティンが重視されていたことがさまざまの記録からうかがえる。活動内容では、具体的な歴史問題の検討と出版事業に加えてセミナーによる成果公開、ロシア正教会とポーランドカトリック教会など宗教者の対話、政府高官との意見交換もあり、政治的位置づけの高さが目立っている。両国にロシア・ポーランド対話合意センター[34]も設置され、青年交流や啓蒙事業が取り組まれた。

グループからは数冊の書物がロシア語とポーランド語で出版された。上で触れた『白斑黒斑』と、前年の『一九三九年の国際危機――ロシアとポーランドの歴史家の解釈』[35]などである。前者は、共同議長が編者を務めた公式出版物で、ロシア革命から直近まで時系列に即した章を設定して両国間の「困難な問題」を扱っている。後者は、国際関係大学と国際問題研究所から刊行されたもので、第二次世界大戦の始まった一九三九年の国際情勢に焦点化して、英仏独ソ四カ国の対外政策とポーランドの直面した状況を論じたものである。いずれもパラレル・ヒストリーの手法を採用し、共通して設定された時期区分や個別論題について両国の研究者がそれぞれ自国の通説ないし標準的理解を考慮して執筆している。「困難な問題」に関する新知見の提示や責任追及は目指されておらず、あくまで両国の研究の「財産目録の作成と体系化」[36]が目標であった。パラレル・ヒストリーは一般に、共有された対象について評価の一致を得られない場合に、対立しあう認識を並列して共通点と差異を確認する手法であるが[37]、あえて見解の一致を求めない方法的態度がロシア・ポーランド間でも貫かれていた。編者は作業を通じて「実際の矛盾や意見の不一致はそれほど多くない」[38]ことを強調したが、むろん相違点も多かった。

議論と評価が異なった例として、一九三八年のミュンヘン会談から翌年の独ソ不可侵条約締結にいたる経緯をあげることができる。

『白斑黒斑』に示されたロシア側の主張によれば、ミュンヘン会談で頂点にたっした英仏両国の対独宥和政策は、「侵略者をそそのかして、西側の抵抗をうけずにヴェルサイユ体制破壊という目標達成を可能にした」。他方、孤立をおそれたソ連は、英仏との同盟関係構築を目指しながらもドイツの脅威を過小評価し、英仏との合理的妥協の用意を欠いたためにこれに失敗した。こうした複雑な国際関係の展開のなかで選び取られたのが独ソ不可侵条約であった。ミュンヘン会談以降の国際環境の複雑な展開が独ソ不可侵条約に帰結したとする、因果的で状況論的な説明である。しかも条約締結は「スターリンにとって戦術的には成功でも戦略的には誤算」であった。[39]

これに対してポーランドのデンプスキは『白斑黒斑』では、ミュンヘン会談による四大国寡頭支配体制に抗して自律的な地位の確保をめざしたポーランドが、チェコスロヴァキアへの最後通牒と対独傾斜に走ることでヒトラーにとって有利な状況を作り出してしまい、みずから袋小路に陥ったと指摘した。[40] 他方、『一九三九年の国際危機』では、ミュンヘン協定が「ヨーロッパの平和を救うこと」を意図したのにたいして、独ソ不可侵条約は「ヒトラーがポーランドを攻撃する妨げとなる障碍を取り除くソ連の努力の頂点」であり、「幾百万、幾千万もの犠牲者を出して数十年間にわたってヨーロッパの発展を押しとどめた戦争へと行き着くこと」[41]が基本目標だったと述べた。両者は本質的に異なるものであり、ミュンヘンと独ソ不可侵条約を連続的に捉えることは不適切だというのである。

ミュンヘンの宥和政策の評価は、直後にこれを指弾したチャーチル演説以来の正統的解釈からテイラーによる合理化論を経て、今日まで論争的であり続けているし、最近の日本の研究でも理解に幅がある。[42] 他方、独ソ不可侵条約と附属秘密議定書は、バルト諸国やポーランドでは「占領」の起点に位置づけられ、スターリンの野心と暴力性の象徴として自明視されているが、ロシアの学界の評価は大きく割れている。その意味では、二国間歴史対話における評価の食い違いは自然なことであり、歴史学的な検討の深化がもっとも要請される論点だといえる。だが、これらは両国の政治の場面で道具的に濫用される傾向にあり、学問上の評価の差異と政治的対立とのあいだには微妙な力学が作動している。両書における二国間の主張の違いが、ロシアの学界における争点と重なっている点も無視できない。

もう一点、グループのなかで特に慎重な扱いを受けたカティン事件はどうか。

ロシア側で「カティン」を論じたナターリヤ・レーベヂェヴァは、いち早く一九七〇年時点で事件に着目したロシア科学アカデミー世界史研究所の研究者である。本人の言によれば、当時、彼女はニュルンベルク国際軍事法廷などの史料調査に取り組んでおり、その過程でカティンの史料に行き当たった。もとより当時の体制下では秘匿する以外の選択肢はなかったが、ペレストロイカで状況が改善するや急速かつ本格的に取り組むようになった。その経緯は、一九九四年の著書『カティン――人道に対する罪』の序言に披瀝されている(43)。

『白斑黒斑』におけるレーベヂェヴァの記述は、限られた紙幅に多大の情報を凝縮させた高密度のものであり、史料に基づきながら自身の視点を旗幟鮮明にした点できわめて大胆でもある。たとえば、コミンテルン議長ディミトロフとの会談の場でスターリンは、ドイツによる侵攻直後にポーランドをファシスト国家と規定して、その消滅を歓迎するかのような発言を行ったが、彼女はこれをカティン事件に至る根底の態度を示すものとして冒頭に提示する。さらに、ドイツに続くソ連によるポーランド侵攻と捕虜収容所建設、政治局会議による射殺決定過程と背景、連合国側の対応、隠蔽工作と表象操作、さらに体制転換後のロシアにおける犯罪追及とそれが挫折させられる過程を、緻密・克明かつ大胆に書き連ねており、その筆致に自国を弁護する趣はない。末尾に示された次の言葉は、それだけにひときわ胸を打つ。

他者の痛みをわがこととして感じ、将来、悲劇が繰り返されるのを許さぬ決意に満たされることこそが、カティンの分水線に橋をかける唯一の方法である。いずれの側からであれ、この橋が崩されるのを許さないこともたいへん重要だろう。[44]

他方、ポーランド側の執筆者アンジェイ・プシェヴォジニクは、二〇一〇年春にカチンスキ大統領のカティン訪問に随行し、搭乗機墜落事故で落命した一人である。執筆当時は闘争受難記憶保存評議会会長を務めており、ポーランドの歴史記憶政治の中枢に身をおいていた。『白斑黒斑』中の彼の執筆箇所[45]は、史実の確定よりカティンの記憶をめぐる推移と攻防の提示に課題があり、レーベヂェヴァと齟齬をきたす余地はなかった。むしろプシェヴォジニクが彼女の研究に肯定的に言及したのが印象的である。

グループは『白斑黒斑』の刊行後も活動を継続し、二〇一三／一四年にはリーガ講和条約(一九二一年)に関する論集が刊行された。[46]二〇一三年六月に行われた総会のコミュニケでも、第一次世界大戦開戦一〇〇周年、ワルシャワ蜂起・アウシュヴィッツ解放・第二次世界大戦終結七〇周年と記念日が目白押しであることから、具体的な計画が検討されていた。若干の懸案事項もあったが、前向きの姿勢が維持されていたことは間違いない。[47]だが、ウクライナをめぐる情勢の緊迫化のために二〇一三年一一月の会議を最後に活動は中断し、翌年六月にルブリンで予定された会議は頓挫した。軍事的緊張の前に歴史対話は吹き飛ばされたかのようであった。ところが、最近になって突然新たな動きが生じた。二〇一七年三月にポーランド外務省がメンバーを一新して対話の再開を申し入れたのである。[48]とはいえ、内外で物議を醸した右翼ナショナリストの「法と公正」党政権による唐突な呼びかけは疑念を呼んでいて、再開の可能性は小さそうである。[49]こうした展開は、「お手軽な」政治的道具として弄ばれがちの二国間歴史委員会の危うさをはしなくも示している。

三　バルト諸国

リトアニア

ロシア・リトアニア歴史家委員会は二〇〇六年二月に発足した。政府間合意の主体は両国の教育科学省だが、メンバーの多くはロシア科学アカデミー世界史研究所とリトアニア歴史学研究所に属しており(50)、ロシア側はまたもやチュバリヤン、リトアニア側は歴史学研究所長のニクジェンタイティスが共同議長を務めた(51)。年次ごとの会合が主たる活動で、同年一二月の第一回会合では両国間関係をめぐる諸問題、翌年一一月の第二回会合では歴史教科書問題に加えて、「ロシア・リトアニア関係における歴史記憶の諸問題」と銘打つセッションが行われた。これ以降は記録が見あたらない。

波乱を呼んだのは、第二回会合の記憶セッションである。その場でニクジェンタイティスは、「国家間関係の対象としての中東欧諸国の文化的記憶」と題して、「占領」の文化的記憶とその分裂について報告した。ちょうど渦中にあったエストニアの「ブロンズの兵士」像移転にも言及して、バルト諸民族にとっての「占領のシンボル」がロシア人にとっては「解放のシンボル」であるという、集合的記憶の二重性と対立を指摘したのである。この発言は場に配慮して抑制的とはいえ、いち早く一九九〇年代前半に「EU・NATO《ユーロ・アトランティク》路線」の枠内でヴィリニュス問題などポーランドとの摩擦を収束させ(52)、ロシアに標的を絞って「占領」と「ジェノサイド」の責任を追及するリトアニアの歴史政策の枠内にあった。執拗な「占領」言説が挑発的とロシア側に映ったとしても不思議ではない。周到に準備したものなのか即興で発したのかはわからないが、「歴史記憶と政治」と題する報告のなかでチュバリヤンは、歴史記憶の政治利用による国家間関係の悪化に言及して、露骨にポスト・コロニアルな言辞を弄した。曰く、イギリス帝国から独立した旧植民地諸国では、植民地時代の統制と差別にもかかわらず「反イギリス症候群」はみられない。シパーヒー反乱（インド大反乱）への残虐な鎮圧はあれども、インド人はオックス・ブリッジの恩恵に好意的だ。こうした態度は「ロシアについても考慮されるべき」だ、と。さらにこうも言ってのけた。

私たちは体制としてのスターリニズムとスターリン的抑圧を明確に糾弾します。しかし私たちは、今後一世紀もずっと懺悔すべき人間の立場に留まってはいられません。[53]

ソ連のバルト諸国統治を植民地主義の図式で捉えうるかどうかは興味深い論点だが[54]、チュバリヤンは、植民地近代化論のレトリックと歴史「責任」への否定的言及によって、バルト諸国の基本的立場に尊大な反撃を試みたのである。これは考慮するに値する点である。近代化の恩恵に言及して植民地支配を合理化し、責任回避どころか貢献を誇示する姿勢は、日本を含む旧植民地宗主国の方々で確認されるからである。

ところで、世界史研究所とリトアニア歴史学研究所は、二国間歴史委員会発足に先だって第二次世界大戦期に関する史料編纂の共同事業に着手しており、委員会発足にあわせて二〇〇六年に『第二次世界大戦期のソ連邦とリトアニア』第一巻を刊行した[55]。ロシア語による出版にもかかわらず出版地はヴィリニュスのみで、二言語で並行出版を試みた『白斑黒斑』とは対照的である[56]。

ロシア側で史料集編纂の中心的役割を担ったのは先出のレーベヂェヴァである。第一巻は、彼女が執筆した巻頭論文に続けて、ソ連によるリトアニア併合にいたる一年半の政治・外交文書を二五七点収めている。ほとんどが未公刊史料で、ロシア語文書は原文のみ、リトアニア語文書は原文とロシア語訳を収載し、それぞれ解説が付けられている。掲載史料の最初は「クライペダ（メーメル）占領によせて」と題したリトアニア駐在ソ連臨時代理大使による外相リトヴィーノフ宛報告文書（一九三九年四月三日付）であり、最後は、ソ連編入に伴う在リトアニア大使館・領事館の活動停止についての電信(一九四〇年八月三日付)である。リトアニアによるクライペダ領有の正当性はそれ自体が検討を要する難しい課題だが、それを脇に置くならば、リトアニア国家がドイツとソ連に侵食され消滅させられる起点と終点を取り上げた点で印象深い構成である。ドイツのクライペダ占領に始まり、英仏ソ三国間の同盟交渉の破綻、独ソ不可侵条約と附属秘密議定書の締結、独ソ両国によるポーランド侵攻、バルト諸国とソ連との友好条約の締結、ソ連＝フィランド間の冬戦争、軍事的威嚇下のバルト諸国の政変、ソ連によるバルト諸国併合と、わずか一年半のこの短い期間は、リトアニア史にとって文字通り息詰る激動の時期であった。

ところで、レーベヂェヴァの手になる巻頭論文は、(57)両国の政治・外交・軍事的展開について関連諸国の動向も交えて、史料と対応させて時系列的に解説する手法で書かれていた。ドイツと隣接するがゆえに英仏ソ三カ国による保障供与を必要としたリトアニア固有の立場、一九三九年九月のポーランド「分割」後のヴィリニュス地域のリトアニアへの譲渡をめぐる顚末、リトアニアに収監中のポーランド人捕虜のソ連への引き渡し(大半は「カティン」に際して殺害されたという)など、興味深い事実が列挙されていた。また、独ソ不可侵条約を対独・対日二方面戦争を回避するための時間稼ぎだったとする合理化論について、レーベヂェヴァは史料的根拠がないとしてこれを退けるとともに、附属秘密議定書の提案者をめぐる未決着の問題もソ連側と断定するなど、きわめて大胆な議論を展開した。末尾の断り書きからは史料調査への徹底した姿勢が看取された。

専門家のなかには、端緒的とはいえ今後の議論を深めるための「本質的な貢献」として史料集の刊行を歓迎する向きがみられた。(58)だが両国世論の受け止めは芳しくなく、とりわけロシアで厳しい反応に迎えられたという。リトアニア側の批判は、一九四〇年八月三日までリトアニア国家が活動しえたかのような時期区分が、これに先行する「親ソヴィエト政権」や「人民議会選挙」の合法性を認めないリトアニアの原則的立場に反するとして、関係者の責任を追及するものであった。(59)他方ロシア側では、巻頭論文が一九三九年九月一七日の赤軍によるポーランド進攻(これにはヴィリニュス地区などポーランド「占領下」のリトアニア領への進攻という含意がある)を「侵略行為」と規定し(三一頁)、さらに翌年六月一五日から一六日にかけて赤軍がリトアニアに侵攻した事実をもって「リトアニアその他のバルト諸国のソ連による占領とその後の併合の過程の始まり」(五四頁)としたことがおおいに物議を醸した。レーベチェヴァは、バルト諸国の「占領理論」にお墨付きを与えたとの批判にとどまらず、ポーランドやリトアニアの資金を得て反ロシア宣伝に与したとの中傷さえ浴びせられたのである。[60]しかし、少数ながらロシアの歴史学界には、一九九一年まで軍事占領が継続したとみなすバルト諸国の主張を国際法上の「占領」概念の拡大解釈として退けながらも、一九四〇年六月の軍事的威嚇のもとでの政府の転覆から併合に至る過程を「軍事占領」と認める批判的潮流がある。[61]「占領とその後の併合」に言及した巻頭論文は、基本的にその流れに棹さしたもので、中傷にはいわれがない。だが、ソ連によるバルト諸国併合の説明に際して「占領」概念を用いることは、チュバリヤンら主流派の主張とも相容れなかった。そうした混乱が影響したのか、一九四〇年八月から四五年九月までを扱う第二巻の刊行は六年後までずれこみ、リトアニア側が執筆した第二巻巻頭論文では、「占領」の語は用心深く避けられた。[62]その一方で、外部からの激烈な攻撃にもかかわらず、チュバリヤンがレーベチェヴァを編者から更迭することはなかった。彼女が『白斑黒斑』で「カティン」を論じたのもこの騒動以降のことである。

ラトヴィア

ロシアとラトヴィアとの共同歴史家委員会は、二〇一〇年一二月二〇日にロシア大統領メドヴェージェフとラトヴィア大統領ザトレルスが会談した際の合意によって設置が決まり、[63]翌年一一月に第一回の会合が開催された。一九九〇年代後半以降、何度か共同歴史家委員会設置の合意がなされたもののいずれも頓挫し、やっと発足にこぎつけたのである。[64]ロシア語系住民処遇問題などで両国間関係はしばしば緊張しており、そうしたことがラトヴィアとの対話が遅れた背景にはあろう。委員会の共同議長は、ロシア側がチュバリヤン、ラトヴィア側はラトヴィア大学教授のイネシス・フェルドマニスが務めた。両者の合意した活動目的として掲げられたのは、「両国の歴史と二国間関係上の十分に研究されておらず論争的な問題を広く国際的な文脈で学問的に明らかにするために、ラトヴィアとロシアの二〇世紀史研究を深めること」(65)であった。

もとより委員会の設置は、両国間の友好関係の深まりによるものなどとは見なせない。ラトヴィアはバルト諸国中でもっとも激しく、時には挑発的と映るほどにロシアとの歴史認識紛争を展開しており、この時期は特に、ソ連のパルチザン「英雄」であるヴァシリー・コーノノフを戦犯として訴追した裁判をめぐって、欧州人権裁判所を舞台とした角逐の最終局面だった(66)。ロシアは前年に歴史歪曲対抗大統領委員会を設置したばかりで、前任のヴィチェ゠フレイベルガ大統領以来、反ロシア的な歴史記憶キャンペーンを繰り広げるラトヴィアは主たる「対抗」相手に他ならなかったであろう。委員会発足にあたって両国間に和解への意思が存在したとはとうてい思えず、ラトヴィア側の真意はロシアの文書館にある未公開史料を自由に利用するルートを確保すること、ロシア側もメドヴェージェフ政権による硬軟取り混ぜた歴史政策の一環として位置づけられた可能性が濃厚である。

二〇一一年六月に開催された共同議長による予備会談以降、両国間の具体的活動や合意を伝えるコミュニケなどは正式には公表されていない(67)。ロシア側報道からは、委員の人選とりわけ「占領」容認派が含まれているかどうか、議題をめぐる両国間の対立と譲歩、「占領」史観の扱い、対ロシア賠償請求問題との関連、ラトヴィア人の対ナチ協力などに関心が向けられていることがうかがえる(68)。他方、第一回会合後に政府機関紙に掲載されたチュバリヤンのインタヴューからは、ロシア側が広範かつ長いスパンの検討課題を提示したのにたいし、ラトヴィア側は二〇世紀政治史に限定することを要求し、ロシアが譲歩したと語られている。同時に掲載されたフェルドマニスの発言は、ラトヴィアにとって占領の史実はすでに確定されたもので議論の余地はなく、関心があるのは文書館へのアクセスのみだと明言するものだった(69)。これら一連の報道からは生産的な討議が困難だったことが推察されるとはいえ、委員会における議論と合意の実相そのものは定かではない。ロシアのプロパガンディストは、共同歴史家委員会が「「ソヴィエトの占領」と「ラトヴィアの自由のための闘士としての武装親衛隊員」という公式イデオロギーの決まり文句を言い募る広場」(70)になりはてていると攻撃したが、額面通りに受け取ることはできないにせよ、「占領」を争点とした水掛け論に陥り議論が紛糾した可能性は高い。いずれにせよ、ポーランドやリトアニアの場合のような具体的成果につながる動きは乏しいまま、ウクライナ危機後の二〇一四年九月に対ロシア制裁の一環として委員会は解散された(71)。その後ロシアとバルト諸国のメディア上では、ラトヴィア側が要求した文書館史料を二〇一五年にチュバリヤンが手渡したことがスキャンダラスに報じられる一方、委員会再開への動きが進んでいるかのような憶測情報も飛び交っている。真偽の程を確認するすべもないが、いかにも不可解な状況が続いていると言わなければならない。

エストニア

ロシア側からの呼びかけにもかかわらず、二国間歴史委員会の設立を断ったのはエストニアである。筆者がエストニア・タルト大学の現代史家で、本書にも寄稿しているオラフ・メルテルスマンから直接聞かされた話では、ロシアからの二国間歴史委員会発足の打診についてイルヴェス大統領(当時)から相談を受けた彼は、必要なしと助言したとのことである。判断の根拠についてはメルテルスマン自身が文芸新聞『シルプ』紙上で語っている(72)。それによれば、両国の熟達した歴史家による研究成果は国境を超えて共通に高く評価されており、そこに示された現代史をめぐる事実認識に大きなズレがあるわけではない。したがって国家的なミッションと後ろ盾を与えられた委員会をわざわざ設立するよりも、さまざまの研究機関や研究者のあいだで現に取り組まれている共同研究プロジェクトを支援するほうがはるかに有益だ、というのである。実際、エストニアの良質な研究成果がロシア語に翻訳され、逆にロシア人研究者によるスターリン期のバルト諸国統治に関する研究がエストニア語に翻訳されるというように、両国の研究者間に良好な関係の存在する場合があることは間違いない。専門家による史実の確定と叙述を、政治的・外交的に対立する国家間で公式に組織された場に持ち込むことを避けようとするメルテルスマンの判断は、そうした事実を前提として理解すべきものだろう。

おわりに

これら一連の二国間歴史委員会の顚末からは実にさまざまの示唆を得ることができる。

ドイツとの委員会がもっとも安定的な成果を生み、ラトヴィアや政変後のウクライナとの委員会が困難をきわめたことからは、早々に対立を収束させたリトアニアとポーランドの間の経験ともども、安定的関係の構築と維持に理と利を見出す政治的意思とそれに基づく戦略的思考のもとでこそ対話が促進されるのであって、その逆ではないことがうかがわれる。和解への決意こそが対話を実りあるものにするという、実にわかりやすい道理である。個別の争点はあるにせよ、「過去の克服」を掲げてきたドイツ側に独ソ戦の基本的な構図や性格について争う必要がなかったことも決定的だろう。逆にそのような政治的意思と前提的な合意がないもとでは、二国間歴史委員会は安あがりの政治的道具として弄ばれがちだ。ラトヴィアとの委員会では当初からそうした傾向が見られたが、ウクライナ危機後の各国の存廃や再開をめぐる不可解な動きがそのことをよく示している。国家間の政治合意で設置された以上、このことは不可避の与件である。

委員会の場での対話についていえば、参加する歴史家の立場や態度、当該国・社会における歴史学の役割や性格(自国のナショナリズムに意識的に距離を取る文化が成立している例がある一方で、そうでない例ももちろんある)、あるいは選ばれる主題によって、対立が顕在化・先鋭化させられる場合もあれば、相互の理解が深まる場合もあり、一律の評価はなしえない。だが、共同討議されるべき対象の選択自体が隠れた争点であることは留意しておいてよい。他方、「占領」という語の使用には異を呈しながらも、外からの中傷にもかかわらずレーベヂェヴァを起用し続けたチュバリヤンの老獪なふるまいからは、指導的な歴史家の度量が委員会の活動や成果の質を左右する場合のあることがうかがえる。この一件はさらに、二国間歴史委員会が歴史家の閉じたサークルで完結することを許されず、さまざまの政治的・社会的・イデオロギー的立場からの注視と攻撃に晒されていることを教えている。国家間の対立や齟齬を解消するための対話の場のはずが、その実、国内的な闘争の舞台としても機能させられるのである。しかも各国の内外で多重化された対立構図のもとでは、「占領」のような厳密な定義と解釈を要するはずの術語が、政治的シンボルとして争点化されることから、議論が純粋に学問的な次元から遊離しがちであることも教訓である。党派的利害や「国益」への癒着は論外として、歴史を書く行為自体が本来的にはらんだ政治性の自覚が促されているように思われる。

このように二国間歴史委員会は、冒頭で紹介した政治学者の期待に応えるにはあまりに多くの障碍に晒されている。委員会内部で一定の合意を見いだしても、それがより広い各国の政治的・社会的文脈に投企された瞬間に批判や攻撃の的となり、「政治的交渉のための新たな空間」の創造など思いもよらない状況もみられた。そうしたことに鑑みると、エストニアのように委員会設置自体を退ける選択も場合によってはあろう。しかし、歴史と記憶の政治化が定着した現状ではその判断も政治に委ねられており、歴史家自身が決定権をもつ場合はまれである。そうであれば、その場に選ばれた歴史家自身の専門職者としての矜持と見識は当然のこととして、国家間歴史対話を多少とも有意義なものにする／させるために何をなしうるのであろうか。最後にその点について簡単に触れてみたい。

ひとつは国家間合意により政治的に組織された二国間歴史委員会が歴史対話の唯一の回路となることを避け、これを包囲し相対化する多様な対話の場を組織することである。国家が歴史の占有者であってよいはずはないから、政治的制約を受けやすい二国間歴史委員会の脱中心化を試み、多元化された歴史の語りを許容する空間を構築するのである。実はそうした取り組みはすでに各地で多様に実践されている。東アジアに網の目のように繰り広げられてきた対話と共同の試みはいうまでもない。ロシアに関する一例を上げると、地政学的・軍事的に枢要なロシアの飛び地であるカリーニングラードの人文学系の研究者らは、ポーランドのトルン、ドイツのフランクフルト・アム・オーデルと結んで地域間の三者間対話《トリアローグ》ネットワークを設け、三言語による成果公刊を行ってきた(73)。全国レベルではまったく注目されないが、地政学的重要性ゆえに政治的に難しい位置にあるカリーニングラードで、地域に着目した対話への意思が育まれたことの意義は小さくない。

いま一つ重要なのは、過去の理解における評価の一致や和解を性急に求めるのではなく、認識のための共通の言語と概念体系の構築を重視することである。バルト諸国とロシアで対立の政治的シンボルと化した「占領」概念は、もはや学術用語として使用に耐えなくなっているが、対立を孕んだ二国間関係に焦点化する限り、両者の激突による隘路を脱するのは難しい。それを克服するにはいったん対象と距離を取って、史学史的な反省とともに自国史の置かれた文脈を解き明かす方法的視座をえて、ナショナルな語りから歴史を解き放つ可能性を探るしかない。本書の寄稿者であるイム・ジヒョンは、「犠牲者性《ヴィクティムフッド》ナショナリズム」の分析をつうじてナショナルな歴史の語りが世界規模で構造的に布置される構図を明らかにしてきたが、そうした試みを、国境を超えた歴史対話に位置づけることが、遠回りのようでも相互理解を促すものになりうるように思われる。

われわれは、歴史が政治化され紛争化させられる時代に生きている。そこで争われているのは、過去に仮託された現在に他ならない。そのようななかで歴史家たるものの役割は何なのか。二国間歴史委員会の経験の簡単な総括からは、そのことこそが問われているのだとの思いを禁じえない。

1 Jeffery K. Olick, *The Politics of Regret: On Collective Memory and Historical Responsibility*, Routledge, 2007; John Torpey ed., *Politics and the Past: On Repairing Historical Injustice*, Rowman & Littlefield Publishings, 2003.
2 Elazar Barkan, *The Guilt of Nations: Restitution and Negotiating Historical Injustices*, W. W. Norton & Company, 2000, pp. IX–X.
3 Elazar Barkan, AHR Forum Truth and Reconciliation in History, "Introduction: Historians and Historical Reconciliation", *American*

Historical Review, 114(4), 2009 October, p. 890.

4 Elazar Barkan, “Engaging History: Managing Conflict and Reconciliation”, *History Workshop Journal*, vol. 59, 2005, p. 230.

5 Jennifer Lind, *Sorry States: Apologies in International Politics*, Cornell University Press, 2008, pp. 3–4.

6 Ibid, pp. 195–196. リンドに対する批判としては以下を参照。Tessa Morris-Suzuki et al., *East Asia Beyond the History Wars: Confronting the Ghosts of Violence*, Routledge, 2013, pp. 10–11.

7 Eva-Clarita Pettai, “Historical Expert Commissions and their Politics”, Berber Bevernage & Nico Wouters eds., *Handbook State-Sponsored History*, Palgrave Macmillan, 2018, p. 694.

8 ペーター・ガイス、ギヨーム・ル・カントレック監修、福井憲彦・近藤孝弘監訳『ドイツ・フランス共通歴史教科書［近現代史］——ウィーン会議から一九四五年までのヨーロッパと世界』明石書店、二〇一六年、三八八頁。

9 木村幹『日韓歴史認識問題とは何か——歴史教科書・「慰安婦」・ポピュリズム』ミネルヴァ書房、二〇一四年、を参照。

10 http://www.mofa.go.jp/mofaj/area/taisen/qa/（二〇一七年五月一二日閲覧。以下同じ）

11 橋本伸也『記憶の政治——ヨーロッパの歴史認識紛争』岩波書店、二〇一六年。同編『せめぎあう中東欧・ロシアの歴史認識問題——ナチズムと社会主義の過去をめぐる葛藤』ミネルヴァ書房、二〇一七年。「《特集》中東欧、ロシアの歴史・記憶政治」『ロシア・ユーラシアの経済と社会』第一〇〇五号、二〇一六年。Lavinia Stan and Nadya Nedelsky eds., *Encyclopedia of Transitional Justice*, 3 vols., Cambridge University Press, 2013.

12 歴史委員会の創設はホロコースト関与をめぐるユダヤ人団体を含む諸外国からの外圧への対応の一環としてなされたとの指摘もある。Eva-Clarita Pettai, “Estonian International Commission for the Investigation of Crimes against Humanity”, Stan and Nedelsky eds., *Encyclopedia of Transitional Justice III*, pp. 117–121; Eva-Clarita Pettai, “Interactions between History and Memory: Historical Commissions and Reconciliation”, Siobhan Kattago ed., *The Ashgate Research Companion to Memory Studies*, Routledge, 2015, p. 247.

13 R・W・デイヴィス、富田武他訳『ペレストロイカと歴史像の転換』岩波書店、一九九〇年、を参照。

14 *Николай Копосов* Память строгого режима: История и политика России. M., 2011. C. 136.

15 大統領委員会とロシア歴史協会については前掲拙著『記憶の政治』一三二—一三五頁、および立石洋子「ロシア——ロシア歴史協会」、前掲『せめぎあう中東欧・ロシアの歴史認識問題』所収を参照。

16 岡野詩子「［研究ノート］カティンの森事件に関する公開文書から見る歴史認識共有への課題」『岡山大学社会文化科学研究科紀要』第三四号、二〇一二年、に関連文書の公開と引渡しの経緯が紹介されている。ただし大統領搭乗機の事故を陰謀とすみなす「法と公正」のキャンペーンにより、事態はさらに紛糾した。本書第5章などを参照のこと。

17 解良澄雄「ホロコーストと「普通の」ポーランド人――一九四一年七月イェドヴァブネ・ユダヤ人虐殺事件をめぐる現代ポーランドの論争」『現代史研究』第五七号、二〇一一年。

18 スヴェトラーナ・アレクシエーヴィチ、三浦みどり訳『ボタン穴から見た戦争――白ロシアの子供たちの証言』岩波現代文庫、二〇一六年、五頁（群像社版、二〇〇〇年）。アレクシエーヴィチは版を改めるたびに全編に手を加えており、最近の版のロシア語原著は、引用箇所を含む初版時の「はじめに」を削除しており、「共通の履歴」への視座は消し去られている。*Светлана Алексиевич* Последние свидетели: соло для детского голоса // Собрание произведений. М., Время, 2016.

19 五百旗頭真、A・V・トルクノフ他編『日ロ関係史――パラレル・ヒストリーの挑戦』東京大学出版会、二〇一五年。*А. В. Торкунова и М. Иокибэ* (общ. ред.) Российско-японские отношения в формате параллельной истории: коллективная монография. М., 2015. 日本側は「日露歴史家会議」という名称を採用しているが、ロシア側では「露日関係史上の複雑な問題に関する委員会」である。また、日本語版の同書中では曖昧だが、ロシア側では委員会設置は当時のナルィシキン大統領府長官訪日時に、平和条約及び領土問題に関する研究を目的として合意されたと報じられており、その政治性は明確である。Россия и Япония создали комиссию историков для изучения проблем мирного договора (5 июля 2011) (http://www.vesti.ru/doc.html? id=498629&cid=9)

20 チュバリヤンについては前掲立石「ロシア歴史協会」、一二三頁を参照。

21 http://www.deutsch-russische-geschichtskommission.de/kommission/aufgaben-und-ziele/?L=0; http://www.rossijsko-germanskaja-komissija-istorikov.ru/komissija/zadachi-i-celi/? L=1

22 Helmut Altrichter et al. (hrsg.), *Deutschland – Russland: Stationen gemeinsamer Geschichte, Orte der Erinnerung – Band 3, Das 20. Jahrhundert*, Oldenburg Verlag München, 2014 s.9–10; Россия-Германия: Вехи совместной истории в коллективной памяти. XX в. Т.3, XX век. М., 2015. С.9–10.

23 Germany to pay compensation to Soviet WW2 prisoners (May 20, 2015) (http://www.reuters.com/article/us-germany-russia-war-idUSKBN0O51PP20150520)

24 Der Gemeinsamen Deutsche-Polnische Schulbuchkommision (hrsg.), *Europa: Unsere Geschichte*, Eduversum GmbH, 2016-.

25 *Л.И. Горизонтов и В. Цабан* (отв. ред.) Россия и Польша: преодоление исторических стереотипов. Конец XX в. - начало XX в. Пособие для учителей. М., 2016.

26 План действий Россия – Украина до 2009 года (первоочередные мероприятия в двусторонних отношениях) 12 февраля 2008 (http://kremlin.ru/supplement/3857)

27 Gregory Kasianov, “The ‘Nationalization’ of History in Ukraine”, Alexei Miller and Maria Lipman eds., *The Convolution of Historical Politics*, CEU Press, 2012, p. 149.

28 http://igh.ru/news/9-dekabrya-2017-gazeta-poisk-izdanie-istorii-ukrainy?locale=ru

29 *И. Данилевский и др.*（ред.）История Украины. СПб., 2016.

30 *А. В. Торкунов и А. Д. Ротфельд*（общ. ред.）Белые пятна – Черная пятна: Сложные вопросы в российско-польских отношениях. М., 2010 С.5; Adam Daniel Rotfeld i Anatoliш W. Torkunow（red.）, *Białe Plamy – Czarne Plamy: Sprawy Trudne w Polsko-Rosyjskich Stosunkach 1918–2008*, Warazawa, 2010, s.11; Adam Daniel Rotfeld & Anatoly V. Torkunov eds., *White Spot Black Spot: Difficult Matters in Polish-Russian Relations, 1918–2008*, University of Pittsburgh Press, 2015, p. 1. 各言語で微妙に文意は異なっており、特に英語版は忠実な翻訳というより大意を伝える要約の性格が強い。以下では基本的にロシア語版に依拠する。

31 Белые пятна – Черная пятна. С.14.

32 Andrzei De Lazari, “Polish-Russian Difficult Matters”, *The Polish Quarterly of International Affairs*, No. 1, 2011 p. 73.

33 Белые пятна – Черная пятна. С.8.

34 http://www.rospolcentr.ru; http://www.cprdip.pl

35 *М. М. Наринский и С. Дембский*（общ. ред.）Международный кризис 1939 года: В трактовках Российских и Польских историков. М., 2009; Sławomir Dębski i Michaiła Narinski（red.）, *Kryzys 1939 Roku: W interpretacjach Polskich i Rosyjskich Historyków*, Warszawa, 2009.

36 Белые пятна – Черная пятна. С.7.

37 Elazar Barkan, “History on the Line: Managing Conflict and Reconciliation”, *History Workshop Jounal*, Issue 59, 2005, p. 235.

38 Белые пятна – Черная пятна. С.7.

39 Там же. С.161. 同様の評価は『一九三九年の国際危機』にもある。Международный кризис 1939 года. С.44.

40 Белые пятна – Черная пятна. С.175–181.

41 Международный кризис 1939 года. С.80.

42 木畑洋一『第二次世界大戦――現代世界への転換点』吉川弘文館、二〇〇一年、五五―五八頁。A・J・P・テイラー、吉田輝夫訳『第二次世界大戦の起源』講談社学術文庫、二〇一一年、とりわけその第六章。斎藤治子『リトヴィーノフ――ナチスに抗したソ連外交官』岩波書店、二〇一六年。小関隆「絶対平和主義と宥和政策――クリフォード・アレンの「建設的平和主義」」、志村真幸編『異端者たちのイギリス』共和国、二〇一六年、所収、などを参照。

43 *Наталья Лебедева* Катынь: Преступление против человечества. М., 1994. 同書はポーランド語版も出されている。レーベヂェヴァはロシア側でカティンの史料集を編纂するうえでも中核的役割をはたした。*Н.С. Лебедева*（отв. ред.）Катынь: Пленник необъявленной войны. М., 1997. *Н.С. Лебедева*（отв. ред.）Катынь: Март 1940 г. — сетеябрь 2000 г. Раастел. Судьбы живых. Эко Катыни Документы. М., 2001. ただし、その役割について異議を呈する研究者もいるという。塩川伸明「ワイダとカティン――覚書」、八頁の注33を参照のこと。（http://www7b.biglobe.ne.jp/~shiokawa/notes2013-/WajdaandKatyn.pdf）

44 Белые пятна – Черная пятна. С.310.

45 Там же. С.304–337.

46 Sławomir Dębski（red.）, Zapomniany pokój. Traktat ryski: Interpretacje i kontrowersje 90 lat później., Warszawa, 2013. *С. Дембский*Забытый мир. Рижский мирный договор 1921 г.: интерпретации и споры. М., 2014. ただし未見。

47 Заключительное коммюнике по итогам одиннадцатого заседания российско-польской группы по сложным вопросам（Гданьск, 7–8 июня 2013）（http://old.mgimo.ru/files2/y06_2013/.../komunikat_ros_10_06_13. doc）

48 Polish-Russian Group for Difficult Matters resumes its activities（http://www.msz.gov.pl/en/c/MOBILE/news/polish_russian_group_for_difficult_matters_resumes_its_activities）

49 Мид России О Группе По Сложным Вопросам（http://www.rospolcentr.ru/publikatsii/aktualnosti/mid-rossii-o-gruppe-po-slozhnym-voprosam/）

50 *В. Сафроновас* Вырываясь из объятий политики. исследование культур воспоминания как способ поощрения исторического диалога в литовско-российских отношениях // Балтийский Регион. 2012 Вып. №2（12）. С. 15.

51 *И.А. Какушка* Российско-литовская комиссия историков // Россия и Балтия. Вып.5. М., 2008.

52 *Василий Сафроновас* О тендециях политики воспоминания в современной Литве // Ab Imperio. 2009 №3. С.435–438.

53 *А. О. Чубарьян* Историческая Память и Политика // Россия и Балтия. Вып.7. М., 2015. С.248–251. 二〇〇七年の講演記録が八年を隔てて世界史研究所の発行する『ロシアとバルト』シリーズに掲載された事実自体が、ロシア側の態度の硬化を示しているのかもしれない。

54 Violeta Kelertas ed., *Baltic Postcolonialism*, Radopi, 2006, pp. 1–8.

55 *А. Каспаравичюс, Ч. Лауринавичюс и Н. Лебедева*（сост.）СССР и Литва в годы второй мировой войны. Том I. СССР и Литовская Республика（март 1939 - август 1940 гг.）. Vilnius, 2006.

56 *Gleb Albert*（Рецензия）СССР и Литва в годы второй мировой войны. Том I. // Ab Imperio. 2008 № 3. С.444.

57 *Н.С. Лебедава* Вводная статья // СССР и Литва в годы второй мировой войны. Том I. С.23–68.
58 *В. Сафроновас* Вырываясь из объятий политики. С.15.
59 *М. Манкевич* (Рецензия) СССР и Литва в годы второй мировой войны. Том I. // Вестник Балтийского федерального университета им. И. Канта.: Гуманитарные и общественные науки. 2009 №12.
60 См. Дюков: “Преступления сталинского руководства не идут ни в какое сравнение с преступлениями нацистов” (http://inosmi.ru/world/20080729/242897.html); Историк Дюков: «Надо изучать, а не политически использовать прошлое» (http://www.rubaltic.ru/article/kultura-i-istoriya/istorik-dyukov-nado-izuchat-a-ne-politicheski-ispolzovat-proshloe110613) レーベヂェヴァにたいする激しい攻撃は、対ラトヴィア関係でもしかけられている。См. *Владимир Симиндей* Историческая политика Латвии: Материалы к изучению. М., 2014. С.180–181, 200–201.
61 *Елена Зубкова* Прибалтика и Кремль. М., 2008. С.100.
62 *А. Каспаравичюс, Ч. Лауринавичюс и Н. Лебедева* (сост.) СССР и Литва в годы второй мировой войны. Т. II. Литва в политике СССР и в международных отношениях (август 1940 - сентябрь 1945 гг.). Vilnius, 2012.
63 Пресс-конференция по итогам российско-латвийских переговоров (20 декабря 2010) (http://kremlin.ru/events/president/transcripts/9855)
64 *Виктор Гущин* Российско-латвийская комиссия историков: в повестке дня - признание “оккупации” (16 января 2011) (https://regnum.ru/news/polit/1364857.html)
65 Латвийско-российская совместная комиссия историков // http://www.president.lv/pk/content/? cat_id=9612
66 拙著『記憶の政治』第四章、参照。
67 ただし第一回会合関連文書コピーが、出所不明のまま在ラトヴィア・ロシア大使館のウェブサイトに掲載されている。(http://www.latvia.mid.ru/news/ru/11_052.html)
68 例えば予備会談直後の『プラウダ』の論評を参照。*Вадим Трухачев* Россия проигрывает Латвии на фронте истории (https://www.pravda.ru/world/formerussr/latvia/27-06-2011/1081645-latvija-0/)
69 Не судить, а объяснять (15 ноябрь 2011) (https://rg.ru/2011/11/15/istoria.html)
70 *Симиндей* Историческая политика Латвии. С. 5.
71 Латвийско-российская историческая комиссия приостанавливает работу из-за санкций (12 сентября 2014) (http://tass.ru/nauka/1438383) ただし、共同歴史家委員会に附設されたテーマ別グループの活動として世界史研究所とラトヴィア大学が立ち上げた「ラトヴィアのロシア人/ロシアのラトヴィア」プロジェクトによる論文集が刊行されている。*Е.Л.*

Назарова（отв. ред.）Россия и Латвия：В потоке истории 2-я половина XIX - 1-я половина XX в. М., 2015.

72 Olaf Mertelsmann, “Ärge jamage ajalookomisjonidega”, *Sirp*, 04.03.2011. // http://www.sirp.ee/s1-artiklid/c9-sotsiaalia/aerge-jamage-ajalookomisjonidega 小森宏美「エストニア――人道に対する犯罪調査のための国際委員会」、前掲『せめぎあう中東欧・ロシアの歴史認識問題』二七頁、参照。

73 Cf. Yury Kostyashov, “Trialog：The Experience of Cooperation of the Universities in Kaliningrad, Torun and Frankfurt（Oder）in the Humanities”, Nobuya Hashimoto ed., *Politics of Histories and Memories and Conflicts in Central and East European Countries and Russia*, Kwansei Gakuin University, 2015（http://hdl.handle.net/10236/13007）.

第7章 東南アジアからみた靖国問題
――表面化させない「紛争」

早瀬晋三

はじめに

日本と中国、日本と韓国の歴史問題は、日本の歴史教科書記述、日本の首相の靖国神社参拝、従軍「慰安婦」問題への対応など、おもに日本の植民地支配やアジア太平洋戦争にかんする日本の歴史教育や政治家の歴史認識に起因している。「大東亜戦争」中の日本軍による抑圧や残虐行為という点では、東南アジアや旧南洋群島でも同様のことがおこなわれ、これらの地域の人々が中国や韓国の反日運動に同調しても不思議ではない。だが、現在、東南アジア諸国や旧南洋群島の太平洋諸島国は、日本の外務省のホームページでは親日国と位置づけられている(1)。中国や韓国がしばしば言及する、アジア太平洋戦争中に日本に占領された国や地域が戦後共通に経験した歴史的苦痛から生じる反日的な姿勢は、そこにはうかがえない。中国や韓国との違いの要因として、東南アジア諸国や旧南洋群島の歴史的経験が中国や韓国のものと異なっていたのか、戦後の日本の外交政策が前者では成功し後者では失敗したのか、同じ反日感情をもちながらもそれが表面に出るものと出ないものがあるのか、などが考えられる。

本稿では、日本の首相の靖国神社参拝をめぐる日中韓の歴史問題を中心に、まず『朝日新聞』の記事から概略をつかみ、つぎに東南アジア各国の英字新聞がそれをどのように伝えたのかを検証することによって、東南アジア各国が中国や韓国の反日運動に同調しなかった要因を探る。

神社紹介映像「靖国神社の祭りとこころ」

「大きな菊のご紋のある神門」の扉が、「大太鼓の音色」とともに開くシーンからはじまる靖国神社の紹介映像は、季節ごとの祭りを通して、「靖国のこころ」を伝えようとしている。神社でもっとも重要な祭りである春と秋の例大祭は、天皇の「勅使のご参向を仰いでおこなわれ」、映像のいろいろな場面で写し出される「菊のご紋」から、この神社が天皇のための神社であることがわかる。そして、春から夏、秋、冬と祭りを中心に神社の一年を紹介した後、拝殿前の掲示板の「悦んで死ねます」などと書かれた「英霊が大切な人に宛てた遺書」の一部が写し出され、「靖国の桜となってまた会おうと誓いあった英霊たちは、桜の花と咲いて、わたしたちをあたたかく迎えてくれるのです」というナレーションで終わる。(2) この映像から、「靖国のこころ」とは尊い命を天皇に捧げることであることが伝わってくる。あきらかに、ほかの日本の神社や世界各国・地域の戦争の犠牲者を悼む施設とは違うものがある。死ぬことを美徳とする精神が、この神社にはある。

敗戦後、日本の現職の首相が靖国神社に参拝することは、常態化していたわけではなかったが、珍しいことではなかった。吉田茂、岸信介、佐藤栄作、田中角栄が春と秋の例大祭を中心に参拝した。「終戦記念日」に最初に参拝したのは一九七五年の三木武夫で、私人としての参拝であった。その後、七八年に福田赳夫、八〇、八一、八二年に鈴木善幸、八三、八四年に中曽根康弘が参拝し、私人を強調していたのが、しだいに公私をはっきりしない参拝になっていった。また、天皇自身による親拝は敗戦後数年おきに八度おこなわれたが、七五年一一月二一日を最後におこなわれていない。七八年一〇月一七日にA級戦犯一四人の合祀がひそかにおこなわれた(一九七九年四月一九日新聞各紙報道)ことを、昭和天皇が「不快」に思ったことが原因ともいわれている。(3)

一 日中韓歴史問題のはじまり

首相の靖国神社参拝が中国、韓国などから抗議され、国際問題に本格的に発展したのは、一九八五年八月一五日の中曽根首相による公式参拝以降とされる。敗戦後四〇年の節目を迎え、首相は「戦後政治の総決算」をスローガンに掲げ、その一環として靖国神社公式参拝の実現を目指し、官房長官の私的諮問機関「閣僚の靖国神社参拝問題に関する懇談会」を組織した。懇談会は一年間二一回の会合を経て、同年八月九日に報告書を提出した。そこでの議論の眼目は、もっぱら首相の公式参拝が憲法二〇条の政教分離原則に照らして違憲かどうかだったが、まったく国際的な動向を無視したわけではなかった(4)。

一九八五年中曽根首相の靖国神社参拝

この報告を受けて、首相が八月一五日に靖国神社に公式参拝するとの方針が伝えられると、中国共産党機関紙『人民日報』は一一日付けで「日本国内の公式参拝反対の動きを詳報」した。中国は、すでに一九八二年夏のいわゆる教科書問題のときに、「教科書問題と並んで憲法改正の動きや、靖国神社の公式参拝問題」をあげて日本を非難していた。参拝予定前日の一四日午後、中国外交部スポークスマンは、首相の公式参拝は「日本軍国主義により被害を受けた中日両国人民を含むアジア各国人民の感情を傷つけることになろう」と、はじめて中国政府による反対の意思表示をした。その日の夕方、藤波孝生官房長官は「国民や遺族の多くの方々が、靖国神社を我が国の戦没者追悼の中心的施設であるとし、同神社において公式参拝が実施されることを強く望んでいるという事情を踏まえたものであり」、「国際関係の面では、我が国は、過去においてアジアの国々を中心とする多数の人々に多大の苦痛と損害を与えたことを深く自覚し、このようなことを二度と繰り返してはならないとの反省と決意」をしていることなどを述べた談話を発表した(5)。さらに、翌八六年八月一四日、後藤田正晴官房長官が談話を発表し、つぎのように近隣諸国に配慮したことを述べ、外交ルートを通じて中国と韓国に伝達した(6)。

靖国神社がいわゆるA級戦犯を合祀していること等もあって、昨年実施した公式参拝は、過去における我が国の行為により多大の苦痛と損害を蒙《こうむ》った近隣諸国の国民の間に、そのような我が国の行為に責任を有するA級戦犯に対して礼拝したのではないかとの批判を生み、ひいては我が国が様々な機会に表明してきた過般の戦争への反省とその上に立った平和友好への決意に対する誤解と不信さえ生まれるおそれがある。それは、諸国民との友好増進を念願する我が国の国益にも、そしてまた、戦没者の究極の願いにも副《そ》う所以《ゆえん》ではない。

この談話から、中国と韓国はとくにA級戦犯合祀を問題としたことがわかる。

首相の公式参拝にたいして、中国と韓国は、「アジアを代表して」抗議、非難をしたが、戦場とされた東南アジアの国々は、どう捉えていたのだろうか。参拝したのが戦後四〇年の八月一五日ということもあり、第二次世界大戦にかんして広島や長崎の原爆投下、武道館での全国戦没者追悼式典での天皇の「おことば」などの記事が各国の紙面に見えるが、「Nakasone」の見出しで参拝を報じたのは、シンガポール、マレーシア、ビルマ(一九八九年にミャンマーと改称)だけであった。それぞれロイターなどの通信社の記事で、政教分離の憲法に違反すること、軍国主義の復活などを理由に内外で抗議と非難が起こっていることを伝えた。独自の記事も解説もなく、一回きりの記事であった。東南アジアの国々は、それぞれの英字新聞を見るかぎり、首相の靖国神社公式参拝にたいして表立った反応はしていない。

一九九六年橋本首相の靖国神社参拝

一九八六年八月一四日発表の後藤田官房長官の談話は、近隣諸国の感情に配慮しつつ、それが「公式参拝自体を否定ないし廃止しようとするものではない」と述べ、公式参拝へのみちを残した。だが、それから一〇年間、首相の靖国神社参拝はおこなわれなかった。ただし、九二年七月におこなわれた参議院選挙で自民党が公約に「公式参拝」を掲げ、天皇が訪中した一〇月の翌一一月に宮沢喜一首相が私的参拝をしたことが後に明らかになった。(7)

この間、日本も中国、韓国も国内政治が安定しなかった。一九九三年の総選挙で自民党は五一一議席中二二三で大敗し政権を失い、九六年一月に連立で政権復帰を果たしたものの、つぎの九六年一〇月の総選挙でも五〇〇議席中二三九で単独で政権を担うことはできなかった。この間の九四年六月に自民党、日本社会党、新党さきがけ三党連立政権が成立し、村山富市社会党委員長が内閣総理大臣に指名された。その村山首相が九五年八月一五日に「戦後五〇周年の終戦記念日にあたって」、いわゆる村山談話を発表した。(8)この村山談話をもって戦後は終わり、日本がこれ以上「謝罪」する必要はないと楽観視する者もいた。いっぽう、中国は八九年の天安門事件で、政治改革を求める学生らを武力で弾圧し、国際的に非難され孤立した。韓国は、九一年に北朝鮮とともに国連に加盟し、九二年に中国との国交を樹立したが、九三年三月に北朝鮮が核不拡散条約脱退につづいて九四年六月に国際原子力機関脱退を表明、七月に金日成主席が死去し北朝鮮との関係に不安を抱えていた。

そのようななか、一九九六年に政権に復帰した自民党の橋本龍太郎首相が自身の五九歳の誕生日である七月二九日に、予告なく「内閣総理大臣」と記帳して靖国神社に参拝した。自らのいとこなど個人的関係者にたいするお参りであったことを強調した。同日、核実験を実施した中国は「極めて遺憾だ。靖国神社には東条英機ら軍国主義分子の頭目の亡霊が祀られている」などと声明を発表し、韓国も「侵略の被害を受けた国家と国民の感情を尊重しなければならない」などと論評した。また、平壌放送や香港英字紙でも批判的報道がなされた。(9)

東南アジアの英字新聞では、シンガポールが翌日と翌々日の二日間にわたって、それぞれロイター、フランス通信社の記事を掲載し、参拝とそれにたいする中国と韓国の批判を報じた。参拝する橋本首相の写真はない。インドネシア、タイ、ブルネイ、マレーシア、ミャンマーでも外国通信社の記事を中心に報じられたが、特徴的なのはインドネシア、ブルネイ、マレーシアで韓国の抗議デモが大きな写真付きで報じられたことである。

二 二国間から地域問題へ

一九九〇年代後半は、東南アジアにとって重要な時期であった。ＡＳＥＡＮ（東南アジア諸国連合）に九五年にベトナム、九七年にラオスとミャンマー、九九年にカンボジアが加盟し、ＡＳＥＡＮ10になり、より強固な組織を目指すようになった。また、九七年からＡＳＥＡＮに日本、中国、韓国の三カ国を加えたＡＳＥＡＮ＋３が開催されるようになり、その際には日中韓それぞれとＡＳＥＡＮの首脳会議がおこなわれるようになった。九七年のタイの通貨バーツの暴落をきっかけとしたアジア通貨危機にも連携して対応した。日本では、竹下登、小渕恵三、橋本とつづいた経世会の自民党支配を打破する意味で「自民党をぶっ壊す」と主張した小泉純一郎が、二〇〇一年四月に首相に就任し、当初八〇％という高い支持率をえた。小泉は総裁選挙のときから、就任後に靖国神社を参拝すると明言していた。

二〇〇一年小泉首相の靖国神社参拝

就任後初の八月一五日を迎える小泉首相の靖国神社参拝にたいして、日本の野党とともに中国と韓国なども反対の意向を示し、連立与党の公明党、保守党は慎重姿勢をとった。賛否両論で、支持率が六〇％台に落ちるなか小泉は「熟慮」の結果、一五日を外して二〇〇一年八月一三日に参拝した。参拝を控えるよう再三非公式に申し出をしていた中国、韓国は、それぞれの駐在日本大使を中国外交部、韓国外交通商部に呼んで抗議を申し入れ、声明文を渡して批判した。以後、それが日本の首相の靖国神社参拝問題にたいするそれぞれの政府の基本姿勢となった(10)。

中国政府申し入れ要旨

一、中国政府と人民は強烈な憤慨を表す。

一、日本は極東軍事裁判の判決を受け入れた。A級戦犯のまつられる靖国神社問題への対応は、過去の侵略の歴史への日本政府の態度を測る試金石だ。

一、日本側は中国に対し侵略を認め、反省とおわびを表してきた。参拝は日本政府の基本的立場に背き、歴史問題に関する中国やアジア、世界の人民の日本への信頼を再び失わせる。

一、八月一五日という敏感な日の参拝計画を放棄し、談話を発表して、侵略の歴史を認め、反省したことに留意する。ただ、参拝という実際の行動と談話の精神は矛盾する。

一、参拝は中日関係の政治的な基礎に損害を与え、中国人民とアジアの被害国人民の感情を傷つけた。両国関係の今後の健全な発展に影響を与える。

一、日本がいかにして実際の行動で(国際協調を)実行に移すかは、日本政府と各界の有識者がよく考えるべき問題であり、アジア各国人民は注視している。

韓国政府声明全文

一、わが政府は小泉首相がわれわれの度重なる憂慮表明と日本国内の多くの反発にもかかわらず、本日、近代日本の軍国主義の象徴である靖国神社に参拝したことに対し、深い遺憾を表明する。

一、小泉首相は談話を通じ、過去の植民地支配と侵略に対する反省の意を表明し、自身の靖国神社参拝について、日本のために犠牲になった人たちを追慕し、平和の誓いを新たにするためとしているが、われわれとしては、日本の首相が世界平和を破壊し、近隣国家に名状しがたい被害を及ぼした戦争犯罪者たちにまで参拝した事実に対して憂慮を表明せざるを得ない。

一、われわれは、小泉首相が近隣国家と真の善隣友好関係を構築していこうとするなら、今後、正しい歴史認識を土台に関連国家の立場と国民感情を尊重しなければならないという点をもう一度強調するものである。

参拝後、韓国ではソウル市内の繁華街で数百人の抗議集会がおこなわれたほか、各地でデモや集会があった。北朝鮮も非難を発表した。中国での報道は控えめだったが、その対応にたいして中国政府批判がネット上で展開された。台湾も不満を表明し、香港では約三〇人のデモ行進がおこなわれた。マレーシア、シンガポールでも華人を中心に抗議活動が起こり、ベトナムは憂慮を表明した。

これらにたいして、山崎拓自民党幹事長は八月一六―二四日小泉首相の親書を携え、東南アジア五カ国（インドネシア、シンガポール、タイ、ベトナム、カンボジア）を歴訪した。首相の靖国神社参拝を説明する意味もあり、「お詫び行脚」「謝罪外交」ということばで批判されたが、経済優先で参拝問題は話題にすらほとんどならなかったことから、山崎は中国や韓国が自らに同調しているという「アジア各国」「近隣国家」に、東南アジア各国が含まれているとは感じなかったという。

ところが、シンガポールの『ストレーツ・タイムズ』の記事を見ると、あきらかに一九八五年の中曽根首相、九六年の橋本首相の靖国神社参拝時とは違っていた。まず、東京支局員が連日、独自の取材をもとに報じたことである。北京支局員の記事もあり、韓国、香港、台湾、マレーシア、ベトナム、フィリピンでの抗議の様子を伝えた。また、参拝と絡んで、歴史教科書、従軍「慰安婦」、北朝鮮、内政など日本の問題などが取りあげられ、それらを総合的に把握して社説、解説が書かれ、靖国神社にかわる追悼施設として千鳥ヶ淵戦没者墓苑での慰霊などの解決策を提案した。特集記事では、問題の背景をわかりやすく説明した。東南アジアの国々は多言語社会であることから、写真も重要なメッセージになる。小泉首相が神官に導かれた参拝時の写真は一回きりの掲載だったが、激しい抗議の様子の写真が何度も大きく掲載された。『ストレーツ・タイムズ』は、閣僚、国会議員の多くが靖国神社に参拝し、『毎日新聞』の世論調査によると六五％の日本人が靖国神社参拝を支持しており、反対は二八％にすぎないと報じた。小泉政権の支持率は八一％で、そのなぞを解明するためか、小泉がエルヴィス・プレスリーのファンで、休日は音楽を楽しんでいることなどプライベートなことが数日のあいだに三度も報道された。

このシンガポールの英字新聞の紙面から、日本が戦後処理を充分におこなってこなかったこと、中国や韓国だけでなく東南アジア各国にも抗議に同調する動きがあること、日本人はほかのアジア諸国の人々の怒りを理解していないことが伝わってくる。自社による取材のほかに欧米系通信社やほかの国の新聞記事をもとに冷静に事態を把握して、解決策を提案している。また、近隣諸国の怒りを理解できないのは、日本の歴史教育に原因があるとみた。

東南アジア各国の英字新聞を見て気づくことは、アジア太平洋通信社機構(Organization of Asia-Pacific News Agencies)に加盟している新聞社が記事を相互に転載していることである。たとえば、インドネシアの『ジャカルタ・ポスト』は、八月一六日にタイの『ネイション』の記事を転載し、小泉首相の靖国神社参拝に反発しているのは、中国、韓国、マレーシアの中国系住民だけではない、各国が黙っているのは日本が地域最大の援助供与国で日本との関係を悪化させたくないからだ、と報じた。また、すでに日本の経済力に陰りがみえてきたことが指摘された。マレーシアの『ニュー・ストレーツ・タイムズ』は、八月一六日の「コメント」欄で、圧倒的経済力をもつ日本との友好は損ないたくないことがわかるいっぽうで、ついこのあいだまで「日本に学べ」キャンペーンをおこなっていたシンガポールの政治家が、日本は情報技術をシンガポールから学んだほうがいいと述べた

と報じた。(11)

二〇〇二―〇四年小泉首相の靖国神社参拝

二〇〇二年四月二一日、〇三年一月一四日、〇四年一月一日の小泉首相の靖国神社参拝について、東南アジアの多くの英字新聞は参拝の事実と、中国や韓国が反発していることを報じたが、社説や解説で論じるようなことはあまりなかった。問題は深刻化していないように見えたが、中国と韓国の反発はしだいに大きくなっていた。韓国では、歴史教科書問題や竹島をめぐる領有権問題が深刻になっていた。「過去史の清算」の調査が進んでいた韓国は、二〇〇五年に島根県議会が一九〇五年に当時の島根県知事が竹島を島根県隠岐島司の所管とする旨を公示した日の一〇〇周年を記念して、二月二二日を「竹島の日」とする条例を制定したことに反発し、三月一七日「国家安全保障会議常任委員会声明」を発表して「対日新原則」を示した。そして、三月三一日韓国国連大使が「日本の国連安全保障理事会の常任理事国入りについて、韓国政府として反対する立場を初めて明らかにし、阻止のため「努力を続ける」と述べた」。また、四月検定合格の日本の歴史教科書が「歴史を歪曲している」として「自発的是正」を求めた。(12)

中国については、『朝日新聞』の記事を見ると以下の動きがあった。中国では日本の国連安全保障理事会の常任理事国入りについて、二〇〇五年三月下旬ころからネットを通じて反対する署名運動が起こり、三月末に問題とされている歴史教科書の編纂にかかわる委員会に日本企業が資金援助しているという報道がされ日本製品不買運動がはじまった。また、三月二七日に東京でおこなわれた日本とフランスの首脳会談で、小泉首相はジャック・シラク大統領に、EU(ヨーロッパ連合)が対中国武器禁輸措置を解除したことにたいして、東アジア地域の安全保障の観点から反対する考えを伝えた。いっぽう、シラクは日本が安保理決議に拒否権をもつ権利を認める常任理事国入りを支持することを表明した。さらに、四月一日中川昭一経済産業相が東シナ海で民間企業にガス田試掘権を認める方針を明らかにし、中国との新たな火種となった。

このような背景のなか二〇〇五年四月二―三日に成都市、深圳市で日本企業の窓ガラスが割られるなどの破壊活動がデモ隊によっておこなわれた。九日には北京で日本大使館に投石するなど大規模なデモが起こり、一〇日には広州市で二万人、深圳市で一万人規模のデモ行進があり、日本でも反日デモとして大きく報道された。中国各地のデモは一六日に上海で数万人、天津、杭州でそれぞれ数千人、一七日には深圳で一万人以上のほか、北から瀋陽、寧波、長沙、厦門、東莞、珠海、香港で数千人から数百人規模のデモが起こり、日本企業の被害が拡大した。それにたいし日本でも、在大阪の中国総領事館にガラス瓶が投げつけられ、東京の日中学院、横浜の中国銀行に金属弾が打ち込まれ、在日中国人のあいだに不安が広がった。

「謝罪は問題解決には充分でない」『ストレーツ・タイムズ』2005年4月30日

中国の反日デモがようやくおさまったのは、インドネシアのジャカルタでおこなわれたアジア・アフリカ会議（バンドン会議五〇周年記念）に日中両国首脳が出席し、二二日に小泉首相が演説で過去の「反省とおわび」を表明し、翌二三日に日中首脳会談がおこなわれたことによった。その後、大規模なデモは起こらず、危惧された一九一九年の五四運動記念日にもなにも起こらなかった。だが、中国外交部副報道局長は、「「謝罪表明はあった。行動を見ている」とし、今後は首相の靖国神社参拝などで、日本側が具体的な対応を示すよう求めた」。さらに、「日本の政治指導者は、中国を含むアジアの被害国の国民感情を理解してほしい。靖国神社問題は両国の政治関係で最も困難な問題だ」と述べ、参拝中止を改めて求めた。

日中首脳会談で、ひとまず決着がついた後の『ストレーツ・タイムズ』の報道は、おそらく日本のどの新聞よりわかりやすく、長期間にわたるものだった。日本の政治家がいくら謝罪しても、過去の残虐行為にたいして本気で償う気はなく、靖国神社参拝もやめないだろう。それを北京は理解しているが、ひとまず反日デモをおさえ、暴徒と化した者を処罰するなどして事態を鎮静化させた、と解説した。シンガポールで、韓国やマレーシアのように中国に同調したデモが起こらなかった理由は、五月一日、イグナティウス・ロウ記者の記事で個人的経験を交えてつぎのように説明された。シンガポールの日本占領を経験した祖母は、繰り返し占領期の悲惨さを語り、テレビドラマの「おしん」を観ても主人公が日本人であったためにけっして同情しなかった。それを見てきたロウの世代だが、大半の市民は未来志向の中等教育でわずか二年間だけしか歴史を学んでおらず、他国における反日デモの強い感情に実感が湧かなかった。それでも、過去があって現在、未来があるのだから歴史をしっかり記憶する必要がある、と記事は結ばれている(13)。

『ジャカルタ・ポスト』は、中国での反日運動が激しくなるなか、四月一九日に雑誌の編集者でインドネシア大学講師のバンタルト・バンドロが「日本は国際世論をバカにしている」と題した記事を寄稿した。記事は、東アジア地域でもっとも問題を起こしている国はどこかと問われれば、それは日本だろう、という文章ではじまる。歴史教科書問題や領土問題で中国や韓国と問題を起こしている日本が、第二次世界大戦中に起こした残虐行為で、いまなお犠牲となった人々を傷つけているが、その歴史を日本は歪曲して教えている。日本政府の右傾化は近隣諸国の気持ちを逆なでし、自らの国際的評判を落としている。日本は国連安全保障理事会常任理事国入りを望んでいるが、近隣諸国とうまくいかないような国が世界の指導的立場で国際的責任が果たせるとは思えない。アジア諸国は、日本が歴史を理解したうえで、これから世界の安全保障にどのように貢献し、経済力に見あったリーダーシップを発揮して地域の隣人から尊敬される国になるか、注意深く見ている(14)。

『ジャカルタ・ポスト』は、翌二〇日に、「歴史に向きあう勇気」と題したつぎのような内容の社説を掲載した。中国で反日デモが激化し、日本でもそれに対抗するデモが起こって危機的状況になっていることは、中国と日本だけの問題ではなく東アジア地域全体の問題である。根本から問題を解決しなければ、すぐに再燃してしまう。日本の歴史教科書について中国や韓国の人々が怒っていることを理解することは難しいことではない。一九四二年のインドネシアの占領にかんして、インドネシア人が日本軍の到来を温かく歓迎したと書かれた新しい歴史教科書を読めば、多くのインドネシア人は目を丸くして驚くだろう。東南アジアの人々も、四〇年代に日本の占領下で、中国や韓国の人々ほどではないにしろ過酷なときを経験している。戦後日本は経済成長し、地域の国々は日本の政府開発援助や民間の投資の恩恵を受けた。しかし、フィリピンのグロリア・アロヨ大統領のことばを借りれば、日本の円は「絶大」であったが、陰りが見えてきており、かわって中国が台頭している。外から見ると、日本は正直に歴史と向きあっていないといえるし、過去の苦い歴史的事実に、向きあう能力がないように思える。日本占領の過酷さを経験した者から見て、日本は誠実に謝罪していないし、若者に歪曲した歴史事実を教えているように見える。アジアの国々の学校の教科書は、日本から受けた痛みを詳細に記述している。わたしたちは、日本人がもっと普遍的なスタンダードで歴史と向きあい、平和に貢献できるよう勇気づける必要がある。

タイの『ネイション』では、二〇〇五年四月一二日に、日本の若者が戦争にかんして無知で、歴史から学ぼうとしないという『ジャカルタ・ポスト』の記事を転載した(15)。『ネイション』と『ジャカルタ・ポスト』は、一九九九年に七つのメディアが設立したアジア・ニュース・ネットワーク――ASEAN一〇カ国すべての一二メディアが加盟している(16)――に加盟し、記事や写真の交換をおこなっている。

二〇〇五―〇六年小泉首相の靖国神社参拝

二〇〇五年一〇月一七日、半年前の中国の反日デモのことを忘れたかのように、小泉首相は靖国神社に参拝した。東南アジアの英字新聞の報道にも手詰まりが感じられる。『ジャカルタ・ポスト』は、二四日に社説「日本の無礼な行為」を掲載した。日本はなぜドイツから学ばないのかということにはじまり、日本のこの五〇年間の経済発展と地域への貢献は認めるが、それは過去に犯した罪の償いというより、同じ地域の国々との協力関係のためであったと記した。インドネシア人はあまり過去にこだわらない方だが、オランダや日本の支配を、事実は事実として認識している。小泉の靖国神社参拝は、日本の帝国主義の犠牲になったすべてのアジア人にたいする心ない侮辱で、地域の繁栄と協調を損なうものである。日本の憲法にある政教分離にも違反し、日本の超国家主義と過去の罪を認めない行為は、地域の緊張を増し、人々をますます不安にさせる。日本は、人にとっても国にとってももっとも大切な「信頼」というものを近隣諸国から得ていない[17]。

二〇〇一年四月二六日に首相に就任した小泉は、二期五年半の任期を全うし、〇六年九月二六日に退任した。退任前の八月一五日に靖国神社に参拝するのではないか、という憶測が早くから内外でささやかれ、新聞紙上を賑わした。『朝日新聞』八月三日には、日中共同世論調査の結果が発表され、中国側では日本の政治家の靖国神社参拝について、「どんな条件でも反対」が五一%、「戦犯を外せば参拝してもよい」が三〇%であった。日中の関係について、日本側で六九%、中国側で四一%がよくないと答え、その責任は日本側で三五%が中国、一五%が日本と答えたのにたいして、中国側は九八%が日本と答えた。

二〇〇六年八月一五日、小泉首相が靖国神社に参拝し、「いつ行っても批判する勢力がある。ならば今日は適切な日と判断した」と語った。中国と韓国が抗議したが、任期が残り一カ月余ということもあり、「虚脱感にさいなまれる中韓両政府」は次期首相に関心が移っていた。韓国は「我々の関心事は元々、教科書や慰安婦問題で、靖国ではなかった。だが、参拝を繰り返す小泉首相と歴史見直しを掲げる盧《ノ》〔武鉉《ムヒョン》〕大統領の登場で、いつの間にか〔靖国問題が両国関係の〕最大の障害になってしまった」と、小泉と盧が問題をこじらせ複雑化させたと指摘した。ほかの国々では、台湾が日本に一定の理解を示すいっぽうで、アメリカは日本の内政問題として静観し、オーストラリアは懸念、シンガポールとマレーシアは抗議し、インドネシア外相はコメントしたくないと語った、と報じられた(18)。

『ストレーツ・タイムズ』は、八月一八日の記事で、次期首相有力候補の安倍晋三が平和憲法を改正しようとしていること、集団的自衛権を行使しようとしていることなど、軍事力を強化しようとしていることを伝えた。そして、二〇日に「サヨナラ、コイズミさん」の見出しの東京支局の記事で、つぎのように小泉政権を総括した(19)。首相になる二カ月前の二〇〇一年二月、特攻隊の出撃基地として知られる鹿児島県知覧を小泉は訪ね、神風特攻隊員への母の手紙に涙を流した。小泉にとって、かれらのために靖国神社に参拝する必要があった。だが、一九七八年にA級戦犯一四人が合祀されてから靖国神社の性格が変わった。これらの戦犯は戦争を推進しただけでなく、何十万人という若者を死地に送ったのである。シンガポールはじめ多くの世界のリーダーはこのような神社に首相が行くべきではないと繰り返し警告した。『朝日新聞』の世論調査によると、日本人の五七％が小泉首相に靖国神社に行ってほしくないと回答した。

三　さらに国際問題へ

二〇〇六年九月に自民党総裁の任期満了で小泉が退任し、安倍が首相となった。安倍の祖父は、A級戦犯被疑者で三年余拘留され、不起訴のまま無罪放免となった岸信介元首相である。安倍は中国が懸念していた靖国神社参拝を控え、村山談話を踏襲すると答弁して、初の外遊先として中国を選んだ。〇七年七月の参議院選挙で自民党が民主党に大敗し、与党が参議院で主導権を失う「ねじれ国会」が出現して政権は安定しなかった。同年九月に安倍首相が辞意を表明し、福田康夫が首相となったが〇八年九月に辞任し、麻生太郎が後を継いだ。

二〇〇九年八月の総選挙で自民党が大敗し、戦後初の本格的政権交代がおこなわれ、民主党が政権を担った。

だが、首相に就いた鳩山由紀夫は、沖縄のアメリカ軍普天間基地の移設問題などでアメリカとの関係を悪化させ、一〇年六月に辞任し、菅直人が後を継いだ。このように政権が安定せず、日米間の信頼関係が不安定になるなか、一〇年九月、尖閣諸島近海で中国漁船と日本の海上保安庁の巡視船とのあいだで衝突が起こった。中国は、一〇月に共産党第一七期中央委員会第五回全体会議が控えていた。また、この一〇年に中国はＧＤＰ（国内総生産）で日本を抜き、世界第二位になっていた。

二〇一〇年中国漁船と日本巡視船の衝突

二〇一〇年九月七日、尖閣諸島久場島付近で、石垣海上保安部所属の巡視船「よなくに」と「みずき」が、相次いで中国トロール漁船と「接触した」。日本の外務省は、電話で駐日本の中国大使に遺憾の意を伝え、国内法に基づいて船長を逮捕する方針であると説明した。これにたいして、中国外務次官は、駐中国の日本大使を外交部に呼び、「日本側による違法な妨害行為を停止するように」と抗議した。船長は逮捕されたが、中国側の強硬姿勢に折れるように二四日那覇地検は船長を処分保留のまま釈放すると発表した。日本政府は、政治介入はなかったと強調した。船長の釈放でひとまず落ち着くことが期待されたが、中国の攻勢は緩まなかった。中日関係打開の糸口を探るため、アジア欧州会議（ＡＳＥＭ）首脳会合開催中のブリュッセルで、一〇月四日温家宝首相と菅首相が二五分間「懇談」し、「戦略的互恵関係」を確認、対話を再開することで合意した。一六日、成都、西安、鄭州などでそれぞれ数千人規模の反日デモが起こったが、反政府批判に転じる気配があったこともあって、中国はネット遮断や学生の外出禁止などで押さえ込み、ようやく沈静化した。

この事件は、『ストレーツ・タイムズ』が九月二七日に東京特派員の記事「弱い東京が強い北京をより大胆にさせた」で述べたように、外交経験に乏しい民主党政権が問題を大きくし、アジアでの力関係が変わったことを示した。タイの『ネイション』は、一〇月四日の「オピニオン」欄で、カウィー・チョンキットターウォーンが

「中国と日本との論争はＡＳＥＡＮに影響を及ぼす」と題して「地域」からの意見をつぎのように述べた[20]。この五年間、中国と日本の関係が急速に改善し、東アジアの共同体構築に拍車がかかった。だが、このたびの釣魚／尖閣諸島をめぐる中国の日本にたいする強硬姿勢は地域にとってひじょうに負の影響を与える。ＡＳＥＡＮは日本にも中国にも与しないが、中国がＡＳＥＡＮにたいしても同様の対応をするのではないかと懸念する。この数十年間とくに二〇〇五年以前、ＡＳＥＡＮは中国と日本のライバル関係をうまく利用してきた。だが、今日、もはや中国と日本との関係をＡＳＥＡＮは自らと無関係と考えていない。この「オピニオン」欄から、日中関係がいかにＡＳＥＡＮに大きな影響を及ぼすようになってきたかがわかる。

二〇一二年尖閣諸島の日本「国有化」

尖閣諸島国有化の発端は、二〇一二年四月一六日に、ワシントン訪問中の石原慎太郎東京都知事が、購入方針を表明したことだった。これにたいして、政権奪回が確実視されていた野党自民党が、五月三一日次期総選挙の政権公約第二次案で国有化を明記した。そして、一一年九月二日に菅退陣の後を受けて首相に就任していた野田佳彦が、一二年七月七日に国有化の方針を表明し、一一日の日中外相会談で中国にその方針を伝えた。領有権を主張する中国が海洋監視船を近海に派遣するなどして抗議するなか、九月一一日に閣議決定し、地権者から二〇億五〇〇〇万円で購入した。

尖閣諸島の国有化にたいして、中国政府は戦争の歴史と絡めて日本の占領を経験した国々との連携を図り、国連にも尖閣諸島周辺海域を領海とした新たな海図を提出した。中国での反日デモは暴徒化し、日本大使館への投石だけでなく、日系デパート、ショッピングモールの略奪、工場の放火、日本車の破壊、日本料理店のガラスの破壊などがおこなわれた。反日デモは、国恥の日のひとつである柳条湖事件(満洲事変)八一周年の九月一八日をピークに五〇とも一〇〇ともいわれる各地の都市に広がった。参加者数万に達したところもあった。

日本、中国、韓国とも、領土問題や「慰安婦」問題にかんする自らの立場を国連総会などで主張し、国際的に訴え、アメリカの新聞に広告を載せた。中国は韓国に対日「共闘」を呼びかけたが、両国間で黄海の暗礁の領有権問題や漁業権の問題があったため、韓国が警戒して一線を画した。ASEANは南シナ海をめぐる中国との領有権問題に警戒を強め、フィリピンは九月一二日にスプラトリー諸島を含む海域を「西フィリピン海」と正式に呼称することを定めた。

二〇一三年安倍首相の靖国神社参拝

二〇一二年一一月一五日、中国共産党中央委員会第五代総書記に習近平が就任し、中華人民共和国の最高指導者となった。日本では、一二月一六日の総選挙で自民党が圧勝し、二六日に安倍が首相に就任して第二次安倍政権が発足した。九月一四日党総裁選候補者による共同記者会見で二〇〇六―〇七年の第一次安倍政権の「首相在任中に〔靖国神社に〕参拝できなかったことは、痛恨の極みだ」と述べたことから、中国や韓国との関係悪化が懸念され、実際、就任後の中国、韓国との関係は冷え込んだ。安倍は就任後、春と秋の例大祭に真榊《まさかき》を、「終戦記念日」に玉串料を私費で奉納するなどに留め、靖国神社参拝を見送っていたが、就任後ちょうど一年たった一三年一二月二六日、モーニング姿で本殿に参拝した。境内にある全世界のすべての戦没者を慰霊する「鎮霊社」にも参拝し、「恒久平和への誓い」と題した談話を日本語、英語、中国語、アラビア語、仏語、独語、韓国語、ロシア語、スペイン語の九カ国語で発表した。

中国や韓国が猛反発し強く抗議したのは、小泉首相が参拝した二〇〇一―〇六年と変わりがなかった。台湾、北朝鮮も批判した。しかし、今回は近隣諸国からの批判に留まらなかった。アメリカは在日アメリカ大使館を通じて「日本の指導者が近隣諸国との関係を悪化させるような行動を取ったことに、米国政府は失望している」という声明を発表した。アメリカは、同年一〇月に訪日したジョン・ケリー国務長官とチャック・ヘーゲル国防長官が、千鳥ヶ淵戦没者墓苑を訪れ、「暗黙のメッセージ」を送っていた。また、四月にジョー・バイデン副大統領と会談した直後に麻生副総理が靖国神社に参拝したが、バイデンは一二月三日に安倍首相と会談したさいに、「中国ともめないでほしい」と釘を刺したばかりだった。イギリスのメディアは、一二月六日に成立した「特定秘密の保護に関する法律」(特定秘密保護法)と絡めて、安倍政権の右傾化を指摘した。アメリカのメディアも、あいついで「戦前の帝国への懐古」や「危険なナショナリズム」などと評して非難した。EUもロシアも二六日に声明を発表した。ロシアの声明は、「過去の歴史を正しく理解することは、日本と近隣諸国が今日、関係をつくる上で重要な基礎となっている」と指摘し、そのうえで「第二次世界大戦の結果を巡り、世界で受け入れられている評価から日本社会を離れさせようとする試みが強まっている」と、北方領土問題を意識したものだった。安倍首相が「戦後レジーム(体制)からの脱却」を掲げ、東京裁判を「連合国側の勝者の判断による断罪」と公言していることと関係しているものと思われる(21)。

小泉が最後に靖国神社に参拝してから七年がすぎて、首相の靖国神社参拝の意味も変わったことが、『朝日新聞』の一二月二八日の記事からわかる。アメリカと中国の国力の差が縮まり、日米韓の結束が東アジアの安全保障にかんして、以前にも増して重要になっていた。ロシアは、ソ連解体後バルト三国など旧共和国からEU寄りになる国が出てくるなか、「ソ連の役割をファシスト国家のナチス・ドイツと日本から、欧州とアジアを解放した立役者と位置づける」という歴史観の見直しがはじまっていることに危機感を感じるようになってきていた。ロシアにとって靖国神社はファシスト軍国主義の象徴で、その見方はともにファシストと戦った中国と共有している。第二次世界大戦後の世界秩序を築いてきたという点では、ソ連、中国もアメリカ、イギリスも同じ連合国の立場にあった。その意味で、日本の孤立化は避けようがなくなる。同じ二八日には、「靖国参拝 米中韓が怒るわけ」と題した特集記事が『朝日新聞』で組まれた。

国際的批判が強まるなか、中国の外相は一二月三〇日にロシア、ドイツ、ベトナム外相と電話で協議し、三一日に韓国外相との電話での協議を予定した。一四年一月一日の『朝日新聞』は、中国外相王毅がロシア外相セルゲイ・ラブロフに「安倍首相の行為は世界のすべての平和を愛する国家と人民の警戒心を高めた」、「世界の反ファシズム戦争に勝利した国、安全保障理事会常任理事国として、戦後の国際秩序の維持のため共同で対処する」よう呼びかけ、ラブロフが「ロシアは中国の立場と完全に一致する」、「日本が誤った歴史観を正し、地域の緊張を激化させる行動をとらないよう促す」と応じたと報じた。

これまで首相の靖国神社参拝のたびに、その解決策としてとりあげられてきた国立追悼施設の建設とA級戦犯の分祀について、菅義偉官房長官は、一三年一二月二七日の記者会見で、追悼施設について取り組む考えがないことを示唆し、分祀については「靖国神社が決めること」として政府としての見解を述べることを避けた。安倍首相自身、一四年一月六日夜に俳優の津川雅彦主催の会合で、国立追悼施設をつくったとしても「戦争で亡くなった方たちのご家族はお参りしないだろう」と否定的な考えを示した。国際的な批判を浴びたにもかかわらず、それに対処しようという姿勢がみえないことにたいして、中国や韓国は国際世論に訴えた。アメリカやイギリスなどのメディアに訴え、一月二九日の国連安全保障理事会では北朝鮮も加わって日本を批判した。中国はネガティブ・キャンペーンをすくなくとも五〇カ国で展開し、各国駐在の日本大使がそれに応酬した。だが、日本政府および国民の危機意識はそれほどでもなく、一月二五、二六日に『朝日新聞』がおこなった世論調査(電話)では、首相の参拝について、賛成四一%、反対四六%だった。外国の批判を「重く受けとめるべきだ」は五一%、「それほどのことではない」は四〇%だった。宗教にかかわりのない追悼施設の建設については、賛成五〇%、反対二九%だった。

『ストレーツ・タイムズ』は、一三年一二月三一日に東京特派員が「オピニオン」欄で、日本の右傾化がはっきりしたことを伝えた。そのなかで、天皇も外国の高官も訪れることがない靖国神社に首相が参拝することを、日本の若者は支持し、特攻隊のパイロットを描いた映画『永遠の0《ゼロ》』に影響され、安倍は原作者の百田尚樹をNHK経営委員のひとりに任命した、と報じた。[22]

二〇一五年平和安全法制成立

二〇一五年九月一九日、安全保障関連法が参議院本会議で成立した。初の戦後生まれの首相となった安倍は、憲法改正など「戦後レジームからの脱却」を掲げ、二〇〇六―〇七年の第一次安倍政権で集団的自衛権行使を可能にするための「安全保障の法的基盤の再構築に関する懇談会」を設置した。一二年一二月に第二次安倍政権が成立すると、一三年二月に懇談会を再設置、一二月に国家安全保障会議（日本版NSC）を内閣に設ける法、安保情報を漏らした公務員らへの罰則を強化した特定秘密保護法を成立させた。一四年四月武器輸出三原則撤廃、それにかわる防衛装備移転三原則を制定、七月憲法解釈を変更して集団的自衛権を認めることを閣議決定、一五年二月「国益重視」の途上国援助（ODA）改革をおこなった。そして、同年四月にアメリカ軍をいつでも支援することができるよう日米ガイドラインを一八年ぶりに改定した。

海外での日本の軍事的活動の範囲が拡大したことを、アメリカの政府やメディアは歓迎したが、フランスの『ルモンド』は電子版で「平和主義が終わる懸念」という見出しをつけて報じた。南シナ海の領有権問題でアメリカの支援を期待するフィリピンは、日本軍の侵略を受けた経験から反発する声もあるとしながらも歓迎した。韓国は「平和憲法の精神を堅持し、地域の平和と安定に寄与するよう、透明性をもって推進すべきだ」との論評を発表し微妙な反応をした。それにたいし、中国は「歴史的原因から日本の軍事動向には強い関心がある」とし、「日本の平和憲法の制限を打ち破るものだ」と批判した。[23]『ストレーツ・タイムズ』は、九月二五日の「オピニオン」欄で、日本の地域への責任について厳しく問うた。日本の再軍事化に北東アジアの国々はかつての亡霊を思い起こしている。それは、第二次世界大戦中にアジアを欧米植民地支配から解放するという名目のもとに侵略と占領をおこなった帝国日本の残虐行為を経験したマラヤ、シンガポールを含む東南アジアでも、同じことがいえる。日本が地域の安定化にどのように貢献するのか、透明性をもって示す必要があると指摘した(24)。

おわりに

一九八五年の中曽根首相の靖国神社参拝以来、中国と韓国は激しく反発し、とくに中国では大規模なデモに発展し、それが暴徒化したこともあった。中国や韓国は、日本に植民地化されたり占領されたりしたほかのアジアの国や地域を代表して抗議し非難した。だが、日本に占領された東南アジアの国々では、中国や韓国に同調した反日デモは起こらなかった。東南アジアではじめ事実を報道するだけで、とくに問題とすることはなかったが、二〇〇一年の小泉首相の参拝以降は、地域の問題としてとらえるようになり、問題の詳細を伝え、状況を理解しようとし、解決のために努力するようになった。それは、一九九七年以来定例化したＡＳＥＡＮ＋３(日中韓)首脳会議や、ＡＳＥＡＮと三カ国のそれぞれの首脳会議の開催と無縁ではない。ＡＳＥＡＮと日中韓の東アジアの地域安全保障にとって、日中、日韓の歴史問題は他人事ではないと認識するようになったのである。だが、はじめは日本の経済援助に依存していたために、しだいに中国の台頭に脅威を感じるようになったために、日本にも中国にも与するようなことはしなかった。

シンガポール、インドネシア、タイなどの英字新聞では、日本が誠実に歴史に向きあっていないこと、経済力に頼って日本のＯＤＡの受入国の社会や文化を軽視してきたことなどへの不満が噴出し、中国や韓国に同調する言説が見られた。いっぽう、日米戦争に巻き込まれ全人口の約七％の一一〇万人以上が犠牲となり、従軍「慰安婦」問題を抱えるフィリピンでは激しい反日の言説は見られなかった。フィリピンは南シナ海で中国との領有権問題を抱え、日本と敵対することは望ましいことではなかった。そのフィリピンでも、ほかの東南アジアの記事が転載され日本への不満は共有された。したがって、日本への批判的言説が表面化した国々に比べて、より潜在的に日本との「紛争」を抱えているということができるかもしれない。

小国は大国に翻弄されるのを避けるため、大国間の争いを利用して漁夫の利を得る「弱者の論理」を武器として使うため、大国との直接の紛争化を避ける。だが、表面化させない「紛争」も表面化することがある。東南アジアの国々を尊重し充分に理解していないという点では、日本だけでなく中国や韓国、欧米諸国についても同じことがいえるだろう。南シナ海での領有権をめぐってベトナムとともに反中運動を展開していたフィリピンは、二〇一六年に就任したロドリゴ・ドゥテルテ大統領が反米感情を露わにするいっぽうで中国に歩み寄った。小国との「紛争」が顕在化するのを回避するためにも、また、小国の不満を最小限にとどめるためにも、小国が表面化させていない「紛争」に大国が気づき対処する努力をおこなうことが必要だろう。

1 http://www.mofa.go.jp/mofaj/press/release/press23_000019.html（二〇一六年九月一四日閲覧）; http://www.mofa.go.jp/mofaj/press/pr/wakaru/topics/vol127/index.html（二〇一七年一月一日閲覧）
2 全編、約一七分。http://www.yasukuni.or.jp/movie/（二〇一六年九月一二日閲覧）
3『日本経済新聞』二〇〇六年七月二〇日、宮内庁長官、富田朝彦のメモ公開。

4『朝日新聞』一九八五年八月一〇日。

5『朝日新聞』一九八五年八月一二、一五日。「内閣総理大臣その他の国務大臣の靖国神社公式参拝について」https://www.kantei.go.jp/jp/singi/tuitou/dai2/siryo1_7.html（二〇一七年一二月三一日閲覧）

6『朝日新聞』一九八六年八月一五日。

7『朝日新聞』二〇〇一年八月九日。
8 http://www.mofa.go.jp/mofaj/press/danwa/07/dmu_0815.html（二〇一六年九月一四日閲覧）
9『朝日新聞』一九九六年七月二九―八月二日。

10『朝日新聞』二〇〇一年八月一四日。
11 "Asian neighbors question PM Koizumi's priorities", *The Jakarta Post*, 16 Aug. 2001; Lee Poh Ping, "Hoping Koizumi's visit to

shrine won't affect economic changes", *New Straits Times*, 16 Aug. 2001.

12『朝日新聞』二〇〇五年四月一日。

13 Ignatius Low, "Our past is more than just history", *The Straits Times*, 1 May 2005.

14 Bantarto Bandoro, "Japan thumbs nose at int'l public opinion", *The Jakarta Post*, 19 Apr. 2005.

15 "Courage to face history", *The Jakarta Post*, 20 Apr. 2005; "Japan's stalled maturity", *The Nation*, 12 Apr. 2005.

16 http://www.asianews.network/about（二〇一六年一一月一〇日閲覧）

17 "Japan's irreverence", *The Jakarta Post*, 24 Oct. 2005.

18『朝日新聞』二〇〇六年八月一六日。

19 "Abe wants revamp of pacifist charter", *The Straits Times*, 18 Aug. 2006; "Sayonara, Koizumi-san", *The Straits Times*, 20 Aug. 2006.

20 Kwan Weng Kin, "Weak Tokyo makes strong Beijing bolder", *The Straits Times*, 27 Sep. 2010; Kavi Chongkittavorn, "China's row with Japan has Implications for ASEAN", *The Nation*, 4 Oct. 2010.

21『朝日新聞』二〇一三年一二月二七日。

22 Kwan Weng Kin, "Abe's war shrine visit confirms shift to right", *The Straits Times*, 31 Dec. 2013.

23『朝日新聞』二〇一五年九月一八―二〇日。

24 "The Straits Times says Japan's need for defence and diplomacy", *The Straits Times*, 25 Sep. 2015.

（付記）　本稿を執筆してから少し時間がたった。本稿を発展させた単行本『グローバル化する靖国問題――東南アジアからの問い』（岩波現代全書）が本稿と前後して出版される。

第Ⅲ部　紛争化させられる過去と歴史家の役割

第8章 グローバルな記憶空間と犠牲者意識《ヴィクティムフッド》
――ホロコースト、植民地主義ジェノサイド、スターリニズム・テロの記憶はどのように出会うのか

イム・ジヒョン（林志弦）

一　脱領土化と再領土化の狭間で

グローバルな記憶空間の誕生

グローバリゼーションがもたらした予想外の結果のひとつに、戦後の記憶文化が国家の境界を随時行き来するようになったことがある。第二次世界大戦以降、未曽有の規模の人口移動とともに、失郷民、再定着民、脱走者、追放者、移民などが、異郷の地に定着するなかで、戦争や植民地主義、ジェノサイドなどをめぐる固有の記憶を、新しい移住空間に移植しはじめたのである。歴史の具体的な展開過程において一度も出会ったり結びついたりしたことのなかったナチスのホロコースト、西欧植民地主義のジェノサイド、スターリンによるテロの記憶が、大規模な人口移動にともなって移動し、異郷の地に移植されていき、歴史に代わって記憶が結びつきはじめた。二〇一一年一二月一三日、ニューヨーク市のクイーンズボロー・コミュニティ・カレッジで開かれた、元日本軍「慰安婦」の韓国の老婦人たちとホロコーストの生存者たちとの感動的な出会いが、その端的な例ではないかと思う。アメリカに移民した「在米僑胞韓人有権者センター（Korean American Civic Empowerment）」とクッパーバーグ・ホロコースト・センターが共同で組織したこの集会は、異郷の地に移住した別個の集合的記憶が、国境を越えてどのように出会い、結びつくのかをよく示している。(1) 韓国の元日本軍「慰安婦」のハルモニたちとホロコ

ーストを生き延びたヨーロッパのユダヤ人たちの記憶が、ニューヨークという異郷の記憶の場でめぐり合うことができたわけだが、それは太平洋と大西洋を渡ったそれぞれの記憶の移住がなければありえないことであった。

このように、歴史の展開過程のなかでは互いに無関係にかけ離れていた記憶が、第二次大戦以降、国家と大陸、大洋をつっきって移住し、異郷の地で出会うなかで、グローバルな規模の記憶空間が生まれた。特定の国家や集団の境界の内側に閉ざされていた破片化した記憶が、移住した異郷の地でめぐり合い、競合したり、励まし合い和解し共存したりしながら、トランスナショナルな記憶空間で結びつくようになったのである。異郷の地で記憶が出会い、共通の記憶の場をつくっていくというこの現象は、「内面的グローバリゼーション(internal globalization)」と呼ぶにふさわしいものであった(2)。戦後、内面的グローバリゼーションの過程のなかに入ってきた記憶は、さまざまな戦争経験について、国家間の境界を乗り越える説明の仕方を要求しはじめたのだが、これは一国的な境界の内側に閉ざされていた記憶を脱領土化するという結果を生んだ。もちろん、内面的グローバリゼーションがつねにあらゆる集合的記憶の脱領土化を意味するというわけではなかった。実際、もともと結びついていなかった異なる歴史をめぐる多様な記憶が出会うと、その記憶は異なる民族、人種集団、血縁集団のあいだで、集団の境界を越える連帯意識を生むのみならず、競争を激化させることによって、再領土化する傾向を示すこともある。

さまざまな犠牲の記憶が出会う場合も、このような両面性ははっきりとみられる。ホロコーストを「トランスナショナルな記憶文化」「グローバルな集合的記憶」「コスモポリタンな記憶」「多方向的な記憶」の文脈に位置づけようとする議論は、犠牲の記憶がどのように脱領土化され、脱民族化されうるのかを示すよい例である。しかし同時に、他者の犠牲者意識(Victimhood)を参照することによって高揚した自己の犠牲者意識が、ナショナリスティックな再領土化をうながしたという面もある。世界の世論には、無辜の犠牲者に対してより同情的になる傾向があるため、各民族は、オープンになったグローバルな記憶空間で起こる記憶の競争、つまり「だれがより多く苦痛を受けたかというといういやらしい競争」[3]に勝つために必死になった。高揚した犠牲者意識は、民族言説の中心が英雄主義から犠牲者意識へと移った脱英雄時代に、自民族の道徳的真正性を泣いて訴え、国際社会に認めてもらおうとする努力の産物である。グローバルな次元での犠牲者の集合的記憶の動きを追ってみると、だれがより大きな犠牲を払ったのかを決めようとするナショナリスティックな競争と、その座を独り占めしようとする行為の痕跡だらけである。

記憶の競争と犠牲者意識ナショナリズム

本稿では、グローバルな記憶空間において記憶の脱民族化と再民族化を同時に加速化させるという矛盾したさまざまな力の動きを追い、それがどのように作動するのかをあきらかにすることによって、絡まり合う犠牲の記憶がどれほど複合的で両価的なのかを説明する。その下には、戦後のグローバルな記憶空間を支配している「犠牲者意識《ヴィクティムフッド》ナショナリズム」を問題化しようという意識がある。[4]認識論的には、それは犠牲者意識ナショナリズムを正当化している「歴史的真正性(historical authenticity)」の語りを問題化するということでもある。本稿の具体的な議論を支える構造的な分析の枠組みは、大きく三つに分けられる。空間的な分析、時間的な分析、認識論的な分析である。もちろん、実際の議論の過程においては、この三つの分析の枠組みは、分離し独立し破片化しているというより、それぞれ分かちがたく結びついている。

第一に、空間的な次元は、グローバルな記憶空間を前提とする。ホロコースト、植民地主義ジェノサイド、スターリニズム・テロをめぐる記憶がどのように合流し出会うのかについては、一国的・地域的な次元を超えて、グローバルな次元で考察したい。グローバルな記憶文化と国民国家の地域的な感受性が出会ってつくり出す記憶の地形は、冷戦体制の崩壊以降、東欧のスターリニズム・テロをめぐる記憶の洪水がグローバルな次元で記憶の地形の上に覆いかぶさったせいで、いっそう複雑なものになった。スターリニズム・テロをめぐる東欧の土着の記憶が、既存のホロコーストと植民地ジェノサイドの記憶が合流している地点に大挙して流れこみ、犠牲者意識の記憶は三重の組み合わせに発展した。記憶の空間も、「西欧と非西欧」という二分法的な分割構図から、東欧をふくむグローバルな記憶空間へと拡張された。これは、単なる空間的な膨張以上のことを意味する。三重の異なる犠牲者意識は、単に物理的に重なるという次元を超え、国境を越えて固く結ばれているのである。

第二に、時間的な焦点は、冷戦構造の解体以後、すなわちポスト冷戦期に合わせることとする。ホロコースト、植民地主義ジェノサイド、スターリニズム・テロという三重の犠牲者意識が合流しはじめたことは、ベルリンの壁崩壊後のグローバルな記憶空間にみられるもっとも重要な特徴のひとつではないかと思われる。冷戦体制の崩壊によって、東欧においてスターリニズム・テロとナチス占領軍に対する協力をめぐる抑圧された記憶の水門が開かれ、東欧社会は全般的に東欧版「歴史家論争」にさらされることになった。同時に、ベルリンの壁の崩壊は、植民地主義ジェノサイドの記憶を解凍させるきっかけにもなった。冷戦体制が崩壊するなかで、西欧の植民地主義本国と非西欧の植民地を反共の名のもとにむりやり縛りつけていた反共(主義)同盟の連合戦線の政治的な意味が失われはじめたのである。冷戦体制が強いていたイデオロギー的な束縛から抜け出すやいなや、東欧社会は、世界革命とプロレタリア国際主義の名のもとにおさえつけられていたスターリニズム・テロのベールをかなぐり捨てたのだが、西欧はロシアの野蛮な共産主義に対抗するとの大義名分によって覆っていた植民地主義ジェノサイドとその残虐性を、もはや隠しておくことができなくなった。

第三に、競い合う犠牲者意識に歴史的真正性を付与するさまざまな語りを、認識論的な次元から分析する。自分自身のナショナリスティックな大義名分を確保するための記憶の戦争と、世界の世論を自分の側にひっぱるための承認闘争が激化すればするほど、歴史的真正性は、競合する民族のあいだで理念的な戦場になっていった。自分の犠牲者意識だけに歴史的真正性を付与しようと、さまざまな語りの戦略が動員された。実証主義から構成主義に至るまで、多様で互いに矛盾する語りの戦略が駆使され、ときに誤用・濫用された。ポスト冷戦の記憶空間において犠牲者意識の記憶が交差しつなぎ合わされる際、もっとも多く用いられた戦略は、自分とは無関係な遠く離れたところにある犠牲者意識を自分の犠牲者意識を正当化するのに使う、相互-参照(cross-referencing)という方法であった。一九九〇年代以降、さまざまな犠牲者意識の記憶、たとえばアルメニアのジェノサイド、ホロコースト、日本軍「慰安婦」、南京大虐殺、広島と長崎、連合軍による大空襲、植民地主義的な残虐行為、戦争犯罪、アパルトヘイト、ルワンダのジェノサイド、旧ユーゴスラヴィアの民族浄化などをめぐる記憶が、自己の歴史的正当性を擁護するために、グローバルな記憶空間において絶え間なく相互-参照された。こうしたさまざまな犠牲の記憶がグローバルな次元でどのように結びつき、相互-参照の準拠として用いられるのかを綿密に追跡することは、二一世紀を支配するグローバルな記憶の地形を理解する第一歩になるのではないだろうか。

二　ポスト冷戦と合流する記憶

敗者の記憶と勝者の記憶

第二次大戦直後の状況では、犠牲者意識はそれほど人気のある記憶ではなかった。戦争の勝者にとって支配的な記憶は、あくまでも英雄的な勝利の記憶であり、犠牲者意識はおもに敗者の領分であった。一九四三年の米英ソ三国外相会談は、一九三八年三月一三日のナチスによるオーストリア併合は強制されたものだとし、オーストリアは「ヒトラーの侵略の犠牲になった最初の自由国家である」と宣言した。(5) ヒトラーの敗亡後に帰国した少数のオーストリア人亡命者たちは、ナチス-プロイセンに非難の矢を向けた。平凡なドイツ人たちもまた、だれがヒトラーの最初の犠牲者だったのかをめぐってオーストリア人たちと競い合った。少数の邪悪なユンカー-プロイセン・ナチスに戦争の残虐行為とホロコーストの責任があるとすれば、大部分の善良なドイツ人は犠牲者でしかなかった。このような主張によれば、少数の邪悪なユンカー-プロイセンの加害者がテロと暴力によって多数の善良なドイツ人を支配し洗脳した、ということになる。

ファシズム滅亡後のイタリアでは、ファシズムは外部の不純勢力が強要した一過性のエピソードだと解釈された。ファシストの加害者たちは、本物のイタリアの正しい国民的アイデンティティとはかけ離れた外部の不純勢力であった。こうして、多数の善良なイタリア人と少数の邪悪なファシストを分ける明確な境界が設けられた。みずからを犠牲者として記憶する歴史解釈は、ベネデット・クローチェのような反ファシスト・リベラルがつくったのだが、それはすぐに大部分のイタリア人が共有するところとなった。戦後のイタリアにおいてファシズムの過去は、犠牲になった国民という集団的自己イメージとして残ることになった(6)。敗戦後の日本の公的な記憶においても、平凡な日本人たちは権威に盲従した受動的な臣民とされたため、かれら自身は、かれらの参与のもとで日本民族の名においておこなわれた日本帝国のさまざまな残虐行為とは無関係の善良な臣民として位置づけられた。そうして、ジョン・ダワーの表現を借りるなら、「戦死者たち、実質的にはすべての平凡な日本人が被害者であり犠牲者であると語ることが一般的になった(7)」。

枢軸国の加害者たちがみずからを犠牲者と位置づけるのは、にがにがしい逆説である。ある意味では、加害者たちこそが犠牲者という位置をいっそう切実に必要としたのかもしれない。加害者が犠牲者にひっくりかえる瞬間に、戦争中に自分たちがおこなった大量虐殺やジェノサイドといった加虐行為が帳消しになるのではと考えたのである。枢軸国の国民が戦時中にみせた下からの高い支持率、自発的な動員体制、国民投票で表現された権力に対する賛成と承認といった例をみれば、かれら「小さき人びと(Kleine Leute)」は、善良な犠牲者だったというより、犠牲者のごとくふるまったというほうが正しいだろう。戦後の最初の十数年間、みずからを犠牲者とみなす語りは、枢軸国の平凡な人びとの戦争とジェノサイドその他の残虐行為に対する責任を無化し、かれらの過去のおこないに免罪符をあたえる機能を果たした(8)。

こうした枢軸国の記憶とは対照的に、勝者の記憶文化は、戦争の英雄を崇拝する英雄主義的なコードが支配的であった。英雄主義は、連合国のみならず、戦後ユダヤ人の公的な記憶を支配するコードでもあった。ホロコーストの生存者であるユダヤ人避難民は、戦後シオニストたちのエクソダス文学において、アイデンティティを剝奪された受動的な対象にとどまっていたのに対して、イスラエルの国家建設の主役だったイシューブ(Yishuv)の戦士たちは不滅の英雄として描かれた(9)。それゆえホロコーストは、イスラエルの公論の場で忌避される主題となった。ホロコーストが公的な記憶の場で議論されるときは、ワルシャワ・ゲットー蜂起の英雄的な戦士たちに関する記憶に限定された。新生国イスラエルにおいてホロコーストをめぐる記憶は、「ホロコーストとゲットー蜂起」「ホロコーストと英雄主義」「殉教者と英雄」などに還元され、犠牲の記憶は可能なかぎり抑圧された。英雄主義の基調は歴史叙述にもそのまま反映され、マサダの戦士たちは古代へブライの民族解放闘士に昇華された。ホロコーストの犠牲者は、古代と現代のヘブライ民族解放闘士たちを英雄として美化する背景のようにしか言及されなかった(10)。

男性的な戦争の英雄たちは、アメリカのユダヤ人社会の記憶文化を支配するコードでもあった。アメリカ市民として、犠牲者ではなく勝者の民族に属するのだという自負心が、犠牲者の記憶を抑圧した。冷戦体制の国際政治的な構図も、アメリカのユダヤ人共同体がホロコーストに対して相対的に無関心でありつづける一因になった。共産主義対自由主義という冷戦体制の構図のもとで、自由主義陣営を代弁するアメリカのユダヤ人たちには、「ユダヤ人アカ(Jewish Commies/Żydokomuna)」というステレオタイプと戦うことが急務であった。ボリシェヴィズムに対する防波堤としてのドイツの存在価値を信じるワシントンの政策立案者たちも、アメリカのユダヤ人共同体の指導者たちに、西ドイツに対して懲罰的で排除的な態度ではなく、もう少し現実的な態度をとるようにそれとなく求めた。こうして、アメリカのユダヤ人共同体の公的な記憶における主敵は、ナチスの反ユダヤ主義とホロコーストよりも、ソ連の反ユダヤ主義になった(11)。スターリンとクレムリンのノーメンクラトゥーラ(旧ソ連の特権階級)のあいだに巻き起こった反ユダヤ主義が格好の材料を提供したせいで、それは説得力があるようにみえた。

英雄主義から犠牲者意識へ

ホロコーストの記憶文化において、英雄主義から犠牲者意識への方向転換がはじまったのは、アイヒマン裁判と一九六〇年代前半のフランクフルトでのアウシュヴィッツ裁判以後のことであった。裁判であきらかになったホロコーストの惨状がメディアによって詳細に報道されると、イスラエル国民のあいだでは、ホロコーストの犠牲者および生存者の苦しみに共感する気運が一気に高まった。極端な場合には、自分自身とホロコーストの犠牲者を同一視するような傾向もみられた(12)。また、戦争をめぐる記憶文化がグローバルな次元で英雄主義から犠牲者意識へと変わる上で、一九六八年革命は大きな役割を果たした。第二次大戦に参加した親世代の「弁護的な記憶」が、六八年世代の「批判的な記憶」へと変わりはじめたのである。その政治的背景には、アメリカのベトナム戦争介入に反対して世界的にくりひろげられたベトナム連帯と反戦運動があった。バートランド・ラッセルは、ニュルンベルク裁判を模した市民法廷を開き、ベトナムにおける米軍のジェノサイドを糾弾し、起訴した。ジャン＝ポール・サルトルは、ベトナムで引き起こされる米軍の残虐行為から、アルジェリア民族解放戦線に対するフランスの植民地主義暴力を連想した。ニュルンベルク裁判においてアメリカ側の検事だったテルフォード・テイラーは、『ニュルンベルクとベトナム――アメリカの悲劇』を著し、これに呼応した。六〇年代のアメリカの学生運動に参加した多くのユダヤ系学生は、ベトナムにおける米軍のジェノサイドから、ホロコーストを連想した(13)。

六八年世代の反戦運動を通じて、ナチスのホロコーストと植民地主義ジェノサイドの記憶がグローバルな記憶空間で出会い、連帯しはじめた。政治的な観点からすれば、六八年革命は失敗したかもしれないが、グローバルな記憶空間を支配する記憶のコードに根源的な変化をもたらしたことはあきらかである。もちろん、ホロコーストと植民地主義的な暴力をめぐる記憶が出会ったのは、それよりずっと前のことである。一九三八年一二月六日、オーストラリアのアボリジニの人権運動家ウィリアム・クーパーが、「水晶の夜」に対する抗議のしるしに、メルボルンのドイツ領事館前で仲間の人権運動家たちとデモをおこない、抗議書簡を提出しようとしたことは、そのよい例である。一九四九年、廃墟と化したワルシャワ・ゲットーを訪れたW・E・B・デュボイスは、そこでアトランタの人種暴動の喚声と銃声、そしてKKKが行進する音を幻聴した。かれは、「ユダヤ人問題をより明確に理解することによって、ニグロ問題をより完全に理解することができる」と確信した。一九四八年の国連の「ジェノサイド条約」に対するアフリカ系アメリカ人たちのすばやい反応も興味深い。一九五一年に国連に提出した『われわれはジェノサイドを起訴する(*We Charge Genocide*)』という請願書で、アメリカの急進的な黒人運動家たちは、ナチスのホロコーストとアメリカの人種主義的な迫害の共通点を指摘した(14)。

ベトナムの人びとと連帯する反戦運動は、「十五年戦争」あるいはアジア太平洋戦争における日本軍の残虐行為をめぐる記憶を目覚めさせるきっかけにもなった。冷戦体制の構図のなかで、アメリカのユダヤ系共同体がホロコーストの記憶を抑圧しなければならなかったように、東アジアという記憶空間においても冷戦の拘束力は強かった。東アジアにおける冷戦体制の主要同盟軸であった日米同盟が、日本の残虐行為に対する忘却と沈黙を強制し誘導したためである。だが、日本軍の戦争犯罪をめぐる記憶をいつまでも封じこめておくことはできなかった。堰はまず日本で切られた。『朝日新聞』のベトナム特派員としてアメリカの戦争犯罪行為を追っていた本多勝一は、突然「アジア太平洋戦争の戦場での日本軍の行動はどうだったのだろう」という考えにとりつかれた。かれは、日本軍の攻撃ルートをたどって中国を旅しながら、日本軍の残虐行為の証拠を集め、証言を記録した。「南京虐殺」をめぐる日本の良心的な記憶を目覚めさせたのも、かれの中国旅行の報告書であった。冷戦期に「自由の闘士」という鎧をまとった日本の保守右翼にとって、「南京大虐殺」とは、戦争においてよく起こる「南京事件」にすぎなかった。米帝国主義を主敵に設定していた中華人民共和国の公式の記憶においても、日本帝国主義の残虐性は副次的な関心の対象であった。犠牲者たちの追悼碑が建てられた一九八五年八月一五日まで、南京大虐殺は中華人民共和国の公的な記憶において徹底的に周辺化されていた。(15)このように南京虐殺の記憶は、中国共産党と日本の保守右翼の共謀のもとで周辺化されていたのである。

ポスト冷戦とグローバルな記憶空間

しかし、ホロコーストの記憶と植民地主義ジェノサイドの記憶がグローバルな記憶空間において本格的につながりはじめたのは、冷戦体制の崩壊以後のことであった。一九九〇年代はじめまで、東アジアはもちろんのこと、植民地解放後の韓国でも沈黙を強いられ、消されていた日本軍「慰安婦」の記憶の問題がそのよい例である。第二次大戦直後、オランダが主管したバタビア戦犯裁判で、抑留されたオランダ人女性たちを日本軍「慰安婦」として駆り出した加害者たちが起訴・処罰されたが、それは女性に対する男性の性的な搾取と暴力を裁いたというより、アジアの男性が白人女性に対して性的な加害者になるという人種的なタブーを破った行為を処罰する、という性格のほうが強かった。(16)一九九一年、金学順《キムハクスン》ハルモニの公開証言によって、日本軍「慰安婦」の記憶が公的な領域において問題になったときでさえも、それは「民族化されたセクシュアリティ」の次元でのことであった。英雄主義的な民族の語りにあわない日本軍「慰安婦」をめぐる記憶は、ポスト植民地主義の韓国における家父長主義的な記憶の体制において徹底的に周辺化された。(17)旧ユーゴスラヴィアの内戦当時、セルビアとクロアチアの民族主義者によるムスリム女性に対する組織的な性暴力が国際世論に注目されるなか、東アジアの日本軍「慰安婦」問題はふたたびホット・イシューとなって浮上した。ユーゴスラヴィアとルワンダの戦犯裁判に参加した法律家たちが、二〇〇〇年一二月に東京で開かれた「日本軍性奴隷制を裁く女性国際戦犯法廷」に検事と判事として参加し、天皇裕仁を戦犯として裁いたことがそのよい例である。(18)これがきっかけになって、日本軍「慰安婦」の記憶活動家たちが太平洋を越え、アメリカのホロコーストの記憶活動家たちと連帯する動きにつながった。

日本軍「慰安婦」問題が東アジアの記憶空間を白熱させる一方、東欧では、スターリニズムの犯罪行為をめぐる過去の克服問題がホット・イシューになっていた。アンジェイ・ワイダ監督の映画『カティンの森（*Katyń*）』は、東欧の過去の克服問題がかかえるジレンマを凝縮している。映画は、古都クラクフ近郊の橋の上で、別々の方向から逃げてきた二つのポーランド避難民の群れが出会う場面からはじまる。ひとつの群れはナチス・ドイツ軍を避けて東へ避難する途中であり、もうひとつの群れはソ連軍の追跡を逃れて西へ向かう途中である。橋の真ん中でぶつかったかれらには、実際はどこにも行き場がない。橋の真ん中で進むことも退くこともできずにいるこのポーランド避難民たちのジレンマは、ポスト冷戦期の東欧でナチズムとスターリニズムの記憶がどのように出会い、結合し、また競合するのかをよく示している。ナチズムとスターリニズムという異なる二つの独裁体制に挟まれた犠牲者たちのことはどのように記憶すればよいのか、その犠牲は対称的なのか非対称的なのかといった問題は、簡単に答えられることではないが、それに対してどういう態度をとるのかによって政治的な立場が分かれるため、慎重にならざるをえない。

東欧の公的な記憶は、どの犠牲が一番大きいのかというような犠牲の位階を否定し、ナチズムの犠牲者とスターリニズムの犠牲者を同格に置こうとする傾向が強い。二〇〇八年六月三日に発表された「ヨーロッパの良心と共産主義についてのプラハ宣言」がその代表的な文書である。この宣言は、行き場のないポーランド避難民の苦境を代弁している。基本的にこの宣言は、「あらゆる全体主義体制の犠牲者と差別なしに同等に接する」ことを求める。ナチズムの犯罪だろうがスターリニズムの犯罪だろうが、すべて「人道に対する罪」という点で同じだというのである。モロトフ＝リッベントロップ協定が締結された八月二三日を、ナチスと全体主義体制の犠牲者たちを同時に追悼する記念日にすることを提案したのもそのためである。[19] これは、ホロコーストを一方的に強調することはユダヤ人以外の東欧の人びとに対するスターリニストの犯罪を覆い隠しておくことにつながるのでは、という東欧の知識人たちの根深い懸念を代弁している。東欧の諸国家がＥＵとＮＡＴＯに加入する前提として、学校でのホロコーストに関する歴史教育を義務化したストックホルム条約に対する反感もあったかもしれない。

プラハ宣言への対応として、ユダヤ人絶滅政策を確定させた「ヴァンゼー会議」の七〇周年に当たる二〇一二年一月二〇日、「七〇周年宣言」が発表された[20]。「プラハ宣言」がホロコーストの唯一性を否定し、共産主義の犯罪と同じだとか似ているとか同等だとかいうふうにみることはホロコーストの記憶をぼやけさせることになる、というのが「七〇周年宣言」の骨子であった。よって、ホロコーストの犠牲者とスターリニズム・テロの犠牲者を同じ日に同時に追悼するのではなく、プログラムと記念日を別にすべきだ、というのであった。二つの宣言の正面衝突は、第二次大戦の経験や記憶が異なるというところから来るのではないだろうか。東欧の人びとが共産主義とナチズムの政治的な対称性を強調する傾向があるとすれば、西欧の公的な記憶においては、ホロコーストの唯一性は依然として神聖不可侵の領域として残っている。問題をより複雑にしているのは、「犠牲者たちのあいだには位階がない」というスローガンは、ホロコーストの歴史的意味を半減させ、究極的にはホロコーストを否定しようとするネオナチのかけ声でもある、ということである。

とはいえ、「プラハ宣言」と「七〇周年宣言」を、額面どおりに受けとって対蹠点に置くことはない。問題は、二つの宣言に盛りこまれた異なる歴史的経験と地域的感受性を、トランスナショナルな公共性の観点からどのように歴史化し文脈化するか、ということなのではないだろうか。唯一性と比較可能性は、二者択一の問題というより、具体的な歴史的文脈化の問題とみるべきではないだろうか。たとえば、ホロコーストの相対化がドイツの歴史家論争という文脈においてはドイツの保守派の「弁護的な記憶」を利したとすれば、ホロコーストの本質化は、植民地主義ジェノサイドとスターリニズム・テロの経験を軽視するという結果を生んだ。冷戦体制の崩壊以後のグローバルな記憶空間において、ホロコーストと植民地主義ジェノサイド、スターリニズムの犠牲をめぐる記憶が合流する様相は、多方向的に影響をあたえ合うものなのであって、ホロコーストの記憶が一方的に植民地主義ジェノサイドとスターリニズム・テロの記憶の上に覆い被さるのではない[21]。

三　歴史的真正性言説と否定論者たち

否定論者たちのインターナショナル

ポスト冷戦期における東アジアと東欧の歴史家論争は、グローバルな記憶空間に根本的な変化をもたらした。一九八〇年代の西ドイツにおける歴史家論争がホロコーストの相対化という問題に関するものだったのに対して、東アジアと東欧の歴史家論争では、植民地主義的な残虐行為とスターリニズム・テロの記憶をあばき出すことによって、権力と普通の人びとの共犯性と利敵行為が問題になった。東欧の歴史家論争は、長いあいだ隠蔽されてきた罪悪感を問題化することによって、記憶の中心が犠牲者意識から共犯性へと移っていくことをうながした。東欧の人びとの道徳的な罪悪感と政治的な共犯性の問題が提起されたため、ナチズムとスターリニズムの二重の犠牲者だったという記憶のフレームが揺さぶられはじめたのである。文芸評論家ヤン・ブウォンスキのエッセイ「あわれなポーランド人がゲットーを眺めている」からはじまった、ホロコーストの巻き添えになった平凡なポーランド人たちの共犯性と傍観者としての道徳的な罪責感についての議論は、記憶に関するポーランド社会の論争を、司法的な実証主義の次元から存在論的な道徳の次元にまで広げた。一九八七年にクラクフのカトリック・サークルからはじまったこの論争は、ユダヤ系の隣人たちの虐殺に対して無力な傍観者だったポーランド人たちの道徳的な罪責感を永い忘却から引きずり出し、善良な犠牲者だったというポーランド人の自己理解に疑問を投げかけた(22)。

ポーランド版歴史家論争が本格的にはじまるきっかけになったのは、二〇〇〇年五月に出版されたヤン・グロスの『隣人たち』という本であった(23)。イェドヴァブネの虐殺をめぐる激しい論争は、眠っていた共犯意識を目覚めさせ、共産主義以後のポーランド社会に「真の道徳革命」をもたらす契機となった。イェドヴァブネでユダヤ人を虐殺した主体はナチスではなく隣人のポーランド人だったというグロスの暴露は、ポーランド人の自省と同時に、共犯性を認めようとしない弁護的な記憶の反動を呼び起こした。自己弁護的な記憶の核をなす犠牲者意識の記憶がポーランドの公的記憶を主導する状況で、批判的な記憶の出現は遅々として進まなかった。善良な犠牲者から共犯者を意味する「ホモ・イェドヴァブネクス」へと、ポーランド人の歴史的な位置が一気に変わったということを受け入れるのは、簡単ではなかった。きれいな手と、人類を救ったイエスのように十字架につけられた犠牲者であるポーランド人、という永い信仰が壊れることには、多くの苦痛がともなった。

植民地主義ジェノサイドとホロコーストをつなぐ罪悪感の輪は、それよりも可視的である。脱植民地主義の観点からすれば、ドイツの植民地主義ジェノサイドとナチスの東欧政策との植民地主義的な連続性は否定しがたいし、ホロコーストはヨーロッパ植民地主義の延長線上で説明しうる。(24) 東アフリカで帝国ドイツがおこなった植民地主義ジェノサイドとナチスのホロコーストは単線的に直接つながっている、というとやや誇張になるだろうが、少なくとも、植民地主義的な慣行と支配方式の連続性はだれも否定できないだろう。アメリカの急進的な黒人運動家たちがナチスの犯罪者とアメリカの人種主義の犯罪者との類似性を指摘したように、西欧の植民地主義とファシズム、ナチズムは、似たような目標と方法、実践方式などを共有していたのである。(25) イェドヴァブネと、一九二一年五月末にオクラホマ州のタルサで起こった無辜の黒人たちの虐殺との親縁性を指摘した、アメリカの著名な東欧史の専門家イシュトヴァン・デアークの主張も、その意味で目を引く。(26)

植民地主義ジェノサイド、スターリニズム・テロ、ホロコーストの記憶がグローバルな言説空間で合流することによって、「グローバルな記憶空間」「コスモポリタンな記憶文化」「グローバルな集合的記憶」あるいは「トランスナショナルな市民的記憶」の登場の道が開かれたのは、二一世紀的な記憶文化のもっとも大きな特徴である。だが、世界化したのは批判的な記憶だけではなかった。ホロコーストや日本軍「慰安婦」に対するさまざまな否定論者たちが、自己弁護的な記憶と結合してグローバルな記憶空間に一定の場を占めるようになったことも、二一世紀の記憶文化における特筆すべき現象である。イェドヴァブネの虐殺に対するポーランドのナショナリズム陣営の否定論と、アボリジニの児童の拉致に対するオーストラリアの白人人種主義者の議論との類似性を主張したマーティン・クリギアの分析は、自己弁護的な記憶もまた国境を越えて連帯したり論理を参照し合ったりするのだということのよい例である。(27) 自己弁護的な記憶の目録はやたらと長い。ホロコーストと日本軍「慰安婦」の否定論にはじまり、南京大虐殺、ドイツ軍の残虐行為、南アフリカ共和国のアパルトヘイト、ベトナムのミライ集落(ソンミ村)と韓国の老斤里《ノグンリ》の虐殺などで、同じような論理がくりかえされているのを目にすることができる。

私は、このような現象のことを「否定論者たちのインターナショナル」と呼びたい。あらゆる否定論者たちが、単に記憶と言説の領域のみならず、制度的あるいは組織的につながっているということを立証するのは簡単ではない。グローバリゼーションは、物質的な現実であると同時に、言説的な構成体である。記憶研究の観点からグローバリゼーションをみるなら、地理的に遠く離れている否定論と自己弁護的な記憶が、歴史的真正性という服を着るために互いを参照し結合するのはごく当然のことである。一部の否定論者は、自分の論理の歴史的真正性を説くために、さも客観的であるようにみえる遠く離れた地域の否定論を脱文脈化し、自分のもののようにすることもある。ときにこれらの相互 - 参照された論理は、溶けこみすぎてまるでオリジナルの論理のようにみえることもある。典拠として提示される可視的な相互 - 参照もそうだが、不可視的な歴史的真正性の語りの構造が境界を越えてどのようにつながり利用されるのかを理解することは、「否定論者たちのインターナショナル」をあきらかにし、理解する近道になるだろう。

「嫌疑」と「実証主義」

単刀直入な否定論者は、比較的単純でよく目につくので、実際大して危なくもない。自分の記憶と異なる相手の対抗的な記憶を単純否定するもっとも生煮えの論理なわけだが、かれらがよく使う言葉は、「嘘」「ぞっとするでっちあげ」「真実の歪曲」「事実の捏造」「捏造された歴史に全面的に依存している安物のフィクション」「脚注のついたフィクション」「数百の嘘」などのように、即物的である。もっとも単純なホロコーストの否定論者、ヤン・グロスの『隣人たち』を反批判するポーランドのナショナリスト、ヨーコ・カワシマ・ワトキンズの『ヨーコ物語〔邦題『竹林はるか遠く』〕』を批判する韓国のナショナリストなどに、こうした即物的な否定論の修辞がしばしばみられる。こうした単純否定論者たちによれば、東欧や東アジアの歴史を知らないバカな国際世論や純真なアメリカの読者をだまし、自国民の名誉を毀損してやろうと、グロスやワトキンズの本のような陰謀的フィクションが歴史書をよそおって本屋に姿をあらわした、とのことである(28)。グロスの本はポーランド人をひそかに害そうという国際ユダヤの徒党どもの陰謀なのだという否定論や、日本軍「慰安婦」をめぐる記憶は韓国の民族主義者たちが彼女たちの売春の過去を隠して日本人の名誉をけがそうとする嘘なのだと考える日本の極右ナショナリストたちの否定論が、すでによく証明しているところである。

「嫌疑」は、否定論の歴史的真正性を強化するために頻繁に登場する言説装置のひとつである。「嫌疑」は、あえて立証する必要がない。立証されたら、それはもはや「嫌疑」ではなく事実である。ほとんどが噂にもとづいて広まる「嫌疑」は、たいていは感情を刺激しようという目的で広まるのだが、大部分は資料によって検証されることがない。理性的な検証の過程で生き残ることはあまりないが、否定論に対抗する記憶を激しく否定し非難するような感情を引き起こせば、すでに半分は成功したも同然である。たとえ事実ではないということがあきらかにされたとしても、そのときはすでにその「嫌疑」が呼び覚ました激しい感情が、記憶の空間と言説の秩序を支配するような状況になりやすくなっているから問題はない。「嫌疑」はたいていその対象への疑念や疑惑、不信感を呼び覚ますことによって、その記憶の歴史的真正性を崩し、信頼性を揺さぶる。実際のところ、否定論と自己弁護的な記憶の多くは、噂にもとづいた「嫌疑」の言説によって構成されている。多くの否定論者たちが採択している「嫌疑」は、自分たちの否定論を立証する必要もなく、批判的な記憶の信頼性を崩し反駁するのに一番てっとり早い道具になる。

たとえば、イェドヴァブネ論争の当時、ポーランドのナショナリストたちは、グロスがおもに頼っている証人である虐殺の生存者シュムエル・ヴァッセルシュタインが、ソ連の内務人民委員部（ＮＫＶＤ）の一員でポーランド公安省の中尉だったという「嫌疑」をかけたのだが、(29) その「嫌疑」だけでも、グロスの主張が大きく傷つくのに十分であった。この秘密警察の証言そのものがソ連やポーランドのスターリニストたちの政治的な脚本に沿ったものであり、したがってグロスの議論はスターリニストを正当化する論理なのだ、というふうにである。また、一九四六年のキェルツェ・ポグロムのときに警察の制服を着て群衆を指揮していた人物を六〇年代のイスラエルのソ連大使館で目撃した、というような「嫌疑」によれば、キェルツェ・ポグロムはソ連のＮＫＶＤの脚本どおりに事が運んだ虐殺劇で、戦犯はまたもソ連のＮＫＶＤだということになるのである。『ヨーコ物語』騒動のとき、主人公のヨーコの父親が悪名高き七三一部隊の将校だったとする「嫌疑」は、事実か否かを問わず、自分と自分の民族を犠牲者のように描いているヨーコ・カワシマ・ワトキンズの本の真正性を毀損してあまりあった。元日本軍「慰安婦」のハルモニたちに職業的な売春婦だったという「嫌疑」をかける日本の極右政治家たちの主張も悪質である。(30) 一抹の真実を一般化された真理にふくらませることによって、この主張は、元日本軍「慰安婦」のハルモニたちの名誉を傷つけ、彼女たちを韓国のナショナリズムの走狗におとしめる。

否定論者たちが用いるもうひとつの道具は「実証主義」である。実証主義は、「嫌疑」とは正反対の視角から、否定論者たちの歴史的真正性を強める方向に用いられる。否定論者に対抗する批判的な記憶の論者たちのテクストにおける事実に関わる些末な誤りをみつけ出して「嫌疑」を強め、嘘だという印象をあたえる手法である。実証主義的な否定論においてもっとも頻繁に用いられるのは数値である。たとえば、グロスはイェドヴァブネのユダヤ人の犠牲者数を一六〇〇人ほどだと推算したのだが、本の出版の後、新たな資料の発掘などにより、犠牲者数は三〇〇〇―四〇〇〇人強に減った。また、虐殺をおこなったポーランド人の数が半分に減ったことなどは、ドイツの憲兵の介入や、半職業的なポーランドの犯罪者たちの主導と脅迫に屈した村の住民たちの強制的な加担といった別の問題と結びつく。グロスの主張は「学問的に不正直な」主張になり、かれの本は歴史的に信じることができない事実だらけの「脚注のついた小説」になるのである。『ヨーコ物語』で、羅南地域に竹林があったとか、朝鮮半島がB‐29の空襲を受けたとかいう記憶をすべて嘘だと退ける主張も、同じ文脈で理解することができる。多くの場合、否定論者たちがかける決定的な「嫌疑」は立証されないが、些末な事実の誤りをほじくり出し、実証主義に依拠することによって、自分たちの「嫌疑」に根拠があるかのような印象をあたえるのである。

おそらくもっともスキャンダラスなのは、ドイツ軍の残虐行為をテーマにした歴史的な展示会「絶滅戦争――一九四一―四四年のドイツ国防軍の犯罪行為」がとりやめになった事件であろう。ドイツでの巡回展示につづいてニューヨークで予定されていたこの展示会は、ソ連のNKVDによる犠牲者の写真と、ドイツの同盟国であるハンガリーやフィンランドの兵士による犠牲者の写真について、ドイツ軍による犠牲者だとの誤った解説をつけた、ということで問題になった。問題になった写真は、総計一四三三枚のうちのわずか二〇枚足らずだったし、それらの写真の誤った解説が、ドイツ国防軍の犯罪行為を立証するほかの写真の歴史的真正性を否定する根拠になるわけでもなかったが、展示会をとりやめさせるだけのスキャンダルを起こすには十分であった[31]。いずれにせよ、実証主義的な否定論は、ターゲットにした記憶が、誇張され不正確で、政治的意図を帯びており、でっちあげられ偽造されたものだという印象をあたえるために語られる。そこで重要なのは、「証拠」それ自体ではなく、「証拠の政治」である。否定論のこの実証主義は、自分の主張を立証するためではなく、相手の批判的な記憶の真正性に打撃を加えるために用いられるのである。文書になっている証拠資料と歴史的な語りを加害者と権力の執行者が独占している状況において、批判的な記憶は、文書的な実証主義という戦線では相対的に劣勢にならざるをえない。

批判的な記憶の観点から「証言」が重視されるのもそのためである。認識論的な意味では、文献証拠から証言への重心移動は、グローバルな記憶空間に批判的な記憶が出現しうるようになるおもな背景にもなった。文書資料と語りを独占している加害者と支配者に対して、犠牲者たちがもつのは経験と声だけである。証言が重要視され、ときに唯一の典拠になるのもそのためである。とはいえ、証言は不完全で、感情から自由ではなく、またときに不正確である。実証主義で武装した否定論者たちが証人を取り調べ、圧迫し、証言間の矛盾をほじくり出し、証言の不正確さをあきらかにしてその歴史的真正性に疵をつけようとするような態度がしばしばみられるのもその部分である。実証主義の語りは、日本軍「慰安婦」否定論者たちが一番好んで使う武器でもある。公的な文書資料がないという理由で、元日本軍「慰安婦」のハルモニたちの証言をあっさりと棄却してしまうのである。「アウシュヴィッツ以後も脚注をつけるのは野蛮なことではないだろうか」というラウル・ヒルバーグの問いには、否定論者たちの証拠の政治学に対する痛烈な批判がこめられている。[32] だれよりも厳格な実証主義者として生涯を貫いたかれの一言なだけに、いっそう真実味があり、こころに響く問いである。

アウシュヴィッツの生存者に対する心理分析の専門家であるドーリー・ローブは、文献証拠と証言の関係について、「知性による記憶」対「深い記憶」という新しいセットの対照法によって、新しい洞察を提示する。収監者たちによるアウシュヴィッツ暴動のときに「四本の煙突が爆破された」という生存者の記憶が、爆破されたのは一本だけだったという事実とくいちがうために嘘だと捨て置かれ無視されてきた状況に対して、かれはむしろ事実とくいちがうからいっそう真実味があるのだ、という新鮮な解釈を提供する。ローブによれば、到底起こりそうもなかった出来事が目の前で起こったとき、その出来事の目撃者たちには誇張された記憶が残る傾向があるという。事実と符合する一本の煙突が「知性による記憶」の領域だとすれば、事実と矛盾する四本の煙突は「深い記憶」の領域になるわけだが、アウシュヴィッツのようなトラウマを経験した人びとの記憶は、ほとんどが「深い記憶」に属する。アウシュヴィッツ暴動を目撃した生存者の証言は、事実と符合するからではなく、むしろ事実とくいちがうからいっそう真実味がある、というのである。(33)「事実」と「真実」がくいちがい、「立証」と「理解」が一致しない「アウシュヴィッツのアポリア」は、文書資料と証言の歴史的真正性について、多くの示唆をあたえる。偽造されたアウシュヴィッツ生存者の手記が、事実の復元という意味ではより完璧だという逆説も、この地点からみて興味深いのだが、それは偽造された手記が、えてして歴史資料の用意周到で綿密な検討と研究の上に書かれるからである。

四　記憶の連帯のために

二〇一五年一二月二八日、日韓両国の政府が外交テーブルにつき、日本軍「慰安婦」問題を外交的に解決するという合意文を発表した際、アメリカのブルームバーグ通信のコラムニストが興味深いコラムを寄稿した。日本軍「慰安婦」問題に対する同時代人の鋭い関心と憂慮を越え、グローバルな市民社会が「イスラーム国(Islamic State)」やボコ・ハラムの性奴隷として拉致された女性たちのために行動することをうながす内容のコラムであった。(34)旧ユーゴスラヴィアやルワンダの性暴力問題がグローバルな記憶空間の良心を呼び覚まし、東京での「女性国際戦犯法廷」という日本軍「慰安婦」に関するグローバルな市民法廷を通じて天皇裕仁を断罪したように、日本軍「慰安婦」をめぐる葛藤の記憶が、「イスラーム国」とボコ・ハラムの性奴隷問題に対する関心を喚起しているのである。また、北米地域のコリアン‐アメリカンの記憶活動家たちが、アメリカ国内で日本軍「慰安婦」問題への関心をひくために、人身売買の問題を日本軍「慰安婦」をめぐる記憶の問題とつなげることも、一考に値する。(35)自分の記憶の歴史的真正性を立証するために、遠く離れた別の問題の記憶とつなげて相互‐参照するという慣行は、いまやグローバルな記憶空間において頻繁にみられる現象であろう。それは、グローバルな記憶空間が生じたがゆえに可能になったことであり、また相互‐参照する慣行を通じて、破片化して互いに遠く離れている記憶をつなぐことが、グローバルな記憶空間の密度を高めることにもなるだろう。

異なる記憶がグローバルな記憶空間でどのように出会い、合流し、競合し、対立するのかを考察するとき、問題は記憶の衝突や競合そのものではない。歴史的経験を共有する同じ集団の内部でも、立ち位置によって記憶はそれぞれ異なるのであって、記憶が分裂し、一致せず、くいちがい、対立するのはごく自然なことである。まして、グローバルな記憶空間において記憶が一致することを期待するのは、あまりにユートピア的すぎる。記憶は、同質ではなく異質なものである。したがって問題は、記憶の差異ではなく、その差異と衝突の性格である。異なる記憶同士の差異と対立が和解できるような性格のものなのかが肝心なのである。グローバルな記憶空間において、トランスナショナルな市民的価値をめぐるビジョンを共有するなら、たとえ競合し対立する記憶だとしても、共存は可能である。記憶をゼロサムゲームのように考える破壊的な緊張よりも、みずからに対する省察を通じて批判的な記憶を生むような健康な緊張のほうが、記憶の空間を支配しうる。ホロコースト、植民地主義ジェノサイド、スターリニズム・テロに対する三重の犠牲者意識をめぐる記憶が競合してつくりだすグローバルな記憶空間は、脱領土化と再領土化という正反対の可能性のどちらにも開かれている。また東アジアが、対立する記憶の複雑な迷路をうまく航海し、コスモポリタンな記憶という目的地にたどりつくことができるかどうかは未知数である。

（原佑介訳）

＊本稿は、雑誌『思想』における故西川長夫先生の追悼特集の一環として執筆された。さまざまな犠牲の記憶がグローバルな記憶空間で出会い、相手の記憶を学び、参照し、競合しながら歴史文化の脱領土化と再領土化の政治的機制として作動するトランスナショナルな記憶の場に対する歴史的理解は、東アジアという記憶空間において、西川先生の問題意識を推し進めていくための第一歩になるのではないかと思う。

＊本稿は『思想』第一一一六号（二〇一七年）に掲載されたものに、若干の調整を加えたものである。

1 http://news.chosun.com/site/data/html_dir/2013/03/09/2013030900651.html（accessed on 10 March 2013）; KACE, "Compilation of Korean news articles on Comfort Women Survivors and Holocaust Survivors' Meetings", 21 December 2011, http://us.kace.org/?s=meeting+with+comfort+ women+and+Holocaust+survivorslast（accessed on 6 March 2014）.

2 Daniel Levy and Natan Sznaider, "Memory Unbound: the Holocaust and the Formation of Cosmopolitan Memory", *European Journal of Social Theory*, vol. 5, 2002, p. 87.

3 Antony Polonsky and Joanna Michlic, "Introduction", in Antony Polonsky and Joanna Michlic eds., *The Neighbors Responded: The Controversy over the Jedwabne Massacre in Poland*, Princeton University Press, 2004, p. 9.

4「犠牲者意識ナショナリズム（희생자의식 민족주의）」は、victimhood nationalism の韓国語訳である。最初に英語で概念を思考したため、はたしてこの語が正確にその意味を伝えているのか自信がない。東アジア言語圏の読者にもう少しはっきりと伝えるため、注釈をつけておきたい。第一に、犠牲者意識ナショナリズムは、戦後のナショナリズムの言説において、「被害者（victim）」を「犠牲者（sacrifice）」へと高める概念の転移の過程で生成される。記憶の昇華の過程を通じて、受動的な「被害者」から能動的な「犠牲者」へと歴史的位置を高める社会的な記憶の力学が、犠牲者意識ナショナリズムを理解する上で重要になる。第二に、「犠牲者意識」は、犠牲の当事者たちが自分たちを記憶するものでもあるが、それと同時に、犠牲者ではない戦後世代の人びとが、自分たちを歴史の犠牲者であるかのように錯覚させるような記憶の虚偽意識を指すものでもある。事実か否かを問わず、「犠牲者」という崇高な歴史的地位を歴史的行為者たちに付与し、その記憶を通じてナショナリズムを正当化するメカニズムを、ここでは「犠牲者意識ナショナリズム」と呼ぶ。

二〇世紀後半の犠牲者という集合的記憶と民族主義がどのようにつながるかを概念化した研究としては、Jie-Hyun Lim, "Victimhood Nationalism in Contested Memories-Mourning Nations and Global Accountability", in Aleida Assmann and Sebastian Conrad eds., *Memory in a Global Age: Discourses, Practices and Trajectories*, Palgrave Macmillan, 2010, pp. 138–162; Id., "Victimhood Nationalism and History Reconciliation in East Asia", *History Compass*, vol. 8/1, 2009.11; Id., "Narody-ofiary i ich megalomania", *Więź*, No. 2–3, 616–617, 2010, pp. 22–34, tr. by Marek Darewski; 林志弦「犠牲者意識の民族主義」金京媛訳、『立命館言語文化研究』第二〇巻第三号、二〇〇二年二月、五七—六二頁を見よ。

5 E. B. Bukey, *Hitler's Austria: Popular Sentiments in the Nazi Era 1938–1945*, University of North Carolina Press, 2000, p. 43.

6 Paul Corner, *Popular Opinion in Totalitarian Regimes: Fascism, Nazism, Communism*, Oxford University Press, 2009, pp. 122–123 を見よ。

7 John Dower, "An Aptitude for Being Unloved : War and Memory in Japan", in O. Bartov, A. Grossmann & M. Nolan eds., *Crimes of War : Guilt and Denial in the Twentieth Century*, The New Press, 2002, p. 228.

8 犠牲の記憶文化については、Jie-Hyun Lim, Barbara Walker and Peter Lambert eds., *Mass Dictatorship and Memory as Ever Present Past*, Mass Dictatorship in the 20th Century Series, Palgrave Macmillan, 2014 ; Id., "Victimhood", in Paul Corner and Jie-Hyun Lim eds., *The Palgrave Handbook of Mass Dictatorship*, Palgrave Macmillan, 2016, pp. 429–442.

9 Idith Zertal, *From Catastrophe to Power : Holocaust Survivors and the Emergence of Israel*, University of California Press, 1998, pp. 217, 221.

10 Dan Diner, "Cumulative Contingency : Historicizing Legitimacy in Israeli Discourse", *History and Memory*, Special Issue : Israel Historiography Revisited 7/1, 1995, pp. 153, 155, 157.

11 Peter Novick, *The Holocaust and Collective Memory*, Bloomsbury, 2001, pp. 91, 98, 116, 121 and passim.

12 Tom Segev, *The Seventh Million : The Israelis and the Holocaust*, tr. by Heim Watzman, An Owl Book, 2000, p. 361.

13 Telford Taylor, *Nuremberg and Vietnam : An American Tragedy*, Quadrangle Books, 1970 ; Berthold Molden, "Vietnam, the New Left and the Holocaust : How the Cold War Changed Discourse on Genocide", in Assmann and Conrad eds., *Memory...*, pp. 79–96.

14 Ann Curthoys and John Docker, "Defining Genocide," in Dan Stone ed., *The Historiography of Genocide*, Palgrave Macmillan, 2010, pp. 16–21.

15 Daqing Yang, "The Malleable and the Contested : the Nanjing Massacre in Postwar China and Japan", in T. Fujitani, Geoffrey M. White, Lisa Yoneyama eds., *Perilous Memories : the Asia-Pacific War(s)*, Duke University Press, 2001, pp. 50–86.

16 Carol Gluck, "Operations of Memory : 'Comfort Women, and the World", in Shelia Miyoshi Jager and Rana Mitter eds., *Ruptured Histories : War, Memory and the Post-Cold War in Asia*, Harvard University Press, 2007, p. 67.

17 양현아、「한국인 군위안부를 기억한다는 것」 일레인 킴・최정무 편음、『위험한 여성들』 삼인、2000, p. 175.

18 Rumi Sakamoto, "The Women's International War Crimes Tribunal on Japan's Military Sexual Slavery : A Legal and Feminist Approach to the 'Comfort Women' Issue", *New Zealand Journal of Asian Studies*, vol. 3, 2001.6, pp. 49–50.

19 http://www.praguedeclaration.eu/ (accessed on 15 January 2016)

20 http://defendinghistory.com/70-years-declaration/29230 (accessed on 15 January 2016)

21 Jie-Hyun Lim, "Second World War in Global Memory Space", in Michael Geyer and Adam Tooze eds., *Cambridge History of Second World War*, vol. 3, Cambridge University Press, 2015.

22 Jan Błoński, *Biedny polacy patrzą na getto*, wydawnictwo literackie, 1996.

23 この本の内容については、『서양사론』所収の林志弦の書評を見よ。『서양사론』78호(2003. 9), pp. 295–301.

24 Juergen Zimmerer, “Die Geburt des Ostlandes aus dem Geiste des Kolonialismus: Die nationalsozialistische Eroberungs -und Beherrschungspolitik in (post-) kolonialer Perspektive”, *Sozial Geschichte*, 19/1, 2004; Benjamin Madley, “From Africa to Auschwitz: How German South West Africa Incubated Ideas and Methods Adopted and Developed by the Nazis in Eastern Europe?” *European History Quarterly*, 35/3, 2005; Enzo Traverso, *The Origins of Nazi Violence*, The New Press, 2003; Robert Gerwarth and Stephan Malinowski,“Der Holocaust als kolonialer Genozid? Europäische Kolonialgewalt und nationalsozialistischer Vernichtungskrieg”, *Geschichte und Gesellschaft*, 33, 2007.

25 Eric J. Sundquist, *The Oxford W. E. B. Dubois Reader*, Oxford University Press, 1996, p. 471; Cedric J. Robinson, “Fascism and the intersection of capitalism, racialism and historical consciousness”, *Humanities in Society*, 3 (autumn, 1983), pp. 325–349.

26 István Deák, “Heroes and Victims”, in Polonsky and Michlic eds., *Neighbors Responded…*, p. 422.

27 Martin Krygier, “Letter from Australia: neighbors: Poles, Jews and the Aboriginal question”, *East Central Europe*, 29, 2002, pp. 297–309.

28 http://www.amazon.com/Neighbors-Destruction-Jewish-Community-Jedwabne/product-reviews/ 0142002402/ref=cm_cr_pr_viewpnt_rgt?ie=UTF8&showViewpoints=1&sortBy=helpful&filterBySt ar=critical&pageNumber=1and passim; http://www.amazon.com/Bamboo-Grove-Yoko-Kawashima- Watkins/product-reviews/0688131158/ref=cm_cr_pr_viewpnt_rgt?ie=UTF8&filterBy=addOneStar& showViewpoints=0&filterByStar=critical&pageNumber=1and passim (Accessed on 6 of April, 2015 and 15 of January, 2016)

29 http://www.amazon.com/Neighbors-Destruction-Jewish-Community-Jedwabne/product-reviews/ 0142002402/ref=cm_cr_pr_btm_link_1?ie=UTF8&showViewpoints=1&sortBy=helpful&filterBy Star=critical&pageNumber=1 (Accessed on 15 of January, 2016)

30 http://news.chosun.com/site/data/html_dir/2016/01/15/2016011500441.html (Accessed on 15 of January, 2016)

31 O. Bartov et al eds., *Crimes of War*, pp. 41–99.

32 Raul Hilberg, “I was not there,” in Berel Lang ed., *Writing and the Holocaust*, Holmes & Meier, 1988, pp. 17, 20, 25.

33 Marianne Hirsch and Leo Spitzer, “The witness in the archive: Holocaust studies/memory studies”, *Memory Studies*, 2, 2009, pp. 156, 159, 161.

34 http://www.bloombergview.com/articles/2015-12-28/how-korea-s-deal-with-japan-fails-comfort-women- (Accessed on 23 of January, 2016)

35 http://news.chosun.com/site/data/html_dir/2016/01/01/2016010100714.html (Accessed on 23 of January, 2016)

第9章　矛盾した記憶あるいは過去の歴史化
――エストニアの歴史家にとっての挑戦

オラフ・メルテルスマン

一　エストニア現代史とその争点

ヨーロッパの大国に限らず小国であっても、時として国内や国家間で生じる直近の過去についての対立や競合しあう記憶への対応を余儀なくされることがある。バルト三国のうち最北に位置し、今日、人口一三〇万と最小国であるエストニアは、この文脈上で東中欧諸国の典型としてまさしく好個の例である。かたや国内にはさまざまな記憶の共同体を抱え、かたやロシア連邦との間ではエストニア現代史をめぐる軋轢がくすぶっている。(1) 極力感情論に陥らずこうした問題にアプローチするためには、過去を継続的に歴史化して行く必要がある、と筆者は言いたい。これは明らかに時代遅れのように聞こえるかも知れない。だが、十分に研究し尽くされていない過去はそもそも議論の対象とはならない。われわれが過去の決定的時期についての知識をより深めるにいたって初めて、その解釈もまた可能となるだろうし、さまざまな手法を用いた多様な観点に基づくアプローチも出来るというものである。

エストニア現代史略史

しかしながら、読者を歴史的背景に導くためには、まずエストニア現代史について手短かに記しておく必要があろう。(2) 一八世紀にエストニア人の居住地域はロシアの統治下に置かれたが、その後も、中世から諸地方の連合体としてこの地域を統治してきたバルト・ドイツ人エリートによる支配を受けていた。一九世紀初頭に農奴制からの農民解放が起こり、世紀なかばには農民にも土地購入が認められ、世紀末までにはいわゆる「エストニア民族の覚醒」が起きた。ロシア帝国領内にあったエストニア人居住地域は、一九一七年の二月革命以降、行政的な統合が行われて自治権を獲得し、民主的な県議会選挙が行われた。*1 一〇月革命後の一九一八年二月にはエストニアの独立が宣言されたが、その直後にこの地域は第一次世界大戦のなかでドイツ人に占領された。一九一八年一一月の戦争終結に乗じて、ソヴィエト・ロシアに対する独立戦争（エストニア語では解放戦争）が勃発し、一九二〇年には比較的有利な講和条約を締結して、エストニア共和国の勝利に終わった。

　若き民主主義国家は国家建設と国民形成を成し遂げ、大戦後の危機を克服し、わけても、土地改革に乗じてバルト・ドイツ人を支配的地位から排除しなければならなかった。エストニアはこの時期、約一一〇万の人口を擁する農業国であった。エストニア共和国は、両大戦間期の当初は民主主義国家であり、黎明期の困難な時期を経て持続的な経済成長が始まり、社会的不平等が劇的に是正され、マイノリティの権利が模範的なかたちで公式に認められ（ドイツ人とユダヤ人の超領域的な文化的自治、スウェーデン人とロシア人の地域的な文化的自治）、また文化と教育がいちじるしい成長を見た。世界恐慌によってこのポジティヴな成長路線が断ち切られると、機を同じくして「自由の闘士」*2 による極右運動が根付いていった。一九三四年に建国者の一人であるコンスタンティン・パッツが他の政治家や軍人と共謀してクーデタを起こし、検閲と政党廃止によって独裁政権を樹立した。「選挙によって」みずから大統領職の座についたパッツのもとでエストニアも、世界規模の経済的な回復を受けて生活水準は上向きとなった。

　独裁者アドルフ・ヒトラーとヨシフ・スターリンによって締結された一九三九年八月の条約《パクト》も、半世紀以上にわたってエストニアの未来を決定付けることになった。独ソ不可侵条約の附属秘密議定書でエストニアはソヴィエトの「利益圏」に組込まれた。一九三九年九月には一回目の最後通牒の後、エストニアは、自国兵力を上回る規模のソヴィエト軍部隊の駐留を許可せざるを得なかった。内政干渉まではいたらなかったものの、対外政策には干渉が加えられて、エストニアは事実上、隣国であるラトヴィアやリトアニアと同じくソヴィエトの保護国のひとつになった。一九四〇年六月には、フランスにおけるヒトラー勝利の陰で、ソヴィエトによる二度目の最後通牒が突きつけられたが、これは駐留部隊の増強と親ソ政権樹立をもくろむものであった。再びエストニアは譲歩せざるを得ず、まずソヴィエトによる占領が行われた後、ソヴィエト化のプロセスが始まり、一九四〇年八月には、みせかけの選挙を経てエストニアは正式に併合された。

エストニア市民にとって、一九四〇年の秋には生活水準が低下して早くも栄養失調が常態化したのとあわせて、逮捕とテロルの時代が始まった。このテロルは一九四一年六月、人口の一%もの大規模な東方への強制移住で頂点に達した。その一週間後に始まる独ソ戦は、三年に及ぶドイツによる国土の占領を招いた。残留していたユダヤ人や多数のロマの人びとが、共産主義者やそのシンパと見なされた人びとと並んで、殺害された。総計すると、およそ八〇〇〇人の住民がドイツ人の手で、あるいはその命令で殺されたのである。エストニア人もドイツの犯罪行為に加担した。大戦中、ドイツ側に立って戦ったエストニア人は、ソヴィエト側に与した者の二倍ほどいた。むろんこの時期、人口の多数派を占めるエストニア人住民に対するドイツの抑圧は、ソヴィエト初期と比べれば少なかった。

一九四四年にドイツによる占領が終わり、ソヴィエトが戻ってきた。反ソヴィエト武装抵抗運動が開始された。一九四六年からロシア語話者の移住者が大量に流れ込み[3]、一九四五年には人口の五%だったロシア語系住民の割合は、ソヴィエト期を通じて人口の三分の一以上にまで増加した。大量逮捕と深刻な戦後危機、一九四九年の二度目の大規模な強制移住ののち強制的な農業集団化が開始されて、住民の大多数の生活が一変した。スターリンの死後ようやく、それまで続いたテロル体制が正常化し、武装抵抗運動は終わりを迎えた。この時点までに人口のおよそ一二―一四%がスターリニズムによるテロルの犠牲となり、約四万の人々が命を落とした。(4)工業化と都市化が生活環境を一変させた。ニキータ・フルシチョフ政権下の「雪解け」はある程度のリベラル化をもたらし、おおよそ一九六五年には生活水準が戦前と同じレベルにまで回復した。それゆえエストニアには、この時期を表す「黄金の六〇年代」という概念もある。

ブレジネフ期は低迷期と見なされるのが一般的だが、実際にそうした言い方ができるのは七〇年代後半以降のことである。ソヴィエト最後の独裁者であるミハイル・ゴルバチョフのもとで徐々に「バルト革命」(アナトーリ・リーヴェン)が始まったのだが、この運動はまず、バルト地域の各ソヴィエト共和国を民主主義体制へと導き、その後、最終的にこれらの国々に独立回復をもたらすことになった。一九九一年一月段階ではまだゴルバチョフは、リガとヴィリニュスにおける平和的運動を武力で鎮圧しようとした。一九九一年八月のゴルバチョフにたいするクーデタ未遂事件の後、エストニア共和国は再び独立国家となり、つらい経済改革期を経て、もっとも成功したポスト社会主義国家の一つとなった。ポスト社会主義の体制転換期のどん底であった一九九四年以降、一人当りGDPは約三倍前後まで増え、それに応じて実質所得も増加した。

国家建設と国民形成はおおむね順調に進んだ。二〇〇四年には、エストニアはEUとNATOへの加盟を果たした。人口のほぼ三分の一にあたるロシア語系マイノリティの立場は今日にいたるまである種の問題を投げかけており、彼らの一部は大部分のエストニア人とは明らかに異なる歴史認識を持っている。エストニアは二〇〇八―〇九年の世界的な経済危機に見舞われたが、情勢は再び正常化し、二〇一六年にはふたたび、二〇〇七年時点の経済発展の水準に達した。出生率の低さや、移住者のロシア(主にロシア連邦)への帰還、EU圏内(主にフィンランド、スウェーデン、イギリス)への労働移民のために、一九八九年から人口は約二五万人減って、一三〇万人にまで減少した。

エストニア現代史の論点

以上のように短く見取り図を描いた上で、このように問うことが出来よう。では、エストニア現代史のいったい何が論争を呼ぶ主題なのかと。確かにバルト史におけるバルト・ドイツ人の役割は、ドイツ人支配による「七〇〇年の軛」と称されるほど長きにわたって感情的な重荷となってきた。しかし一九三九―四一年のバルト・ドイツ人の移住に伴い、このテーマは明らかに危険性を孕んだ問題ではなくなり、今日では距離を置いて見られている。今やエストニアは以前のドイツ人市民およびその子孫に国籍を認め、かつソヴィエトに不動産を接収されていた場合には権利回復も認めた、東中欧諸国で唯一の国である。

エア・ヤンセン、トーマス・カリヤハルム、トヌ・タンベルクらの歴史家は、ロシア帝国におけるバルト諸県の位置づけを描写する際に、客観性を持たせるように努めてきた。こうしたバルト・ドイツ人にかかわる主題はいずれももはや実際に歴史になっている。近年になってようやくエストニアで徹底的な研究が進められてきた第一次世界大戦も、ほとんど論争の余地を与えない。歴史家のアードゥ・ムストは、当時のロシア国家によるバルト・ドイツ人迫害に関する研究論文を出版したほどである。(5)

同様に独立戦争も広く歴史化されていて、(6)これに関連した赤色／白色テロルを扱った論文でさえ、広範な論争のきっかけとはならなかった。(7)しかし、コンスタンティン・パッツのクーデタと権威主義体制、独立喪失の際の彼の役割についての評価は定まっていない。二〇一七年になってもまだメディアでは依然として、タリンにパッツの記念碑が建てられるべきか否かという議論がなされている。二〇〇四年には歴史家マグヌス・イルムヤルヴによる、バルトの他の二国もテーマとした約一〇〇〇ページにわたる長大なモノグラフが出版された。(8)この書物はベストセラーとなり、文字通りの論争を巻き起こした。とりわけソヴィエト治下での「寡黙な服従」というテーゼは少なからぬ人々を激昂させた。しかし作品は悪文で実に多くの誤った解釈を生み、ヤーク・ヴァルケはそこに重大な初歩的ミスを指摘することができたほどである。実はコンスタンティン・パッツをめぐる対立はすでにエストニア人亡命者のあいだでくすぶっており、パッツ支持派と反対派が争っていた。パッツは国家の創建者、初代大統領と見なされうるがゆえに、エストニアの国家的シンボルなのだろうか、それともヤーク・ヴァルケがエストニア語で執筆した論文の中で立証できたように、国を奈落に引きずり込んだばかりか経済犯罪の深みに巻き込んだ権威主義的な支配者なのだろうか。パッツ体制の後に訪れたスターリニズムの恐怖、第二次世界大戦、ドイツの占領、テロル、大規模な困窮状態のせいで、多くの同時代人は両大戦間期の独立を理想化する傾向にあり、パッツをその体現者として祭り上げたのである。

「自由の闘士」つまり独立戦争退役軍人同盟の運動というテーマもまた、今日でもなお感情的な反応をもたらす可能性がある。彼らはドイツのナチ党と接触を持つファシストであったのか、フィンランドのラプア運動と同じく極右だったのか、それとも新憲法によって民主主義を強化し、汚職政治家を一掃しようとしたのか、論争は未だ尽きることがない(9)。

だが、時として大いに理想化される両大戦間期の独立以上に集団的記憶のはるか中心に焼きついているのは、独立喪失である。ソヴィエトによる占領、併合、ソヴィエト化とスターリニズムが研究の中心テーマであるが、それは公共の場でも関心を寄せられている。テロルの被害を受けずに済んだ家族は皆無に等しいということと、住民の圧倒的多数が農業集団化や土地接収の憂き目に遭ったという事実から、これには納得がいく。いわゆる「森の兄弟」による反ソヴィエト武装抵抗運動は、英雄創造のきっかけとなる(10)。それにたいして、ソヴィエト時代後期はまださほど徹底した研究がされていない(11)。例外は、その最終段階で、これはいわゆる「歌う革命」の時期に相当するが、特に回想録の執筆者たちがみずからの役割を強調しがちなのがこの時期である。

第二次世界大戦、ドイツによる占領、ホロコーストとエストニア人の対独協力は依然として感情的にならざるをえないテーマである。正しい側に立って戦っていたのは誰か、赤軍側についたエストニア退役軍人か、あるいはナチの武装親衛隊と警察予備大隊に与した側か？　そのうえエストニア議会では、ドイツ側に与したエストニア人のすべてを一括りにして「自由の闘士」と見なせるのかどうか、丁々発止の論争が繰り広げられた。同様にドイツの犯罪行為へのエストニア人の協力も、未だ少々扱いに慎重さを要するテーマである。とはいえいずれ感情の高ぶりはおさまり、その主題はますます歴史化されることだろう。

独立回復以降のエストニア現代史はまだ、エストニア人の歴史家によって研究されていない。それはむしろ政治学者ないし社会学者やコミュニケーション論研究者の、あるいは政治的論争の対象である。しかしながら歴史家は、ほとんどの関係者がまだ存命中であるとの理由もあって、それに手をつけるのを躊躇するのである。

二　ソヴィエト時代の影響

ソヴィエト時代の公式歴史像

ソヴィエト期には事実上、三つのエストニア史像があった。つまり公式のものと個人的なもの、そして亡命エストニア人のそれである。亡命者の歴史像は、最終的に一九四四年時点で人口の約七%が西側に逃れたことに起因する。のみならず、場合によっては第四の歴史像、つまりロシア語系移住者のそれを指摘できるかも知れない。公式歴史像は、特に現代史では、マルクス・レーニン主義のイデオロギー的方向性に基づいたものであった。エストニアが自立的な一個の国家であるなどということは、必要とあらば事実を歪曲してでも一蹴されねばならなかったし、エストニア・ソヴィエト社会主義共和国の発展は成功の歴史として描かれねばならず、ロシア人は旧知の同胞のようなものとして強調されるべきものであって、第二次世界大戦の描写は、戦後に作られた公式のナラティヴに基づくものになった。ドイツ占領部隊による物的、人的喪失は大袈裟に誇張されねばならなかった。さらに冷戦時代は敵側を誹謗することが求められた。

一九四六年七月に新設されたエストニア・ソヴィエト社会主義共和国科学アカデミー社会科学局歴史学部門の

研究計画を記した文章は、そこで計画された歴史政策上最重要の路線を描き出している。注目すべきは、歴史研究へのマルクス・レーニン主義的な手法の導入が付随的にしか述べられていない点である。イデオロギーやエストニア史全般の研究といったものは論点とされず、強調されたのは、二つの中心的研究課題である。

政治的に焦眉で最重要の問題は、エストニア史におけるいわゆる「東」と「西」への方向づけにある。(……)まず、エストニア人民とその一部およびドイツ人との関係が必ず最初期から今日にいたるまで徹底して研究されねばならない。この問題におけるわれわれ共通のコンセプトは完全に明快であり、エストニア人民とドイツ人との非妥協的な対立がよりいっそう強調して説得力を持って描かれ、いっそう明確化して説明されるべきだろうし、エストニア人のなかの反動層がドイツ人に接近する傾向にあるということと、この現象の階級的性格とが示されねばならない。第二に、エストニアとロシアの関係を体系的かつあらゆる角度から研究することが不可避である。(……)それ〔この研究〕はロシア人民とエストニア人民の友好関係の深化と発展に大いに寄与し得るものである。(12)

アヌ・ラウトセップが検証した学校の歴史教育、書籍、メディア、歴史研究、学校やコムソモールや高等教育機関でのイデオロギー教育は、ソヴィエト的な歴史像の定着を図るためのものだった。むろん、これは例えばロシア人についてのイメージの場合には成功しなかったばかりか、あまつさえエストニア人にとって国民的な仇敵像であったバルト・ドイツ人と立場が入れ替わる結果とさえなった。(13) しかしながら、いまさらソヴィエト的な現代史研究を過度にイデオロギー化されたまったく無価値なものと断じるのは不公平というものだろう。厳しい検閲を受けた出版物にも今も価値の高い情報が見出され、歴史家の幾人かはその精査に尽力した。だが、例えば強制的農業集団化にかんするいくつかの批判的研究は准博士学位取得に使えはしたものの、活字にして出版するこ*4

とは許されなかった。出版されたいくつかの資料は、亡命者の情報源となることもあった。そのおかげでレイン・ターケペラは、エストニアにおける強制的農業集団化について、主にそうした資料集をもとに、実際の展開と寸分違わぬ優れた二つの論文を上梓できたのだ。(14)

亡命者の描く歴史像

冷戦時代にエストニア現代史について情報を得ようとすると、エストニア人亡命者の研究の方が大いに役立った。主に書簡による何らかの故国との個人的繋がりは亡命後も維持されたが、亡命者自身の故国訪問が現実味のある選択肢となったのはようやく六〇年代に入ってからのことだった。だが、ソヴィエト・エストニアのメディアや歴史に関する出版物へのアクセスは可能であった。一九五八年に出版されたアレクサンデル・カエラスの本を読むと、彼がエストニア・ソヴィエト社会主義共和国の実情にどれほど精通していたかが分かるが、それは今日では実に驚くべきことである。(15) その二〇年後には、より深い認識をもたらす、さらに大部の仕事も刊行された。(16) また、直近のエストニア史に光を当てたのは、『第二次大戦中のエストニアの国家と国民』(全一〇巻、ストックホルム、一九五四―六二年)および『エストニアの運命の時期 一九四五―一九六〇』(全六巻、ストックホルム、一九六三―七二年)という二つの論集のシリーズであった。前者が多大の成功をおさめたことから、これらを中傷することを目的としてタリンで五巻本の論集が出版されたほどで、こちらはソヴィエト的歴史像をそのまま伝えるものだった。しかしながら亡命史学の頂点が、一九八三年初版、後に一九九三年に増補改訂された、ロムアルド・ミシュウナスとレイン・ターケペラによる、バルト地域の各ソヴィエト共和国史を大観した著作であることは疑うべくもない。(17) 亡命者による最後の重要な論文には、ドイツによるエストニア占領に関するアルヴィン・イスベリの研究論文がある。(18)

バルト地域研究ないしバルト地域史を専門的に扱った雑誌としては『ジャーナル・オヴ・バルティック・スタ

ディーズ』とドイツ語の『アクタ・バルティカ』の二つがあり、これらには多くの亡命中の著者が寄稿した。前者の出版元であるバルト研究振興学会(Association for the Advancement of Baltic Studies)は、アメリカで設立されたものである。ドイツにはバルト歴史委員会(Baltische Historische Kommission)があったが、これは当初バルト・ドイツ人の歴史家が主体で、現代史にはさほど力を入れなかったものの、バルト地域の歴史にかんする数種類の叢書を出版した。ストックホルムにはバルト研究の拠点が設置された。ソヴィエト時代後期にこの研究所が組織した国際会議には、エストニアからも歴史家が参加することができた。ドイツ人のゲオルク・フォン・ラウホは、両大戦間期に関する彼のスタンダードな著作によって[19]、またフィンランド人のセッポ・ミュッルニエミは一九三八—四一年のバルト危機[20]と一九四一—四四/四五年のドイツ占領に関する価値の高い研究[21]によって、エストニア現代史およびバルト現代史に重要な貢献を果たした。

エストニアが国家として復活した後すぐに、亡命エストニア人と外国人の著作が国内で入手可能になり、場合によっては復刻、翻訳もされた。それらは特に一九九〇年代初頭には、ポスト・ソヴィエトの歴史像の形成に一定の役割を果たすこととなった。エストニアの歴史学はまず新しく地歩を固めなおす必要があった。

非公式の歴史の捉え方

ソヴィエト期には公式の像と並んで常に、非公式で個人的な歴史の捉え方もあった[22]。独立期の体験がまだ生々しい記憶の一部としてあったし、相応の年齢に達している者であれば、公式に主張されるほどすぐには生活水準が向上しないことを理解できた。家族内では抑圧や飢餓、土地接収、強制移住、農業集団化やテロルの体験を語り継ぐことができた。外国との接触はソヴィエト支配が始まった頃から、他国のラジオ放送の受信を介して行われた[23]。ニュースも噂話として広まり、共産主義から自分たちを解放してくれるはずの「白い船」の到着と第三次世界大戦の勃発を多くの人びとが待ちわびた[24]。その気になれば、別情報を得ることも可能だったのだ。ソヴィエト時代後期になると、エストニア北部ではフィンランドのテレビ局の電波も受信できるようになった。いまだに多くの人びとが両大戦間期の書籍や雑誌といった古い出版物を所有していたが、これらは検閲機関によって口喧しく禁止されたものであった。現代史の事件が公然と話題に上る家庭や交友関係もあれば、そうでない場合もあった。その結果、ペレストロイカ時代には、若いエストニア人の多くは、強制移住についてずっと以前から知っていたけれども、一部にはその事実をこの時初めて耳にしたという者もいた。いずれにせよ、社会にはさまざまな形をとった非公式の二番手のヴァージョンの歴史があった。

ロシア語話者住民の家族の場合、どちらかといえば公式ヴァージョンを信じがちの移住者なのか、それともみずからの体験を背景に持った長期定住者なのかが大いに重要だった。*5 統計的には、ロシア人やユダヤ人のマイノリティに属する者でソヴィエト初期に迫害を受けたことのある者の割合は、民族としてのエストニア人のあいだで迫害された者の場合よりも高いほどなのである。

こうした非公式ヴァージョンの歴史の一例は、若い三人の歴史家、後の首相マルト・ラールとラウリ・ヴァフトレ、ヘイディ・ヴァルクによって一九八九年に上梓された『祖国史』全二巻である。(25) ここからは、ソヴィエトの検閲にもかかわらずエストニア史のどのような知識が獲得可能だったのかが明らかになる。おそらくこの本はエストニアの歴史書として最大発行部数を誇ったもので、ナショナルな刻印を帯びた語りによって以後のエストニアの歴史像に影響を与え、結果として、ラールとヴァフトレは教科書執筆者としても成功を収めることとなった。

検閲が緩和され文書資料へのアクセスも改善したソヴィエト時代末期には過去の見直しが始まり、個々の新聞記事を手始めに、続けてハーヴ、ルーツソー『エストニア国民とスターリニズム――歴史と現在』*6（タリン、一九九〇年）のような著作も出版されたのに加えて、第二次世界大戦とソヴィエト支配による被害のバランスシートを明らかにする最初の試みも行われた。(26) この時期、ソ連全土のメディアで、中央から助成金が支出されたのはどのソヴィエト共和国で、差引勘定で連邦に支払う側に回ったのはどの共和国なのかという議論が持ち上がった。エストニアについてこの問題はいまのところはっきりしたことが分かっていない。いずれにせよ、エストニア住民の多くは、以前はそうしたことが語られる環境になかったため、この時初めてスターリニズムの恐怖を認識することになった。

一九八〇年代末のエストニアには、エストニア愛国主義的なものからソヴィエト型の解釈にいたるまで、近い過去についての実にさまざまな捉え方があった。この時代に書き留められて博物館や文書館に収められたいくつもの回想録は、記憶の幅というものがいかに巨大であるかを示している。(27)

三　独立回復

独立回復後の初期

一九九一年八月に再び独立したエストニアは、苦痛に満ちた改革をたどって独自通貨を導入し、民主主義と資本主義を確立しなければならなかった。一九九四年にポスト社会主義の危機は底をうち、その後上昇に転じた。現代史研究もこの問題のあおりを受けていた。かつての禁書が今や入手可能となり、外国滞在と国際会議への出席が認められ、文書館が完全に開かれたものの、さしあたっては、状況の変化から新たな出版物の波が生じることはなかった。経済的・社会的問題がいちじるしかったからである。そのうえ国の小ささも手伝って、博士号をもつ現職の現代史家は、今日およそ二〇人を数えるばかりである。それにも関わらず、直近の過去の研究に従事する一連の委員会やグループが設立された。レオ・オイスプーの指導のもとでは、（ロシアの「メモリアル」に比肩する）「メメント」という組織の有志によるグループが、逮捕・強制移住・動員を受けた人びとの個々の運命に光をあてるべく、膨大な記録文書を編纂した。歴史家の観点からすれば、こうしたことに多大な労力を費やすのは一見すると有意義ではないかも知れないが、被害者の親族にとってそれは、書物中あるいはデータバンクを用いてやっと身内の運命を明らかにできるものとして、重要なものに思われる。個人で文書館を調査する意思も能力も持たないほとんどの家族にとっては、いずれにせよこれは大いに意味のあることである。(28)

独立回復当初から社会と国家にとって何よりも重要だったのは、脱ソヴィエト化とでもいうべきものに着手することであった。研究所の設立、学校用の新たな歴史教科書の作成、(29)新カリキュラムの開発、広場や通りの改名や、ソヴィエトの記念碑をエストニア共和国のそれと置換し、あるいはソヴィエトに破壊された独立戦争の記念碑などを再建することが重要だった。特に初代首相マルト・ラールは就任時に、「議会の浄化を！」というスローガンまで掲げて、かつての共産主義者を国家機構から一掃することを約束した。しかし現実には、徹底してそれが実行に移されるには程遠く、議会でも旧共産党員がどの政党会派よりも大きなグループを形成していた。時の経過とともに、ドイツやソヴィエトによるテロルに関与した者を裁判にかけて断罪する努力もなされてはきたのだろう。だがこれは、たいていは年齢や健康上の理由、あるいは文書館に証拠記録がなかったり、しかるべき証人の不在などもあって実現にはいたらなかった。結局のところ、ソヴィエトの大量強制移住への協力について法的効力のあるいくつかの判決が出るのに留まった。(30)それでも、接収された財産への補償は可能な範囲でほぼ完了した。したがって、私有化の波が訪れただけではなく、元所有者とその子孫は、大半が不動産か土地であった自らの財産を取り戻した。

人道犯罪調査国際委員会と過去の歴史化

一九九〇年代も終わりに近づくにつれて、現代史研究の成果を出版するテンポが速まった。これは上向きつつあった経済状況および、レンナルト・メリ大統領が一九九八年に設立した「人道に対する犯罪調査のためのエストニア国際委員会」のような国家的イニシアティヴの影響であった。政治家と歴史家と団体代表者からなるこの国際委員会は一〇年にわたって活動し、それぞれ一度目のソヴィエト期、ドイツ占領期、一九四四年からのソヴィエト時代に関する三つの報告書を公刊したが、その際に重点が置かれたのは人道にたいする犯罪であった。国際委員会には著名人が名を連ね、事実上国家主導で動いていたので、そのレポートはほぼ公的性格を持つものだった。犯罪が確認され、エストニア人協力者も含めて容疑者の名前も示されて、もはや否定できない事実となった。ソヴィエト時代を断罪する考え方はエストニアで主流になっているが、特定のグループ内ではドイツによる占領はこれに比較すればまだ害が少ないと見なされていたし、(31) エストニア人の対独協力は研究テーマとしてはほぼタブーだった。(32) 国際委員会によってこの状況が変化し、ドイツ占領時代についての研究と議論は比較的支障なく行われるようになったものの、エストニア生まれのアントン・ヴァイス＝ヴェントがそのホロコースト研究のために、メディアのなかで反ユダヤ主義的な視点からの非難をあびることさえあった。(33)

国際委員会には歴史家グループが協力しており、その後、報告書は書籍として刊行された。*8 浩瀚なこの二巻本には、言語表現上の編集のしかたに始まり、叙述的であることを重視して事実に拘泥するあまり、解釈をほとんど加えようとしない手法にいたるまで、さまざまな短所が挙げられる。それにもかかわらず同書は、(34) 一九四〇—五三年という決定的な時代におけるエストニア史にとっての宝庫として評価することができる。委員会に在籍していた歴史家たちは、今日ではほとんどがエストニア記憶研究所で仕事をしており、彼らの課題は今や主に、スターリン死後の時期の人権侵害を研究することにある。

国際委員会設立の趣旨は、EUおよびNATO加盟に向けて努力していたエストニアが一九九八年の時点で、自らの過去と真摯に向き合う姿勢を示すことにあった。書籍は両巻とも英語で執筆され、自国内の広範な読者向けではなく、学界や国際的な読者を対象としている。今日までエストニア語の翻訳はまだ出版されていない。それでもこのプロジェクトは成功を収めており、たとえばエストニアにおけるホロコーストが初めて徹底的に究明され、テロルの時代のドイツ人、ソヴィエト人、エストニア人の犯罪者たちがはっきり名指しされたということができる。真実和解委員会*9のようなものと評する向きもあるようだが(35)、それでも結局は過去を歴史化することが目的であった。これに類する委員会は同時期にラトヴィアとリトアニアにも設立された。

より長期にわたって構想されながらも潤沢な資金を確保できなかった大規模プロジェクトとして、一九三九年から一九五三年までの時期を徹底して洗い出す全一〇巻の『戦争と平和のあいだ』がある。実際のところ細大漏らさず記述する姿勢は他の追随を許さず、ここ一三年間でようやく最初の二巻が出版されて研究状況を前進させたものの、これまでのテンポを鑑みるに、読者は最終巻が出るまであと数十年は我慢を強いられることになるだろう。

現代史研究者たちの活動と成果

その一方で現代史では、一九三九―四一年の研究にとって重要な貢献を果たしたユリ・アントとエン・タルヴェル、以前からの共産党史研究者であるオラフ・クーリとカリヨ・オレヴ＝ヴェスキマキといった、すでにソヴィエト時代に地位を確立していた研究者が活動していた(36)。比較的若手で国際的視野を持ったヤーク・ヴァルケ(37)、エーロ・メディヤイネン、マグヌス・イルムヤルヴ、国内のスターリニズムによるテロルの研究を主導する専門家であるアギ・ラヒ＝タム、トヌ・タンベルク(38)、アコ・パユル、カーレル・ピーリマエ(39)、アヌ・ラウトセップといった歴史家が徐々に台頭し、大学で相応の地位に就いた。他方、メーリス・マリプー、トーマス・ヒーオ、インドレック・パーヴレといった面々はまず、メリ大統領によって発意された国際委員会で職を得て、その後は記憶研究所に籍を置いている。バルト研究振興学会とバルト歴史委員会、あるいはアヌ・マイ＝クル(40)、トイヴォ・ラウン、アレクサンデル・ロイトのような他国で活動するエストニア史家のイニシアティヴ、しだいに緊密になっている外国大学との直接の交流、そしてエストニア人研究者自身のイニシアティヴもあって、エストニアにおける歴史研究は時とともに国際的な流れや影響に一層強く感化されるようになり、そのことが研究の質を向上させた。また、他国での出版がある程度求められているという事情もある。なぜならこれはキャリア上も各種研究助成申請を成功させる上でも明らかに有利に働くからである。エレーナ・ズプコーヴァ(41)、デヴィッド・フィースト(42)、カルステン・ブリュゲマン、ブラドリー・D・ウッドワース(43)、セッポ・ツェッテルベリ(44)、ルス・ベッティーナ・ビルン(45)、デヴィッド・J・スミス(46)、ジョン・ハイデン、そして筆者(47)といった一連の外国人歴史家は、エストニアとバルト諸国をテーマとする研究に従事してこれを促進し、そのうちの二人、ブリュゲマンと筆者は現在エストニアで研究している。

科学アカデミーの大幅な人員削減とアカデミー附置研究所の独立にもかかわらず、活動を続ける現代史家の総数はこの二五年で上昇したが、もはや彼らのすべてが大学や研究所に所属しているわけではなく、なかには博物館や文書館に籍を置く者もいる。一九九〇年代と二〇一〇年代の出版物を単純に比較しても、量質ともに明らかに向上しているのが分かる。これについては間違いなく歴史学の国際化が関係しており、それと同時に外国でも出版件数が増加している。さらには、出版を求める圧力もある程度あり、博士号取得件数も増加している。

エストニアの歴史家と外国の同僚たちは、エストニア現代史に関する知識を飛躍的に拡大させてきたのと同時に、さまざまの解釈のしかたを提起してきた。たとえ彼らの論文が必ずしも広く一般受けするものではないにせよ、彼らはみずからの研究を通してある程度、過去の歴史化に貢献してきた。むろん、時間的な隔たりも良い方向に作用した。九〇年代にはまだソヴィエト時代の体験が非常に生々しく、しばしば感情的な反応を呼んだが、二〇年後の今日ではより距離をとって多くのテーマと向き合うことができるようになっている。

博物館と国立文書館も、過去の歴史化という点でも、新しい論争的ともいえるような研究上の認識を普及させるという点でも、一役買ってきた。たとえばタリンの歴史博物館が新しい展示を企画する際、展示解説文の作成にあたってまず名前が挙がるのは、研究の最前線にいる歴史家であって、国民的神話ばかりの伝統的歴史像に固執する研究者たちではない。その良い例が、二〇一四―一六年に開かれたドイツ占領に関する展示であった。一九九八年に設立されたものの展示内容が非常にステレオタイプな占領博物館は、コンセプトを大幅に変更して、解放博物館への改組を目指している。国立文書館叢書は、論文集にせよモノグラフにせよ、エストニア語による歴史研究書の版元として第一級である。独自に刊行している歴史雑誌とも相まって、専門家の範囲をはるかに凌ぐ数の広範な読者を得ている。

ロシア語系住民と歴史像の分断

大量移住の結果として、エストニアには今日まで人口のおよそ三分の一にあたる実に多くのロシア語系マイノリティが存在している。ソヴィエト時代からすでに、共和国の公共圏はある種の分裂状態にあった。二つに分岐した学校制度があり、ロシア語系学校ではエストニア語系学校に比べて、郷土であるエストニア共和国の知識が教えられることは少なかった。メディア事情も、ローカルなメディアと共和国単位のメディアからなるエストニア語によるものと、ローカルなメディアと共和国単位のメディアとならんで連邦全域のメディアからなるロシア語のものとに分かれていた。北エストニアでは多くのエストニア人がフィンランドのテレビ放送を視聴し、さらに他国のラジオ放送も受信できた。メディアが我々の歴史像に多大な影響を及ぼすというのは、実に頷けることである。確かに多くのエストニア人がロシア語メディアを利用し、多くのロシア語系住民もエストニア語メディアを利用したが、ソヴィエト時代にはすでにメディア利用を通して記憶の分裂が生じていたといえよう。

学校制度では、エストニア語系学校とロシア語系学校との差異が時とともに明らかに縮小し、今では多かれ少なかれ同じカリキュラムが導入されている一方で、メディア事情の分裂は一層強くなった。もはや全国版のロシア語日刊新聞は発行されなくなっていて、オンライン版と数えるほどの地方新聞しか入手できない。最近になってようやく国営テレビ局に唯一のロシア語テレビチャンネルが開設されたものの、視聴者の数は少なく、エストニアのメディア企業が提供するロシア語ポータルサイトも大して人気がない。ロシア語系マイノリティはほとんど完全に、ロシアのメディアかロシアにコントロールされた国内メディアを情報源としてきた。たとえば、ソヴィエトによる占領か、それとも自由意志による連邦加盟かといった構図のように、ソヴィエト時代と第二次世界大戦中のバルト諸国の運命には異なる解釈があること、そしてロシアのメディアでは報道の自由が制限されていることを考え合わせると、この状況はまったく憂慮すべきことである。双方の住民間で、実際に生じた以上に、過去をめぐる対立が起きていたとしても不思議ではない。

確かにそれ以前にも比較的小さな衝突はあったが、二〇〇七年春、第二次世界大戦を追憶するために建てられたソヴィエトの記念碑を、エストニア政府がタリン中心部から郊外の軍人墓地へ移築しようとした際に、エストニア人とロシア語系住民の記憶の異なる状況が露呈する騒ぎとなった。普段この記念碑は親しみを込めて「アリョーシャ」と呼ばれ、ソヴィエトにとっては大戦の「勝利の日」であった五月九日の記憶の中心的拠り所になっていたが、それは悲しみに暮れる赤軍兵士の像であって、勝利に歓喜する姿ではない。結果として市中心部では、個人商店の略奪を伴う暴動が二晩続いたが、これにはエストニア人も関与していた。だが、政府は最終的に移築を強行した(48)。

歴史像とその解釈が異なるにもかかわらず、これ以上の紛争にまでいたらない理由は多岐にわたる。確かにロシア語系住民は、特にエストニア語を不十分にしか操れない場合に、自分がこの国で差別されているように感じることもあるが、国外に目を向けると、エストニアにおける彼らの立場は実はかなり良好であることが分かる。ラトヴィアではラトヴィア化政策がはるかに強力に推進されているし、エストニアではロシア語系マイノリティも経済成長の恩恵に与ったのに比べて、ラトヴィアは明らかにもっと貧しい。隣接するロシアのレニングラード州とプスコフ州は、ロシア連邦のなかでも最貧の州に数えられる。親戚を訪問してみると、ロシアのイヴァンゴロドやプスコフよりエストニアのナルヴァやタリンのほうが魅力的であることはすぐにわかる。バルト・ロシア人もしくはエストニア・ロシア人としてのアイデンティティもしだいに形成されている。エストニアの統合政策が繰り返し行われており、当然ながら批判されはしたが、それでも成果を収めてきた。ロシア語のテレビ放送やインターネットで、プーチンのプロパガンダが拡散されている時でさえ、そうなのだ。(49)むろん政治家は、選挙に際して再三にわたり、いずれかの社会集団や民族集団の支持を得るために現代史というカードを切り札にしてきたが、そのことは本稿のテーマとすべきようなものではない。

結論

エストニア現代史は他の中東欧諸国のそれと同様、歴史をめぐる論争のきっかけを多くもたらし、まさにソヴィエト支配の時代から受け継いだ過去についての競合する複数の記憶、つまりソヴィエト的な公式記憶、個人の記憶、そして亡命者の記憶が併存するにいたっている。したがって、こうした過去を歴史化して、「ホット」なテーマを「クールダウン」するという、歴史家にとって途方もなく大きな挑戦が存在した。エストニア人亡命者はすでにソヴィエト時代に、ソヴィエト・エストニアの研究よりも信頼のおける確実なエストニア現代史のヴァージョンを生み出していた。一九九一年の独立回復以降、エストニアの歴史家はそれに依拠することができた。当初、経済問題のために手間取ったとはいえ、一九九〇年代末には研究が軌道に乗り始めた。さまざまな委員会が重要な役割を果たしたが、事実上一九七〇年代以降に始まった外国人歴史家の貢献もまた軽視できない。

他の中東欧諸国に比べれば、エストニア現代史の歴史化のプロセスは比較的他に先んじている。記憶の場で、とりわけ国内のロシア語系マイノリティとのあいだで繰り返される軋轢にもかかわらず、状況は総じて肯定的に評価できるだろう。

（吉澤賢訳）

＊エストニア語のできる読者はほとんどいないと思われるため、後注では主としてエストニア語以外の著作を参照することとし、本論中ではタイトル訳を付すこととする。他の文献としては次を参照せよ。Olaf Mertelsmann, "The Dispute about Estonian Contemporary History", Nobuya Hashimoto and Hiromi Komori eds., *National Integration and Formation of Multi-Ethnic Society: Experiences in Estonia and Latvia after EU Enlargement*, Kwansei Gakuin University, 2009, pp. 51–60 (http://hdl.handle.net/10236/1649); idem, "Academic and Popular Representations of the Recent Past on the Example of Estonia", Nobuya Hashimoto ed., *Politics of Histories and Memories and Conflicts in Central and East European Countries and Russia*, Kwansei Gakuin University, 2015, pp. 29–44 (http://hdl.handle.net/10236/13007); Wiebke Jürgens ed., *Auswahlbiographien zur Geschichte des Kommunismus in Osteuropa, Band III: Estland*, OEZ Berlin-Verlag, 2009.

1 Olaf Mertelsmann, "Der baltisch-russische Erinnerungsstreit", Hans-Henning Hahn, Heidi Hein-Kircher and Anna Kochanowska-Nieborak eds., *Erinnerungskultur und Versöhnungskitsch*, Verlag Herder-Institut, 2008 (Tagungen zur Ostmitteleuropa-Forschung, 26), pp. 255–270.

2 英語文献での最も優れた概括は次のものである。Toivo U. Raun, *Estonia and the Estonians*, Hoover Institution Press, 2001. バルト諸国全体については次を参照せよ：Andres Kasekamp, *A History of the Baltic States*, Palgrave Macmillan, 2010; Andrejs Plakans, *A Concise History of the Baltic States*, Cambridge University Press, 2011.

3 移住者は連邦全土から来たが、主として隣接するロシアの各州からの人間が多かった。それゆえロシア人、ウクライナ人、白ロシア人等が問題になった。家庭内では他言語を使用し、少なくとも民族籍が別の場合にも、ほとんどはロシア語を通用語とした。よって本論でエストニアのマイノリティと言う場合、ロシア人ではなくロシア語話者を指す。

4 概括には次を参照せよ。Olaf Mertelsmann and Aigi Rahi-Tamm, "Soviet Mass Violence in Estonia Revisited", *Journal of Genocide Research*, 11: 2–3, 2009, pp. 307–322.

5 Aadu Must, *Von Privilegierten zu Geächteten. Die Repressalien gegenüber deutschbaltischen Honoratioren während des Ersten Weltkriegs*, University of Tartu Press, 2014.

6 例えば次の文献を参照せよ。Karsten Brüggemann, *Die Gründung der Republik Estland und das Ende des "Einen und unteilbaren Russland": die Petrograder Front des russischen Bürgerkriegs 1918–1920*, Harrassowitz, 2002.

7 Taavi Minnik, "Der Teufelskreis der Gewalt: Terror und Repressionen in Estland 1917–1919", *Forschungen zur baltischen Geschichte*, 6, 2011, pp. 120–141; idem, "The Cycle of Terror in Estonia, 1917–1919: On Its Preconditions and Major Stages", *Journal of Baltic Studies*, 46: 1, 2015, pp. 35–47.

8 英語での要約版には次のものがある。 Magnus Ilmjärv, *Silent Submission : Formation of Foreign Policy of Estonia, Latvia and Lithuania : Period from mid 1920s to Annexation in 1940*, Almquist & Wiksell, 2004.

9 英語文献での最も優れた概括は次のものである。 Andres Kasekamp, *The Radical Right in Interwar Estonia*, Macmillan Press, 2000.

10 Mart Laar, *War in the Woods : Estonias Struggle for Survival 1944–1956*, Compass Press, 1992.

11 Olaf Mertelsmann and Kaarel Piirimäe eds., *The Baltic Sea Region and the Cold War*, Peter Lang, 2012 ; Tõnu Tannberg ed., *Behind the Iron Curtain : Soviet Estonia in the Era of the Cold War*, Peter Lang, 2015.

12 Российский государственный архив социально-ролитической истории（РГАСПИ）ф. 598, о. 1, д. 14, л. 11–14.

13 Olaf Mertelsmann, “How the Russians Turned into the Image of the ‘National Enemy’ of the Estonians”, *Pro Ethnologia*, 19, 2005,（special issue : The Russian Speaking Minorities in Estonia and Latvia）, pp. 43–58.

14 Rein Taagepera, “Soviet Collectivization of Estonian Agriculture : The Taxation Phase”, *Journal of Baltic Studies*, 10 : 3, 1979, pp. 263–282 ; idem, “Soviet Collectivization of Estonian Agriculture : The Deportation Phase”, *Soviet Studies*, 32 : 3, 1980, pp. 379–397.

15 Aleksander Kaelas, *Das sowjetisch besetzte Estland*, Estnischer Nationalfond, 1958.

16 Tõnu Parming and Elmar Järvesoo eds., *A Case Study of a Soviet Republic : The Estonian SSR*, Westview Press, 1978.

17 Romuald J. Misiunas and Rein Taagepera, *The Baltic States : Years of Dependence, 1940–1990*, Hurst, 1993.

18 Alvin Isberg, *Zu den Bedingungen des Befreiers : Kollaboration und Freiheitsstreben in dem von Deutschland besetzten Estland 1941 bis 1944*, Almqvist & Wiksell, 1992.

19 Georg von Rauch, *Geschichte der baltischen Staaten*, Kohlhammer, 1970.

20 Seppo Myllyniemi, *Die baltische Krise 1938–1941*, Deutsche Verlags-Anstalt, 1979.

21 Seppo Myllyniemi, *Die Neuordnung der baltischen Länder 1941–1944 : Zum nationalsozialistischen Inhalt der deutschen Besatzungspolitik*, Suomen Historiallinen Seura, 1973.

22 Peeter Tulviste and James V. Wertsch, “Official and Unofficial Histories : The Case of Estonia”, *Journal of Narrative and Life History*, 4 : 4, 1994, pp. 311–329.

23 Olaf Mertelsmann, “Trophy Films and Western Radio Broadcasting as a Window to the World in Post-war Estonia”, Olaf Mertelsmann ed., *Central and Eastern European Media under Dictatorial Rule and in the Early Cold War*, Peter Lang, 2011, pp. 61–74.

24 Hiljar Tammela, "Waiting for the White Ship: The Expectation of World War III among the Population of Soviet Estonia (1945–1956)", Olaf Mertelsmann ed., *The Baltic States under Stalinist Rule*, Böhlau, 2016, pp. 189–208.

25 Mart Laar, Lauri Vahtre ja Heiki Valk, *Kodu lugu*, 1–2, Periodika, 1989. 刊行から二〇年を数えるにあたって、次の文献中の議論も参照せよ。*Forschungen zur baltischen Geschichte*, 4, 2009.

26 Juhan Kahk ed., *World War II and Soviet Occupation: A Damages Report*, Periodika, 1991.

27 エストニアでは八〇年代後期から、特にタルトゥのエストニア文芸博物館(das Estnischen Literaturmuseum)によって回想録の収集と編集、学術的改訂が行われている。筆者は一五〇〇を超える回想録を精読した。総じて国民のほぼ〇・五%がこの自叙伝的テクストを執筆したことになる。

28 読者に示す一例として筆者はこの記録から、現在筆者が暮らす住居で一九四一年に五人のユダヤ人一家がまずソヴィエトによって逮捕され、その後強制移住されたもののこれを生き延びて、一九四五年には同じ家の借主が政治的理由で逮捕され、こちらも同様に生き長らえたという記述を五分以内に見つけ出すことができる。

29 エストニアでは教科書執筆者の大多数を大学に籍を置く歴史家が占める。地位を確立した歴史家のほとんどは、彼らにある程度の副収入をもたらす教科書も執筆する。

30 Eva-Clarita Pettai and Vello Pettai, *Transitional and Retrospective Justice in the Baltic States*, Cambridge University Press, 2015 参照。

31 Olaf Mertelsmann, "Das 'kleinere Übel'? Das Generalkommissariat Estland im estnischen Vergangenheitsdiskurs", Sebastian Lehmann, Robert Bohn and Uwe Danker eds., *Reichskommissariat Ostland. Tatort und Erinnerungsobjekt*, Ferdinand Schöningh, 2012, pp. 349–366.

32 筆者が一九九〇年代にポストドクターの研究テーマを探し、ドイツ占領期を検討していた時、友人たちは口を揃えてこのテーマは扱いに慎重を要すると言って、筆者を思い留まらせた。

33 Anton Weiss-Wendt, *Murder without Hatred: Estonians and the Holocaust*, Syracuse University Press, 2009. ただし著者のテーゼのいくつかは行き過ぎたものである。

34 Toomas Hiio, Meelis Maripuu and Indrek Paavle eds., *Estonia 1940–1945: Reports of the Estonian International Commission for the Investigation of Crimes Against Humanity*, Inimsusevastaste Kuritegude Uurimise Eesti Sihtasutus, 2006; idem eds., *Estonia since 1944: Reports of the Estonian International Commission for the Investigation of Crimes Against Humanity*, Inimsusevastaste Kuritegude Uurimise Eesti Sihtasutus, 2009.

35 Walter M. Iber and Peter Ruggenthaler, "Drei Besatzungen unter zwei Diktaturen. Eine vorläufige Bilanz der Forschungsarbeiten

der internationalen Historikerkommissionen in Lettland, Litauen und Estland", *Jahrbuch für Historische Kommunismusforschung*, 15, 2007, pp. 276–296 ; Eva-Clarita Onken, "The Politics of Finding Historical Truth : Reviewing Baltic History Commissions and Their Work", *Journal of Baltic Studies*, 38 : 1, 2007, pp. 109–116.

36 この箇所では最後の二五年についての修史的概括を行うものではないが、少なくとも数名の歴史家の名前と幾つかのタイトルを挙げておきたい。

37 Jaak Valge, *Breaking away from Russia : Economic Stabilization in Estonia, 1918–1924*, Stockholm University, 2006.

38 Тыну Таннберг, *Политика Москвы в Республиках Балтии в послевоенные годы*（*1944–1956*）*: исследования и документы*, Москва : РОССПЭН, 2010.

39 Kaarel Piirimäe, *Roosevelt, Churchill, and the Baltic Question : Allied Relations during the Second World War*, Palgrave Macmillan, 2014 ; James S. Corum, Olaf Mertelsmann and Kaarel Piirimäe eds., *The Second World War and the Baltic States*, Peter Lang, 2014.

40 Anu Mai Kõll ed., *The Baltic Countries under Occupation : Soviet and Nazi Rule 1939–1991*, Almqvist & Wiksell, 2003 ; idem, *The Village and the Class War : Anti-Kulak Campaign in Estonia*, Central European University Press, 2013.

41 Елена Зубкова, *Прибалтика и Кремль*, Москва : РОССПЭН, 2008. 本書はバルト諸国におけるスターリニズムを扱った最重要の研究の一つである。

42 David Feest, *Zwangskollektivierung im Baltikum : Die Sowjetisierung des estnischen Dorfes, 1944–1953*, Böhlau, 2007.

43 Karsten Brüggemann and Bradley D. Woodworth eds., *Russia on the Baltic : Imperial Strategies of Power and Cultural Patterns of Perception (16th–20th Centuries)*, Böhlau, 2012.

44 Zetterberg は非常に優れたエストニア史をフィンランド語で執筆しており、それはエストニア語にも翻訳されて、両国で成功を収めている。

45 Ruth Bettina Birn, *Die Sicherheitspolizei in Estland, 1941–1944 : Eine Studie zur Kollaboration im Osten*, Schöningh, 2006.

46 David J. Smith, *Estonia : Independence and European Integration,* Routledge, 2001.

47 Olaf Mertelsmann ed., *The Sovietization of the Baltic States, 1940–1956*, Kleio, 2003 ; idem ed., *Vom Hitler-Stalin-Pakt bis zu Stalins Tod : Estland 1939–1953*, Bibliotheca Baltica, 2005 ; idem, *Der stalinistische Umbau in Estland : Von der Markt- zur Kommandowirtschaft*, Kovač, 2006 ; idem, *Die Sowjetisierung Estlands und seiner Gesellschaft*, Kovač, 2012 ; idem, *Everyday Life in Stalinist Estonia*, Peter Lang, 2012 ; idem ed., *The Baltic States under Stalinist Rule*, Böhlau, 2016.

48 Karsten Brüggemann, "Geteilte Geschichte als transnationales Schlachtfeld : Der estnische Denkmalstreit und das sowjetische Erbe in der Geschichtspolitik Russlands und der baltischen Staaten", in Birgit Hofmann, Katja Wezel, Katrin Hammerstein, Regina Fritz

and Julie Trappe eds., *Diktaturüberwindung in Europa: Neue nationale und transnationale Perspektiven*, Winter, 2010, pp. 210–225; Karsten Brüggemann and Andres Kasekamp, "The Politics of History and the 'War of Monuments' in Estonia", *Nationalities Papers*, 36: 3, 2008, pp. 425–448. 次の文献も参照せよ。橋本伸也『記憶の政治——ヨーロッパの歴史認識紛争』岩波書店、二〇一六年。記憶政治については Marek Tamm の以下の文献も参照せよ "In Search of Lost Time: Memory Politics in Estonia, 1991–2011", in *Nationalities Papers*, 41: 4, 2013, pp. 651–674; idem, "History as Cultural Memory: Mnemohistory and the Construction of the Estonian Nation", *Journal of Baltic Studies*, 39: 4, 2008, pp. 499–516.

49 だがこのプロパガンダは、それが対象とする人びとにはほとんど届いていないかも知れない。ロシアの西隣の諸国にたいする歴史的プロパガンダの主な発信元は、ロシアの「歴史記憶財団」のホームページであり（http://www.historyfoundation.ru/）、そこではモノグラフと原典資料集が無償ダウンロードできる。当ホームページへのアクセス件数はごく僅かで、信頼の置ける文献がこれらの著作を取り上げることはまずない。

訳注

＊1　バルト諸国のうち、現在のエストニア・ラトヴィアに相当する地域は、ロシア帝国期には、それ以前のスウェーデン統治時代の県制度を引き継ぐ形でエストラント・リーフラント・クールラントという三つの県から構成されており、そのうちリーフラントは、現在のエストニア南部とラトヴィア北部にまたがっていた。これら諸県では、他とは異なるバルト＝ドイツ人貴族団の自治的な統治を認めていた。二月革命後の臨時政府のもとで行われた県制度改革により、これら三県は、民族的・言語的な居住地域に即して二つの県に再編された。

＊2　エストニアの独立および独立回復のために闘った人びとについて広くこの語が用いられているが、ここでは、独立戦争退役軍人同盟（ヴァップス）を指す。これは、独立戦争に参加した退役軍人の利益団体として成立し、次第に愛国主義的なファシスト組織としての性格を強める一方、政治への影響力を強めた。大統領パッツのクーデタは、この運動を弾圧して政治的混乱を収拾するためとして説明された。

＊3　一九三〇年代初頭にフィンランドで高揚した反共産主義的でファシズム的な運動。政治的な影響力を急速に強めたが、初代大統領夫妻の誘拐事件を引き起こすなど過激化し、反自由主義・反議会主義的な性格を有したことから、政治エリートの支持を失って衰退した。

＊4　ソ連およびそれを受け継いだ今日のロシアでは、博士学位取得以前の博士候補（カンディデート）資格が自立的で威信のある学位として機能していることに配慮して、准博士とした。

＊5　エストニアのロシア語系住民の多くは第二次大戦後の移住者とその子孫であるが、それとは別に両大戦間期やロシ

ア帝国期あるいはそれ以前からこの地域に居住しており、両大戦間期にすでにエストニア国民であった者も一定数いた。

＊6　K. Haav and R. Ruutsoo, *Eesti Rahvas ja Stalinlus : ajalugu ja tänapäev*, Olion, 1990.

＊7　スターリニズム体制の被害を記録し記憶することを目的に、ペレストロイカ期に市民の手で設立された非営利団体で、今日もロシアで活動を続けている。

＊8　国際委員会による報告書自体はいずれも短いもので、書籍化された内容の大半は、エストニア人の歴史家グループによる史実を提示する記述である。

＊9　アパルトヘイト後の南アフリカや、軍事独裁政権崩壊後の南米諸国で活動した真実和解委員会は、司法的措置に代えて加害者・被害者間の真相告白による和解の達成とそのことをつうじて正義の調達(移行期正義)に取り組んでいた。ここでの著者の力点は、和解という実践的課題よりも史実解明による過去の歴史化を進めたことに国際委員会の貢献があったと主張することにある。

(訳者追記)　本稿の訳出にあたっては、早稲田大学教育・総合科学学術院教授の小森宏美先生と関西学院大学文学部教授のアンドレアス・ルスターホルツ先生に校閲をお願いし、専門的見地からの助言を頂戴することができました。心よりお礼申し上げます。もとより、それでも残された誤りは訳者および編者の責に属するものです。

第10章　歴史戦争と歴史和解の間で
——戦士と調停者の二重性をめぐって

山室信一

はじめに——二重性の狭間に立って

人びとの歴史認識や、社会で語られる歴史や記憶の言説は、史実そのものというよりも研究者やメディアによって選び取られた対象や史料に依存している。個人の体験も、回憶される場合には、外部から与えられた言説によって、記憶が作りかえられていく。そして、作りかえられた記憶が、また新たな言説を生み出す。そこでは、誰が何を史実や主題として選び取り、いかなるメディアを通じて人びとに伝えているのかが重要なポイントとなる。記憶は流布した言説にさらされることによって、自らが意識しないままに変容していく。極言すれば、記憶は常に改変されているし、それによって歴史認識もまた変容していくことを免れない。そして、記憶の風化は、自分が何を忘れたかさえ忘れさせてしまう。

このことは聞き取り調査をおこなった人であれば、しばしば体験することだと思われる。たとえば、満洲国での入植体験についてどのような記憶があったのかを尋ねるとする。そうすると既耕地に入植した時、ただただ嬉しかったとだけ語っていた同じ人に、幾年かを経て聞き取りをおこなうと、既耕地である以上、当然に先住者がいたはずだと気づいてずっと申し訳なく思って過ごしたという違った記憶に変わっている場合がある。これはただ違う記憶が蘇っただけかも知れないが、同じような質問を幾度も受けたり、他の人の話などを聞いたりするなかで「当然に、自分もそう思っていたはずだった」と他者の考えや記憶が自己のものに置き換えられていっているケースが少なくない。もちろん、それ自体は意識的に嘘をつくという次元の問題ではないし、違った角度からの史料の提示や質問などによって記憶が補正されることも少なくない。

しかし、戦後七〇年以上を経て、戦争や植民地での体験者が次第に亡くなっていくなかで、ある事態についての真否を体験のレベルでは議論できない時代に入ってきた。それは生き残った人の発言や記憶が、それを否定する人も肯定する人もいない中で一人歩きし、肥大化する過渡期でもあることを意味する。まさに、「死人に口なし」という状況のなかで、集団的な「記憶が政治的に造出される」時代でもある。そうした「記憶の政治」の言説が、日本において、いかに作られようとしているのか、またいかなる政治的勢力の介入や政策判断などによって現在に至っているのかを、まず跡づけておきたい。

そこで、問題となるのは、現在の日本において「歴史認識」をめぐる対立が、「歴史戦争(History Wars)」という言説の下で、いかに現れているのか、という経緯を明らかにすることである。しかし、ここで言われる「歴史戦争」ないし「歴史戦」の実態とは、相互の論戦・論争というよりは、相手を歴史歪曲として一方的に攻撃するものである。これは通常は「歴史修正主義」と称されるものだが、日本語での「修正」は「間違ったことを正しく改める」ことを意味するため、「歴史修正主義」が非難というよりも自己正当化として用いられるという逆説的な状況にある。(1) そのため、「歴史の修正」ではなく、自分と異なる歴史認識に対して一方的に「虚偽」や「歴史歪曲」として攻撃するのが「言説戦争としての歴史戦争」の実相となる。

この「歴史歪曲」に対する攻撃は、現在むしろ激化していく状況にあるが、その中で歴史研究者が、一方で戦士として、同時に他方で調停者として、二重性をもった役割をどのように果たすことが要請されているのか、が次なる課題となる。しかし、告白しておかなければならないが、この課題に対して私自身に目新しい提案があるわけではない。「日の下に新しきことなし」(『旧約聖書』)。歴史研究者がやるべき責務は、変わりはないはずだからである。ここでは、あくまでも日本における「記憶をめぐる戦争」として展開されている「歴史戦争」なるものが何をターゲットとし、いかなる政治的勢力や圧力集団の支持を得ているのかという状況を紹介し、その中において歴史学と政治学を専攻する研究者として何が求められているのか、を模索するだけの試みに止まることを予めお詫びしておかなければならない。

なお、記憶や歴史認識をめぐる対立という事態を、「戦争」として捉えることは学問的認識のアプローチとしては問題を一面化する危険性があることは言うまでもない。また、何よりも不謹慎との誹《そし》りを免れないであろう。しかし、日本においては現に「歴史戦争」や「歴史戦」という言葉が一部のメディアでは頻出し、そのことが記憶と歴史認識の問題を対話なき対立局面に追いこみ、和解を困難にしている面がある。その事実から目を逸らさないためにも、敢えてここでは戦争のアナロジーで記憶や歴史認識が語られている状況を概観したうえで、その問題点を明らかにしていきたい。

一 「歴史戦争」という言説――日本の現状

近年、日本においては歴史戦争ないし歴史戦という用語が、さまざまな局面で頻用されるようになった。そもそも、この言葉は一九九四年にアメリカで作られたものであるが、日本とも密接な関係をもっている。すなわち、太平洋戦争終結五〇周年を記念してエノラ・ゲイなど一九四五年の広島・長崎への原爆投下に関する特別展をスミソニアン博物館が企画したことに端を発する。企画者は、その展示を通して原爆投下の道徳性について再考を促す意図をもっていた。しかし、これをアメリカの政策に疑問を呈する「反アメリカ的で親日的」なものであるとして、ネオコンサーバティブの歴史家や空軍協会、退役軍人協会などを中心に強い反対運動が巻き起こり、これ以後、歴史戦争という言葉が流布することになったのである。(2)

ここでは詳しくは触れられないが、この歴史戦争を通して日本による真珠湾奇襲が戦争の始まりであったとする開戦責任論がアメリカでは重視されていることのほか、日本人にとっては「玉砕」というイメージしか湧かない硫黄島や沖縄での戦闘がアメリカの軍人にとっては激戦を勝ち抜いた「よき戦争(Good War)」の記憶として継承されていることなどが明らかになるなど、戦後五〇年の日米関係の奥に潜む埋めようもない溝があることを浮き上がらせることとなった。そして、同時に「原爆投下は正しかった」「原爆によって一〇〇万人の命が救われた」という政府の説明が一貫して正当化されたことによって、それが「国民神話」のごとくに流布していることも、このアメリカ国内における歴史戦争を通じて日本人は知ることになったのである。

こうして歴史戦争は、「公定ナショナリズム」や「国民神話」として通用している主張とそれに対して異議を唱える主張との対抗関係として現れることとなったが、一般的にはナショナリストによる異論派への攻撃として現れることが多い。具体的には、多文化主義やフェミニズム、ポストモダニズム、植民地責任論などの多様な歴史観に対して、一つの国民国家には唯一・絶対の「正しい歴史認識」があるべきであり、それに反する多様性をもった歴史認識を拒絶する志向を特徴とする。そして、国民国家の歴史に、影や負の部分があるとする歴史認識に対しては、それが国民統合を妨げる「反国家」的な秩序破壊行為に他ならないとして非難するのである。そうした側面に着目すれば、歴史戦争は相互が対等な立場で戦場に臨むといった戦いではなく、一方が敵とみなす側に攻撃をしかける状態であり、反対する論者との交渉を否定することに特徴がある。そこでは歴史研究者だけではなく、いずれに賛同するかによって国民一人一人のアイデンティティが問われることになる。そのため何をもって戦争終結とするのかという終わりが見えない永続的戦争となり、国民の間に分断と対立を呼び起こすことになる。

日本においても大学入試センター試験問題に「強制連行」という言葉が出題されたことに対して、政治家などから強い反対が出たが、それは日本の栄誉を汚す「歪曲」であるとの理由からであった。そこでは朝鮮半島や中国から労働者として日本に渡って働くに際しては、何ら強制という要素はなく、あくまでも本人が自発的意志で日本に渡航してきたものだったとされる。同様に、従軍「慰安婦」も、軍隊が暴力で従わせた強制性はなく、本人や家族が金儲けのために志願したものであり、性病などの防止や秩序維持を図るために軍隊が慰安所の管理をおこなう程度の強制性に限られていたとの認識が示されることになる。そして、その議論に反対する研究者やメディアに対しては、自虐史観、反日歴史家、非国民、国賊などのラベリングがなされることになる。

他方、近年の日本において、歴史戦争における対象として取り上げられるのが、韓国や中国との間での歴史認識をめぐる争点であるのは、ある意味で歴史戦争という用語のもつ機能を象徴的に示すものである。その使用例をたどってみると、産経新聞記者の黒田勝弘氏が二〇一一年一一月号の『歴史通』で「東アジア歴史戦争に参戦せよ」[3]と宣戦布告をしたのを端緒として、同誌では「歴史戦争の時代」(二〇一三年三月号)、「歴史戦下の戦後七〇年――いま見直すべき日本力」(二〇一五年三月号)、「いよいよ開戦――中韓との歴史戦」(二〇一五年五月号)などの「総力特集」を組み、戦線は日々世界に拡大しているといった論調となっている。そして、『歴史通』と多く筆者の重なりがある雑誌『正論』では、「激化する歴史戦争に立ち向かえ」(二〇一四年四月号)に始まって、「戦後七〇年、火を噴く歴史戦争」(二〇一五年二月号)、「歴史戦争・慰安婦戦線の現在」(二〇一五年五月号)などの特集が組まれ、「大東亜戦争」をアジア解放戦争として支持する「インドネシアは歴史戦争の同盟国だ」[4]と力説しながら、九月号では華僑が進出する「インドネシアも歴史戦争の主戦場に」なる、といった論稿が載せられており[5]、これまた戦線拡大に怠りないようである。さらに、『Voice』誌は「日韓「歴史戦争」」(二〇一五年三月号)、「歴史戦争日本の逆襲」(二〇一六年一月号)などを、また『伝統と革新』誌も「「歴史戦」に如何に立ち向かうべきか」(二〇一六年三月号)などを特集している。

もちろん、一時のように頻用はされなくなったものの、「朝日・グレンデール訴訟報告会――歴史戦の最前線」(『祖国と青年』二〇一七年二月号)などのタイトルが使われ続けている。これらの雑誌だけを見ている限り、日本は数年にわたって熾烈な戦争を戦っている「非常時」にあるような錯覚を覚える。

同様に、産経新聞では「歴史戦」というシリーズ連載が、二〇一四年四月から続けられてきた。そして、二〇一四年一〇月には『歴史戦――朝日新聞が世界にまいた「慰安婦」の嘘を討つ』(産経新聞社)が刊行された。その帯には「朝日新聞、中国・韓国と日本はどう戦うか」とある。これは、日本が強制連行を認めたという国際認識をつくりだしたのが河野談話[6]であると批判し、二〇万人におよぶ性奴隷を強制連行したという認識の拡散の原点となったとして糾弾するとともに、「捏造」はどのような構造でどのように行われてきたかを分析するといった趣旨の連載記事をまとめたものである。さらに、そこでは朝日新聞の報道を「反日」であると非難すると共に中国は謀略の国であり、国連やアメリカはその「反日」策動に利用されており、この「捏造」に対する現代における戦いが「歴史戦」であると強調されている。この本が掲げる「歴史戦」の企図は、櫻井よし子氏による書評でみれば、次のようになる。「これはまさに「戦争」なのだ。主敵は中国、戦場はアメリカである。中韓両国が日本に突きつける歴史問題の本質を「産経新聞」はそう喝破し本書にまとめた。中韓両国は捏造情報で日本を完膚なきまでに貶め信頼失墜をはかる。日米離反と日本の孤立が最終目標だ」。そしてさらに、この「戦争」の主要敵は日本国内にあることに注意が促される。

> 日本は外務省も政府もその時、その場できちんと反論してこなかった。それだけでなく、国際社会の左派陣営に反日の歴史材料を与えてきたのもおよそいつも日本人である。反論しないだけでなく、逆に祖国を貶めることを正義と考える人びとの暗躍する国――日本こそ中国にとって格好の餌食であろう。それでなくとも中国は謀略の国だ。彼らは民族興亡の血塗られた歴史を繰り返してきた。その国柄の酷薄さと苛烈さゆえに、庶民に至るまで生き残りのために謀略の才を磨かざるを得なかった。対照的に異民族との交流が比較的少なく、穏やかな文明を育んだ日本人の情報や謀略に対する理解は極めて表層的だ。戦後は情報も含めてアメリ

カに頼りきり、自らを護ることを忘れた。いま最大の危機に直面する理由は私たちの中にある。それでも敗北するわけにはいかない。官民の力を合わせてこの不条理な戦争に勝たなければならない。[7]

ここで展開されている論理は、要約すれば、国際社会の害悪である「左派陣営」なるものが、日本を包囲し、歴史的に国家・国民ともに長年にわたって謀略の才を磨いてきた中国の脅威にさらされている。さらに、これに対して、日本政府も外務省も反論して来なかった。それは日本国内に「反日」の朝日新聞や左翼学者などの「祖国を貶めることを正義と考える人びとの暗躍」があっても、「穏やかな文明」を国柄とする善良なる人びとが騙されてきたからであると理由づけられる。しかも、この「歴史戦」は日本が仕掛けたものではなく、あくまでも中国や韓国が懲りることなく繰り返してきた「対日歴史戦」に対する「自存自衛のための戦争」なのである。なぜなら、日本は東アジアのみならず世界平和を追求し続けてきた平和民族なのであるからだということになるのであろう。

さらにもう一例として、歴史戦争という時に目標とされている標的とは何なのかについて、歴史戦争という用語を多用している中西輝政氏によれば、「東アジアでは現在、ナショナリズムの衝突に「歴史」を介在させるという「歴史戦争」が繰り広げられているのだ。日本が謝罪し、賠償金を払っても所詮、解決する問題ではない。その先にあるのは、領土と主権そして国家としての独立の喪失である。今や日本人の誤てる「歴史認識」こそ、ミサイルや核兵器よりもはるかに恐ろしい脅威を日本に及ぼしている」とされ、「いまや我々一人一人の歴史観こそが、この「歴史戦争」における安全保障の最後の砦なのである[8]」と説かれることになる。

以上で概略は明らかになったと思われるが、歴史戦争とは言いながら、それは韓国や中国さらにはアメリカの歴史研究者やジャーナリストなどと直接に歴史論戦を交わすことを主張するものではない。その論点は、アメリカに設置される「慰安婦」像や二〇一五年八月にサンフランシスコに中国が海外で初めて開設した「抗日戦争記念館」に反対することを日本人に呼びかけるものであり、さらには韓国が準備しているとされる日本統治時代の「朝鮮人労働者徴用記録」の世界記憶遺産への申請を非難することなどに主眼が置かれている。言葉の正しい意味での歴史戦争というのなら、当事国の歴史認識と史実をもって論戦を繰り広げるのが避けられないはずである。しかし、そこで主張されているのは「反日左翼」の研究者とメディアによる「自虐史観で洗脳」された国民を覚醒し、救済するための「聖戦」＝「正戦」としての「歴史戦」を「官民一体」となった「総力戦」として戦う時に立ち至っていると喧伝することに力点がある。そして、日本による「宣戦布告」が今こそ必要であり、それによって外交問題としての歴史認識問題に決着をつける時なのだとして戦意高揚を図るのである。歴史戦争とは言いながら、「歴史内戦（History Civil Wars）」に眼目があるとみるべきであろう。だが、実際にそうした論考を読むのは同じ意見をあらかじめ持っている人びとに限られ、違った歴史認識を持つ人が目にすることは極めて稀である。

こうした論法や筆法それ自体は、日清戦争以後、メディアを駆使して幾度も幾度も繰り返されてきたものであり、何ら新奇なものでもなければ、特段の創意性もない。そして、このような歴史戦争が眼目となっている限り、そこにはただ戦いを叫ぶ側の勝利と敵の殲滅が叫ばれるだけで、他者の異なった見解を受け入れる余地はない。ましてや歴史和解などは、屈辱や敗北として当初から峻拒されているのである。そうであるとすれば、日本人全員のみならず、他国の全ての人びとがこうした歴史認識に完全に同意しないかぎり、歴史戦争に永久に終わりは来ないことになる。

もちろん、月刊誌・週刊誌でも中国を嫌悪し、韓国を憎悪する記事を載せれば販売部数もあがる状況があったことも事実である。そこには日本の経済的低迷に対して中国や韓国の経済的台頭に対する屈折した感情が作用していたとも思われる。それ故に、「嫌中憎韓」とは、中国と韓国が歴史の真実を「歪曲」した攻撃を日本に加え、そこにアメリカさえ感化されているために日本は苦難に陥れられているという意識が基底にあり、その裏返しとして日本および日本人の卓越性が誇示されるという構図になっているのである。なお、歴史戦争に関連して、「「歴史戦」に負けた『産経新聞』」という総括も出されている。(9)

いずれにしても、歴史認識問題が歴史戦争へと転回していったこともまた歴史的な背景をもっており、けっして突発的な現象ではない。そのことを踏まえておくためにも、背景にある東アジア世界における歴史認識・歴史教育問題の推移を確かめておく必要がある。

二　記憶における忘却と継承──教科書をめぐる抗争

次に、歴史認識問題が国際的対立という色彩を帯びるのは、そこに政治家や国策による介入という契機があることも確認しておく必要がある。ここにはまた、ナショナリズムないし国家主義《エタティスム》との絡みあいという問題が出てくるが、政治家が国内の不満を国家威信の問題へと転嫁する外交カードとして歴史認識を利用しやすい側面がある。そして、一方が歴史認識を取り上げれば、他方が自己の立場の正当性を主張しなければ外交的敗北と見られることへの政治家の恐れも潜んでいる。政治家は自らの体験や記憶がなくとも、国民の集合的記憶を無視しえないからである。自らの肉親や親族が靖国神社に合祀されていないにも拘わらず、総理大臣や閣僚が公式参拝し、議員が超党派で「みんなで靖国神社に参拝する国会議員の会」を組織し、その場面をメディアで報道されることを望むのは、有権者の支持を獲得できるからでもある。そして、慰霊か顕彰かは不明なまま、靖国神社というメモリアルな施設に参拝するという行為、そして遊就館を訪れるという行為は、政治家という個人にとっては、それ自体に意味があるのではなく、報道されるということにおいて意味をもつ。少なくとも、個人としての政治家がひとり静かに参拝を日常的に続けているという事例は寡聞にして知らない。そして、その報道が賛否を越えて、記憶の保存と継承に大きな機能をもっている。ただし、そこでは政教分離という憲法上の原則が、完璧に無視され続けているのである。

こうした記憶の継承、そして歴史認識の形成と普及という点で、最も大きな作用力を発揮するのは、教科書である。それでは、教科書がいかに政治の場で議論されてきて、どのように変えられようとしているのだろうか。

日本で教科書における歴史認識が政治問題となったのは、戦後一〇年を経て日本民主党と自由党が保守合同して自由民主党が生まれた一九五五年である。この年の八月、民主党は合同前に「うれうべき教科書の問題」と題する報告書を発表し、教科書の内容検定を実施すべきことを要求した。これを受けて、文部省は翌五六年に「教科書調査官」を置き、ここに「教科書検定」が強化されることになった。以後、検定においては「原爆の悲惨な面は記述しない」「太平洋戦争に関しては、事実であってもその記述を控える」「戦争を暗く描かない」などの方針が加わり、記述についての指導がなされることになった。そのため、検定を受ける教科書の多くが不合格になることや指導に沿った「修正」や不合格となる煩雑さを避けるため予め「自粛」することになった。こうした指導は、戦争についての記憶を薄れさせ、それによって日本の戦争責任や植民地統治責任を回避するためでもあった。

この教科書検定を通じた「忘却政策」に抵抗して、裁判を提起したのが家永三郎・東京教育大学教授であった。家永氏は執筆した高校歴史教科書『新日本史』(三省堂)が「戦争を暗く描き過ぎている」などの多くの修正意見が加えられたことに対し、思想・学問の自由を侵すとして一九六五年から三次にわたって損害賠償訴訟を起こした。この「家永教科書裁判」は一九九七年の最高裁判決まで三二年続いたが、この中で「南京大虐殺」や「沖縄戦における集団自決」「七三一部隊」などの問題が争点として取り上げられた意義は少なくなかった。ただ、結果として、教科書検定は検閲にあたらず、合憲という最高裁判決が確定した。

次いで、日本の歴史教科書が問題となったのは、一九八一年度の検定意見で「侵略」が「進出」と書き替えさせられたという誤報が国際問題化した時である。この問題に対応するため、日本政府は一九八二年八月二六日、歴史教科書検定基準のなかで「近隣のアジア諸国との間の近現代の歴史的事象の扱いに、国際理解と国際協調の見地から必要な配慮がなされていること」を求める、いわゆる「近隣諸国条項」を盛り込むこととする内閣官房長官談話が出された。しかし、この「近隣諸国条項」に対しては、自国の歴史記述に外交的配慮を入れるのは国家の独立性を否定するものであるとの批判が起き、今日に至るまで歴史認識問題の焦点となっている。こうした日本の動きに対し、中国では鄧小平が、全国に日本による中国侵略の記念館・記念碑を建立して、愛国主義教育を推進するようにとの指示を出したことによって、日中間の歴史認識問題は新たな局面に入ることになった。

そして一九八五年、戦後四〇周年に際して中曽根康弘首相が靖国神社に公式参拝し、自虐史観の排斥を唱えたことから、再び教科書における歴史認識が外交問題となった。「戦後政治の総決算」という政治スローガンを掲げた中曽根首相は歴史認識に関しても、「日本は戦前、皇国史観がありました。そして戦争に負けてからは、太平洋戦争史観というのが入ってきた。これはまた、東京裁判史観とも呼ばれています。……しかし、あのとき出てきた思想には、何でも日本が悪いんだという、ややもすると自虐的な思潮が日本をおおった。今もそれは残っている(10)」と力説して、日本史を汚辱と見なす自虐的思潮から脱却することを政策課題として掲げたのである。その一環として創設されたのが、京都の「国際日本文化研究センター」であった。

これに対して、抗日戦争勝利四〇周年を迎えていた中国では、A級戦犯が合祀された靖国神社に総理大臣が公式参拝したことに対して大きな反発が起こった。それまで毛沢東や周恩来などは、日中友好を実現するためもあって中国国民の反日感情を煽ることを警戒し、「日本軍国主義有罪、日本人民没有罪(日本軍国主義に罪はあるが、日本人民に罪はない)」という二分法の論理をとって、被害の記憶をもった国民を慰撫し、納得させるキャンペーンを浸透させてきていた。そこでは、一部の軍国主義者(すなわちA級戦犯)が「日本人民」を戦争に追いこんだのであって、「日本人民に罪はなく、帝国主義と日本の反動派の抑圧に抗し戦う友人」との連帯が説かれていた。

しかし、そのA級戦犯が合祀された靖国神社に首相が公式参拝したことは、軍国主義者だけを断罪するという二分法が日本政府自身によって根底から否定されることを意味した。さらに、戦前日本の国家的栄光を誇る歴史認識を中曽根首相が打ち出したことは、「日本軍国主義の復活」を警戒していた中国政府を刺激することになった。

こうして靖国神社公式参拝と歴史認識問題が結びついた時、中国では「日本軍国主義の侵略を忘れるな」というスローガンの下で、「愛国心の高揚」を図る大規模な抗日キャンペーンが展開されることになった。同時に、学校での歴史教育だけではなく、国民に抗日戦争の記憶を継承していくための施設が建設されることになり、南京の「侵華日軍南京大屠殺遇難同胞紀念館」やハルビンの「侵華日軍第七三一部隊罪証陳列館」が一九八五年八月一五日に正式に公開された。また、北京郊外の盧溝橋事件に因んだ「中国人民抗日戦争紀念館」も建設が急がれ、八七年七月七日に開館している。こうして戦後四〇周年は、日中で歴史認識をめぐって相互に牽制し、国内のナショナリズムを振起しあう年となった。

このような動きは、「愛国教育のジレンマ」とでも言うべき、増幅ベクトルの相互作用を関連国に促す。日本でも一九八六年に、天皇に関する記述や近現代史における日本の立場を自賛し誇示する記述の多い「日本を守る国民会議」が編纂した高校用日本史教科書が問題となった。「日本を守る国民会議」は、「元号法制化実現国民会議」を引き継いで一九八一年一〇月に発足した団体であり、「憲法の改正」や「教育の正常化」などの実現を主張していた。そして、八二年に「近隣諸国条項」が加わったことに危機感を募らせ、「左翼学者の編集した教科書制作を非難することは根本的解決につながらない。この機会に真に日本国民のためと呼びえるような立派な教科書を制作する」として自ら教科書を編纂することを訴えたのである。これを受けて、約一〇〇人の自民党国会議員による「教科書問題を考える議員連盟」が結成され、「左翼的自虐史観」を克服する教科書編纂運動を政権が支えるという構図がここに生まれた。しかし、この時点では、国民の間に大きな賛同を喚び起こす運動とはならなかった。ただ、この「日本を守る国民会議」は、一九九七年五月に神社本庁などの宗教団体が組織していた「日本を守る会」と統合する形で「日本会議」を発足させることになった。「日本会議」は以後、草の根の政治運動を展開して政権政党に浸透し、後述する「教科書法」制定問題にも影響を与えている。

次に大きな転換点となったのは、一九九五年八月に村山富市首相が「わが国は、遠くない過去の一時期、国策を誤り、戦争への道を歩んで国民を存亡の危機に陥れ、植民地支配と侵略によって、多くの国々、とりわけアジア諸国の人びとに対して多大の損害と苦痛を与えました。私は、未来に誤ち無からしめんとするが故に、疑うべくもないこの歴史の事実を謙虚に受け止め、ここにあらためて痛切な反省の意を表し、心からのお詫びの気持ちを表明いたします」という「戦後五〇周年の終戦記念日にあたって」の談話を発表したことであった。ここで「植民地支配と侵略」を「疑うべくもない歴史の事実」としたことによって、歴史認識の問題に政治の影がさらに色濃く反映することになった。村山談話が出るまでにも、「近隣諸国条項」が加わって以降、「南京事件」や「七三一部隊」についての記述のほか、従軍「慰安婦」についても高校用日本史教科書で九四年度用において一斉に登場するなどの動きがあった。そして、九六年夏の中学校歴史教科書検定で従軍「慰安婦」の記述が容認されたとの報道が出ると、これを「偏向教科書」とする批判が強まることになった。民間でも「自由主義史観研究会」が組織され、現行教科書を「自虐史観」と非難し、自ら中学の歴史教科書を発行することを宣言した。

そして、一九九六年一二月に「新しい歴史教科書をつくる会」が結成され、ここに現場の教師を参加させるという、従来にない運動を展開することによって支持基盤を広げていった。「新しい歴史教科書をつくる会」は、漫画という青少年層にも近づきやすいメディアなどを駆使し、断定的な用語法などを使用することによって、「自虐史観」への攻撃を進めていった。その「自由主義史観」は、「大東亜戦争肯定史観」とも「東京裁判史観」とも異なる歴史像を提供すると主張したが、基本的には「大東亜戦争肯定史観」と同軌のものであった。

さらに、自民党議員などの賛同者を得て、「教科書改善連絡協議会」が全国的に組織され、地方議会や教育委員会などに働きかける手法が取られた。一九九七年一月には町村信孝文相に従軍「慰安婦」の語を歴史教科書から削除することを求め、国会でも「歴史教科書の近現代の記述は「否定的要素」に傾いており、偏向している。

検定前に是正できないか、採択を通じた改善ができないか検討している」との文相の答弁がなされるに至った。そして、二〇〇二年度に「つくる会」編纂の教科書が検定に合格して以後、採択を推進するための教育委員人事や教育委員会への介入が進んでいる。

こうした動向とともに注目しておかなければならないことは、歴史認識問題を外交問題として重視する議員連盟として九六年六月に「明るい日本・国会議員連盟」が組織され、自民党国会議員一一六名が参加したことである。さらに、九七年二月には「偏向した歴史教科書」排斥を掲げて「日本の前途と歴史教育を考える若手議員の会」が結成され、安倍晋三氏が事務局長に就任していた。そして、ここに集った議員の多くが、「つくる会」と全面的に提携して教科書攻撃や歴史認識問題を通じて党内外での発言権を増していくことになった。「若手議員の会」の参加者の多くは、戦後生まれの二世・三世議員であり、それまでの自民党族議員の多くが商工や外交、厚生労働などの政策課題に関する専門知識を培って政治基盤としたのとは異なり、従軍「慰安婦」や「南京事件」などを否定し、日本の加害責任を自覚することを「自虐史観」として攻撃する歴史認識を掲げることによって台頭してきた。そのため、村山談話のように戦争を「侵略」と認めることや植民地統治について「お詫び」などの陳謝をおこなうことは、自らの政治基盤を失うことに繋がるという宿業を背負っている。当初は、自らを支持する有権者の歓心を得るためであったかも知れない国内向けの歴史認識は、政権担当者となってみれば自らの外交施策を拘束するものとなる。

今日、世界的現象として国民を鼓舞する強い政治指導者として振る舞うために、自国の歴史を汚辱なき栄光のストーリーとして誇示する傾向が強まっている。しかし、それは反転して諸外国との交渉回路を自ら閉ざすことになる。一方が「歴史の清算」を求めれば、他方は「歴史の捏造」と反論するという悪循環から抜け出せないままに、歴史戦争が叫ばれるような終わりなき自己正当化だけが過激さを加えていく。それが東アジア世界の記憶をめぐるジレンマとなり、何よりも閉塞した外交関係を打破できない要因となっている。だが、いずれの国にとっても、自己愛的な歴史認識のジレンマから逃れることは、容易ではない。そして、アメリカ・ファーストを掲げるトランプ大統領の出現によって、欧米でも排他的愛国主義を叫ぶ政治指導者たちが、その連携を唱えるという矛盾した事態が現れている。

三　記憶をめぐる戦争――罪責と謝罪

以上、述べてきたように、歴史認識を形成するうえで重要な意味をもつ学校教育における教科書編纂に対して、政治権力や民間団体が圧力集団として自らの歴史認識を反映させる運動が続いてきた。これに対し、歴史研究・教育に従事する人びとは、歴史学研究会、日本歴史学協会、歴史科学協議会、日本史研究会、歴史教育者協議会をはじめとする諸団体を通じて反対運動を展開してきたが、政策決定に直接に関与することはできなかった。

しかし、冷戦の終結とともに、それまで凍結されていた日本の植民地統治や戦争遂行のなかで個人に対して行われた不法行為に対する賠償責任を問う声が、東アジア諸国から起きることとなって、歴史認識問題は外交問題として現れた。その契機となったのは、冷戦後の国際的な人権意識の高まりを受けて、韓国の元「慰安婦」であった金学順《キムハクスン》(김학순)さんが日本政府に対して一九九一年に補償請求を提訴したことであった。

この時点まで、日本政府は中国や韓国との条約によって個人に対する賠償責任を負わないと決定しているとの立場を取っていた。しかし、その後、NGOによって国連人権委員会に問題が提起されたことによって、従軍「慰安婦」問題は国際的な関心をよぶ人権問題となり、存在事実さえ明確に認めなかった日本の対応は非難を浴びることになった。そのため国家間条約によって問題は解決しているとする自民党の反対によって国家補償という方式は取らないこととし、政府はあくまで事務資金だけを支出するという対応策が採られることとなった。そして、償いの原資を民間からの善意による募金とする「女性のためのアジア平和国民基金」が戦後五〇周年にあたる一九九五年七月に正式に発足した。しかし、この方式に対しては、日本および韓国の支援団体から「国の責任を民間に転嫁するもの」との抗議が相次ぎ、訴えた女性に対しても賠償金を受け取ることへの非難が集まるなどの問題が生じた。ただ、オランダやインドネシア、フィリピンなどでは、内閣総理大臣によるお詫びの手紙が添えられていたこともあって一定の和解が進んだ。

こうした動きが進む中で、中国からも戦時中の強制労働や日本軍が遺棄した化学兵器などによる被害に対する民間賠償の要求が出されるに至った。一九九二年四月、日本人記者との会見において江沢民総書記は「日本軍国主義が発動した中国侵略戦争は、中国人民に莫大な損害を与えた。戦争によって残された幾つかの問題について、我々は従来から事実に基づいて真実を求め、厳粛に対処しなければならないとする原則を主張し、相互に協議してこれらの問題について条理にかなう形で妥当な解決を図るべきだ」との見解を明らかにした。そして、「このようにすることが、両国の友好協力、共同発展および両国人民の友好を進める有利な方法である。戦争賠償問題に関しては、中国政府はすでに一九七二年に発表した中日共同声明の中で自らの立場を明らかに述べており、この立場は変わらない」(11)と述べた。この見解は中国政府が個人の賠償責任を認めたのか否か、きわめて曖昧であり、日本政府を困惑させるものであった。結局、九五年三月七日に銭其琛副首相兼外相が「中日共同声明において国家賠償は放棄したが、これに個人の賠償は含まれていない」(12)として、個人による賠償責任要求は「中国国民の権利である」と初めて明言した。

こうした訴訟に対し、最高裁は「中国人強制労働西松建設事件」に関する二〇〇七年四月二七日判決において、「サンフランシスコ平和条約は、個人の請求権を含め、戦争の遂行中に生じたすべての請求権を相互に放棄する」と定めている、として個人の賠償請求権を認めないと判示した。しかし、その後も中国や韓国からの損害賠償請求訴訟は続いており、歴史戦争を主張する論者は、こうした訴訟もその戦場となっているとして「撃退」を唱えている。

中国政府が個人賠償権を容認するに至った背景には、国際的な人権意識の高まりを無視できなかったとともに中国国内における歴史認識問題の展開があった。すなわち、民主化を求める学生たちを弾圧した一九八九年六月の天安門事件以後、鄧小平ら中国共産党指導者は、民主化運動が起こる背景に中国共産党の政治的正統性に対する信頼が薄れていると判断し、抗日戦争に対する勝利に中国共産党が果たした役割を強調することで愛国主義教育の強化を推し進めようとしたのである。そして、天安門事件以後の歴史教育の集大成として提示されたのが、一九九四年八月の「愛国主義教育実施綱要」であった。これは教育部門に限らず、各省・自治区・直轄市、中央政府各部門、軍各級機関の党組織に伝達された最も強い指示であった。そこでは、「現代の中国では愛国主義と社会主義は本質的には一致する」ことが強調され、社会主義建設と愛国主義教育を一体として推進すること、戦争と革命を経験していない世代を重点的対象とすること、などが明示された。さらに学校での愛国教育にとどまらず、新たに「愛国主義教育基地」として戦争記念碑、犠牲者追悼施設、歴史遺跡、博物館、烈士記念館などのメモリアル拠点の整備による社会教育を実施することが重視された。この他、新聞、出版物、ラジオ、テレビなどのメディアやあらゆる文芸形式を活用して「中華民族の奮闘の歴史と光栄ある伝統、輝かしい文化を宣伝する」ことが指示された。そして、中国共産党の指導した抗日戦争勝利こそ、愛国主義教育の焦点であるとして反日教育が重視されてきたのである。愛国主義教育は、愛党主義教育でもあった。

このように、韓国や中国から戦時中の罪責に対する賠償要求や対日批判が強まってくると日本国内では心理的反発が広がり、それが「自虐史観」攻撃の噴出と呼応しあうことになった。高市早苗衆議院議員が、戦争の「当事者とは言えない世代ですから、反省なんかしておりません。反省を求められるいわれもないと思っております」[13]と発言して、行為者でない世代が戦争責任や賠償責任を問われる理由はないとの立場を表明したのも、その現れであった。この発言は私人ではない国会議員の発言としては無責任だとする批判が出たが、村山談話や海外からの謝罪要求に反発していた人びとに歓迎されたことも事実であった。

こうした反発は、早くも一九九三年の細川護熙首相による「お詫び」などに対しても発せられていた。細川首相は、第一二七回特別国会の所信表明演説において、「我々はこの機会に世界に向かって過去の歴史への反省と新たな決意を明確にすることが肝要であると考えます。まずはこの場をかりて、過去の我が国の侵略行為や植民地支配などが多くの人々に耐えがたい苦しみと悲しみをもたらしたことに改めて深い反省とおわびの気持を申し述べる」(14)と謝罪を表明した。これに対して日本遺族会は、「大東亜戦争は国家、国民の生命と財産を護るための自衛戦争であった」と述べ、首相の発言を「東京裁判史観に毒された自虐的侵略発言」と激しく非難していたのである。(15)こうした意見が自民党の有力な支持団体で、靖国神社公式参拝を求める日本遺族会から発せられたことも、中国や韓国などに更なる批判と警戒心を生むことになった。

このような歴史認識の対立によって日本国内と外国との間で生じた軋轢に、一つの区切りをつけるべく、日本政治が戦後五〇年という節目の年に出したのが村山談話であり、一つの決着策となるはずであった。しかし、先述したように、談話への反発から「自由主義史観研究会」が生まれ、それが自民党議員などと協働して教科書編纂に直接関与する動きが本格化し、「日本会議」が圧力団体として勢力を伸ばす契機ともなった。そして、村山談話が発表された同日に自民党「歴史・検討委員会」が編纂した『大東亜戦争の総括』(発売・展転社)が刊行されたことも、対極的な歴史認識による亀裂を示すものであった。そこでは「大東亜戦争」が自存自衛戦争であるとともにアジア解放戦争であったとして、戦争犯罪は否定されている。そして、新たな教科書の編纂が必要であり、自国の栄光に誇りをもつ国民を教育するために研究者を起用する政策課題に自民党が資金援助を行っていくことなどが提言されていたのである。

その意味で、戦後五〇年という年は歴史認識に決着をつけることはできなかった。むしろ、現在につながる歴史認識や教科書編纂をめぐる対立としての歴史戦争に向けて動き出した起点となったと言えるであろう。その後も、政治家の歴史認識が国際問題化する事態が続いた。九五年一一月には江藤隆美総務庁長官が「日韓併合を強制的なものだったとする村山首相の認識は誤りだ。植民地時代には良いこともした」といった趣旨のオフレコ発言に対し韓国からの抗議を受けて、更迭された。次いで九六年六月には奥野誠亮衆議院議員が「従軍「慰安婦」はいない、商行為として行われた」(16)と発言するなど、政治家の「妄言」が続出したことによって、歴史認識問題は混迷を深めていった。

ただ、公式には、この村山談話を踏襲することが、それ以後の日本政府の立場とされた。しかし、村山談話の歴史認識を共有しているとして戦後六〇年談話を出した小泉純一郎首相は、六度にわたって靖国神社の公式参拝をおこなったことによって、その歴史認識についての真意を疑われることになった。その意味で村山談話と小泉談話を「全体としては引き継ぐ」としながらも、「植民地支配と占領」そして「反省とお詫び」という同じ言葉を使用することはないとの発言を繰り返してきた安倍晋三首相による戦後七〇年談話は国内外から注目を浴びることになったのである。

しかし、安倍首相が意図していたように、八月初旬に安全保障関連法案を成立させたうえで自由に持論を書き込むことは、全国各地で安全保障関連法案の衆議院での強行採決に対する反対運動の噴出によってブレーキがかかった。結果的に、安倍内閣の閣僚のほとんどが属する「日本会議」の意向にもかかわらず、「植民地支配と占領」そして「反省とお詫び」という字句そのものは残されることとなった。しかし、それは先行する内閣が、そのように表明してきた、ということを示すだけのものであって安倍首相の個人的意見は隠されたままで終わった。また、従軍「慰安婦」についても戦時下で不幸な境遇を強いられた女性が存在したという表現で暗示はされたものの、その境遇を強いた主体は何であったのかは、意識的に触れられることもなかった。他方で、「あの戦争には何ら関わりのない、私たちの子や孫、そしてその先の世代の子どもたちに、謝罪を続ける宿命を背負わせてはなりません」と表明したことは、この談話をもって「謝罪は終わった」と日本政府が宣言したものとして、歴史戦争に日本が勝利したとする論調も生まれてきている。

戦後七〇年談話を文面通りに読むのなら、次代に謝罪や責任を背負わせないためには、現世代がいかなる謝罪を行うことによって、被害を受けた人びとから了解を得るという作業が不可欠となるはずである。実際に村山談話は、単なる談話に終わることなく、相互理解を深める史料蒐集・公開を目的としたアジア歴史資料センターの設置や日中・日韓の歴史共同研究プロジェクトなどの他、戦時捕虜や従軍「慰安婦」との和解を進める「平和友好交流事業」を、その後も地道に続けてきた。しかし、戦後七〇年の安倍談話が出された後に、こうしたアクションプランは一つとして出されてはいない。まさに、一夜にして紙くずに化してしまった談話として、歴史に残ることになった。

戦後七〇年に際して、「行為責任を負うのは個人しかありえない。しかし、結果責任は世代を越える」という発言をした政治家の声を、日本国民は聞くことができなかったのである。

おわりに——記憶抹殺に抵抗する戦士として

戦後七〇年を経て、日本は「歴史和解」を達成できないままに、「歴史の清算」を求められている。しかし、日本の現政権や歴史戦争を唱導する論者たちは、例えば従軍「慰安婦」については日本の軍部が直接的に強制連行した史料が見つからない、という史料不在に基づいて、事実無根の捏造であると主張する。たとえ、見つかったとしても、日本政府が直接に指示したものではなく、その史料も記録した人の単なる主観的感想に過ぎず、客観性はないという反論がなされるのであろう。

これに関連して言及しておかなければならないのは、二〇一五年五月四日、ハーバード大学のエズラ・ヴォーゲル名誉教授やマサチューセッツ工科大学のジョン・ダワー名誉教授、コロンビア大学のキャロル・グラック教授など、欧米の日本研究者一八七人が日本政府と安倍首相に対し、過去の植民地支配や侵略の過ちを認めることを求める声明を出したことである。この「日本の歴史家を支持する声明(Open Letter in Support of Historians in Japan)」は、「過去の過ちについて、できる限り偏見のない清算を共に残そう」と呼びかけるものであった。その中で特に言及されたのは従軍「慰安婦」問題であり、「日本帝国の軍関係資料の多くが破棄されている……しかし、女性の移送と「慰安所」の管理に対する日本軍の関与を明らかにする資料は歴史家によって相当発掘されており、被害者の証言にも重要な証拠が含まれている」と指摘している。そして、「慰安婦の正確な数」や「日本軍が直接関与していた度合い」やその「強制性」について、さまざまな議論があるとしても「日本帝国とその戦場となった地域において、女性たちがその尊厳を奪われたという歴史の事実を変えることはできない」として、「強制」の有無など「特定の用語に焦点を当てて狭い法律的議論を重ねることや、被害者の証言に反論するためにきわめて限定された資料にこだわることは、被害者が被った残忍な行為から目を背け、彼女たちを搾取した非人道的制度を取り巻く、より広い文脈を無視することにほかならない」と批判していた。声明は同時に、「慰安婦」問題が韓国や中国によって政治的なカードとして使われたことも、女性の尊厳を損なうものであることに警告を与えていた。この声明が「慰安婦」問題を捏造として歴史戦争での勝利を叫ぶ論者への正当な批判になっていることは、ここで改めて指摘するまでもないであろう。

それでは何故、そのような関係史料が失われ、結果的に記憶が抹殺されて、歴史的事実についての忘却が進むという事態になったのであろうか。それは、ポツダム宣言を受諾したことによって戦争責任や戦争犯罪を問われることを恐れて、国内外を問わず公文書の焼却が徹底して行われたからである。史料さえ存在しなければ、おこなったはずの行為も存在しないという論理によって、植民地支配や戦時中の罪責を免れようとしたのである。

しかしながら、こうした公文書の焼却・隠滅による記憶の抹殺や歴史認識の改竄は、日本だけが行ったわけではない。イギリスもまた植民地支配の暗部を抹殺するために、史料の焼却と隠滅を行った。イギリス帝国に都合の良い記録だけを選別して後世に遺すという行政文書隠蔽工作である「遺産作戦(Operation Legacy)」については、漸く明らかにされつつあるが、この遺産作戦についてはイギリス政府でもその存在を一部の人びとしか認知していなかったのである。

同様に、日本を占領していたGHQは、原子爆弾による被害を覆い隠すために記事や写真の掲載などに検閲を加えたし、各地の空襲被害について調査資料の作成や慰霊碑などの建立を禁止した。アメリカによる加害は隠蔽し、民主主義と経済復興を与えた恩恵を最大限に認識させることが占領期に進められたのである。また、「勿忘国恥(国の恥を忘れてはならない)」ことが愛国主義教育の根本として強調されている中国でも、天安門事件や少数民族問題などについて、学校で教えることはなく、インターネットからアクセスできない措置を取るなど史実の抹殺が図られている。

こうした事実に鑑みれば、日本人が植民地支配や侵略に対して認識することが少ないのは、健忘症というだけでなく、記録の消却と隠蔽によってもたらされた部分も少なくないと思われる。そのような自らの行為についての記憶抹消の結果として、行為についての罪責意識もまた当然のごとくに失われていった。行為を直接に行わなかった世代である安倍首相などの政治家が、個人として何ら責任を負う必要はないと公言できるのもそのためである。その意味で、軍部のみならず政府や市町村に至るまで歴史史料となるべき文書を焼却した行為の責任は重い。だが、この歴史への背任行為を利用して「史料が無い限り、事実も無い」という歴史認識を政権担当者が嘯《うそぶ》いていることは、被害者に対してだけでなく、次世代に対する背信行為でもある。

こうした史料の抹殺による忘却政策の下で、喧伝される歴史戦争に歴史研究者が果たすべき役割とは何であろうか。

言うまでもなく、史料の信憑性を問うことこそ歴史研究者にとって最大の責務である。だが、史実を確定させるためには、より多くの史料の発掘と公開が不可欠となり、それには時間がかかる。しかし、確定したと公認されるまでは発表も教育もしてはならないとすれば、それは忘却政策に加担することになりかねない。

実際、日本では安倍政権の下で自由民主党に設置された「教育再生実行本部・教科書検定の在り方特別部会――議論の中間まとめ」(二〇一三年六月二五日)を見れば、一種の忘却政策が示唆されているようにも思われる。そこでは教科書の定義・検定・採択を包括的に規定する「教科書法」の制定が提言されているが、その焦点は歴史教科書にある。すなわち、「特に高等学校の歴史教科書については、いまだ自虐史観に強くとらわれるなど教育基本法や学習指導要領の趣旨に沿っているのか疑問を感じるものがある」との「現状の認識」を示した後で、次のような「教科書検定基準の改善」が列挙されているのである。

まず、「政府見解や確定した判例があるものについては、それらをきちんと取り上げさせるようにする。諸説ある事項について記述する際には、多数説・少数説、バランスよく取り上げさせるようにする」とした上で、「特に、近現代史において、未だ確定的な見解・学説がない事項については、教科書において確定的な記述をしないようにする」、「引用資料についても、特定の事柄を特別に強調しないよう改善を図る」としている。こうした検定基準によれば、従軍「慰安婦」や「南京大虐殺」などは「未だ確定的な見解・学説がない特定の事柄」とされるであろうし、安倍首相はじめ自民党の多くの議員が主張しているように、そもそも「侵略」や従軍「慰安婦」については学問的な定義が定まっていない」として記述できないことは明らかだと思われる。

こうして、歴史戦争は一般書や月刊誌・週刊誌を戦場とする局面から、教科書記述のあり方を戦場とする局面に転じつつある。その中では、「歴史学者や外交官が国際社会で振る舞うべき二つの鉄則がある」として「一、疑わしきは自国に有利に。二、本当に悪いことをしたなら自己正当化せよ」(17)といったことが公然と勧告されているのである。果たして、こうした鉄則に従う人が「歴史学者」であると認定されているのか。根本的なはずの問題が、もはや疑うことさえなされない。

今や、植民地統治や戦争に関して、いささかでも日本の施策に批判する立論をする歴史研究者は、「自虐史観」を吹聴する「反日研究者」として指弾され、否応なくその歴史戦争の戦士として戦うことを余儀なくされる。しかし、直接に論争になるわけではなく、単に一方的に非難されるだけというのが実情である。例えば、南京虐殺はなかったという歴史戦における主張のなかでは、重要な日本軍資料や証言が収集された笠原十九司・吉田裕編『現代歴史学と南京事件』(柏書房、二〇〇六年)などに軍部自身が認めている事実についても一切、言及されることさえない。

他方、そのような歴史認識をめぐる対立が存在するなかで、国境を越えた研究者の連携によって「歴史和解」を進めようとすれば「反日左翼」「国賊」「売国奴」として誹謗中傷が、ネット上に溢れる。特に、中国や韓国で開催された国際シンポジウムやフォーラムなどで発表すると、ユーチューブなどで見る機会が増えたこともあって、集中攻撃の対象となる。この他、歴史戦争の戦場となるのが、アマゾンなどのネットにおける評価である。ここでは、著作を読んでもいないにも拘わらず、自分の気にいらないテーマや議論をする本に対して、的外れであろうがなかろうが酷評を書き込み、それによって貶めることだけを目的とする常套的用語による評価が並ぶ。研究成果を出し始めた若い研究者にとって、その心理的な圧力は決して小さくはない。否応なく、テーマの選択にも自主規制が働き、その結果として分野によっては研究の停滞が生じることになる。

それでは急速に狭められていく歴史認識空間の中において、歴史研究者なり社会科学者なりが戦士として、あるいは調停者としていかなる機能を果たしうるのであろうか。おそらく、そこで先ず重要なことは、根拠なく流布している極論(曲論)に対しては史料を挙げて論点を明確にし、誤った認識が広まることに抵抗者としての責務を果たすことであろう。また、直接的な調停者にはなりえないとしても、国境を越えた研究交流を通じて相互の歴史認識について把握し、それを自国に還流する媒介者としての役割を果たすことも不可欠である。だが、政府や一部の論者たちが推し進める忘却政策に抵抗して、史料を発掘し、公開し、検討し、蓄積していくという活動を怠らない、という基本的スタンスを維持し続けることが最も要請されているはずである。

ヒトラーは「宣伝におよそ学術的教授の多様性を与えようとすることは、誤りである。大衆の受容能力は非常に限られており、理解力は小さいが、そのかわりに忘却力は大きい」[(18)]として、大衆の忘却する力に自らの権力の源泉を求めた。しかし、それを逆手に取れば記憶し、記録し続けるという持続力こそが、民主主義を維持していくためには最も大きな力となるはずである。たとえ、「学術的教授の多様性」を人びとが受け入れることに困難が伴うとしても、その困難さに立ち向かい、忘却に抵抗することこそ、研究者が言葉による戦士として戦う戦場となる。そして、様々な歴史認識の多様性を人びとが受け入れるに至ったとき、研究者は調停者として和解の広場に立つことになるであろう。

権力者にとって「不都合な真実」を明らかにし、記憶の継承責任を負い続けていくこと――そこにこそ歴史研究者の密やかな自負と細《ささ》やかな存在意義があるのではないだろうか。

1 二〇一五年一一月二九日の立党六〇年記念式典に合わせて自由民主党は、総裁直轄の「歴史を学び未来を考える本部」を立ち上げたが、その趣旨について稲田朋美・政調会長は「慰安婦問題や南京攻略戦での「百人斬り」など、韓国や中国との間に横たわる歴史認識問題では、あまりにも多くの嘘が流布しています。……戦後七〇年も経過しているのですから、東京裁判の判決理由の中に書かれた「歴史ストーリー」を何も疑ってはいけない、疑うのは歴史修正主義だという風潮からは、そろそろ脱却すべき」だとインタヴューで答えている。そして、その政治的意義について、「外交において「歴史認識カード」を切られたとしても、いわれなき非難に対してはたじろぐことなく客観的事実で冷静に切り返すべき」だとして、歴史認識が外交戦においてもつ意義を強調していた。ちなみに、この記事のタイトルは「「慰安婦」「百人斬り」…虚偽訂正、学ぶことから」であり、見出しには「修正主義批判から脱却を」(『産経新聞』「単刀直言」二〇一五年一二月二四日)とある。

2 アメリカにおける「歴史戦争」という概念については、Edward T. Linenthal and Tom Engelhardt eds., *History Wars: the Enola Gay and Other Battles for the American Past*, Metropolitan Books, 1996; Martin Harwit, *An Exhibit Denied: Lobbying the History of Enola Gay*, Copernucus, 1996 などを参照。

3 黒田勝弘「東アジア歴史戦争に参戦せよ」『歴史通』一五号(総力特集「韓流はウソだらけ」)、八〇―九一頁。

4 長谷川司「インドネシアは歴史戦争の同盟国だ」『正論』五二〇号(特集「アジアは忘れない　戦後七〇年の大東亜戦争

肯定論」)、二〇一五年、二〇二―二一〇頁。
5 河添恵子「習近平と華人に喰われる東南アジア――インドネシアも歴史戦争の主戦場に⁉︎」『正論』五二六号、二〇一五年、三六二―三七一頁。
6 一九九三年八月、河野洋平官房長官は、「慰安婦」問題をめぐる日本軍の関与と強制性を認めてお詫びと反省を述べたうえで、「歴史研究、歴史教育を通じて、このような問題を永く記憶にとどめ、同じ過ちを決して繰り返さないという固い決意を改めて表明する」とした。これを受けて九七年度版の中学校歴史教科書七社すべてに「慰安婦」の記述が出た。しかし、二〇一一年に検定を受けた中学校歴史教科書では七社すべて「慰安婦」の記述はなくなっている。
7「ジャーナリスト、櫻井よしこが読む『歴史戦――朝日新聞が世界にまいた「慰安婦」の嘘を討つ』」『産経新聞』二〇一四年一一月九日。
8 中西輝政「現代「歴史戦争」のための安全保障」『正論』四九三号、二〇一三年、六九頁。
9『週刊　金曜日』二〇一七年二月一七日号。
10 中曽根康弘「新しい日本の主体性――戦後政治を総決算し、「国際国家」日本へ」『月刊自由民主』一九八五年九月号、三三五―三三六頁。
11『人民日報』一九九二年四月二日。
12『共同通信』一九九五年三月八日。
13 外務大臣への質疑。一九九五年三月一六日、衆議院外務委員会議事録。
14 一九九三年八月二三日、衆議院本会議議事録。
15 日本遺族会声明、一九九三年一〇月一日。
16「「明るい日本」国会議員連盟」発足に際し、同連盟会長に就任した奥野誠亮の発言。
17 倉山満『嘘だらけの日中近現代史』扶桑社新書、二〇一三年、一五六頁。
18 アドルフ・ヒトラー、平野一郎・将積茂訳『わが闘争 上、I 民族主義的世界観』角川文庫、一九七三年、二三八頁。

終章　歴史・記憶紛争の歴史化のために
——東アジアとヨーロッパ

塩川伸明

過去の記憶および歴史の捉え方が政治的対抗の一局面をなすということは、それ自体としていえば、どの地域についても、どの時期についても一般にありうることであり、とりたてて現代的な現象ではない。しかし、近年の世界各地の動向は、そうした一般論を超えて、「歴史と記憶をめぐる政治」が一段と深刻なものとなり、ナショナリスティックな相互非難の応酬の中心要素になってきたようにみえる。こういう状況は、歴史家が現実政治から距離をおいて冷静な議論を交わすことを困難にしている。この傾向は、東アジアとヨーロッパとで異なった主題をめぐり、異なった文脈のもとで進行しているとはいえ、しばしば「過度の政治化ではないか」と感じられる状況が生じているという限りでは一定の共通性がある。にもかかわらず、多くの当事者は、自己が関わる事例とそれ以外の事例を共通のパースペクティヴの中で考えようとはしておらず、そのこと自体が問題を一層複雑なものにしているように思われる。本書の意義は、まさしくこうした状況そのものを意識化し、各種の事例を比較の土俵に載せる点にあるだろう。

この深刻かつ複雑な問題に明快な回答を提示することなどできようはずもないが、ともかくもその方向に少しでも近づきたいと考えるなら、先ずもって、「歴史・記憶紛争の歴史」について考えることが必要だろう。筆者はこの複合的な問題に関する十分な知識と発言資格を持つわけではないが、ともかくかなり長い期間にわたって各種の関連テーマに関心をいだいてきた者として、ささやかな試論を提示してみたい。

一　歴史・記憶紛争の歴史

歴史と記憶に関わる諸問題が政治的な性格を帯びた論争の対象となるという状況自体は、最近に始まるものではない。ドイツでも日本でも、戦後ほぼ一貫して——そして特に第二次世界大戦終結から二〇年前後を経た六〇年代以降は、より本格的に——戦争責任／戦後責任論や「過去の克服」論が種々の形で議論されてきた(1)。また、一九一五年四月のアルメニア人大虐殺から半世紀となった六五年には、世界各地のアルメニア人ディアスポラによって、この事件が大々的に取りあげられ、その後もこの問題は記念日ごとに政治的性格を伴って振り返られている。

一九八〇年代になると、終戦四〇年たる一九八五年が日本と中国の双方で歴史問題の政治化を呼び起こす契機となった。また、八〇年代後半のソ連では、ペレストロイカの一環として「歴史の見直し」が盛んに叫ばれ、熱心な歴史論争が展開された。これはドイツにおける「過去の克服」を思い起こさせるところがあった(2)。もっとも、そこにおける「歴史と記憶の政治」は主としてソ連国内における論争として展開され、他の国との間でナショナルな——諸ネイション間という意味でインターナショナルな——対抗を呼び起こすことはなかった。ほぼ同時期に西ドイツで展開した「歴史家論争(3)」も、基本的にはドイツ国内での論争であり、他国とのナショナルな対抗とからむことはなかったように見える。

ところが、冷戦終焉後、「歴史と記憶の政治」は諸国間のナショナリズムの応酬という意味での国際政治とからみあうことが一段と多くなった。もともと一国内におけるイデオロギー論争と国際政治とが全く無関係だったわけではなく、両者が重なり合う場合には歴史論争が国際的な性格を帯びることもあった——南京大虐殺問題が日本と中国の間での論争となったのはその一例——が、冷戦的な両極対峙と「歴史と記憶の政治」に関わる対抗軸とがすれ違った関係になっていることも少なくなく、その場合には歴史問題の国際化は抑制され、もっぱら国内イデオロギー論争として論じられた。冷戦終焉はこうした構図を一変させ、歴史問題が国際問題として論じられる度合いを急激に高めた。

冷戦終焉が過去の問題を改めて争点化したのには、いくつかの要因がある。「社会主義」および「国民国家」という未来への目標が信用を失墜し、そのことが過去への視線をより重要視させるようになったというのもその一つだろう。(4) ヨーロッパの場合、それまでの歴史論が圧倒的にドイツの戦争責任とりわけホロコーストに集中してきたのに対し、それ以外の種々の問題が急速に浮上してきた。ソ連および東欧諸国のスターリニズムの問題、ドイツ人の「被害」の側面（戦後のポーランドやチェコスロヴァキアからの追放など）、ユダヤ人大量虐殺へのナチ・ドイツ以外の人びと（ポーランド人、リトアニア人、ウクライナ人、ルーマニア人等々）の関与、東欧諸国の隣国間関係（ポーランドとウクライナ、(5) ハンガリーとその諸隣国等々）、また旧ユーゴスラヴィア内戦と関わってセルビアとクロアチアの大戦中の相互殺戮等々である。

東アジアの場合、日本の戦争責任――およびそこからさかのぼって植民地支配に関わる諸問題――が重要な焦点であること自体は以前から連続しているが、冷戦期には、「反共」を主要課題とする同盟関係が米・日・韓国間にあったことが植民地責任問題の掘り起こしを抑制してきた。アジア冷戦は単純に一九八〇年代末に終わったと言いきれない面があるが、とにかくそれまで抑制されてきた責任追及がこの時期に活性化するようになった。特に重要なのは、韓国における政治的民主化と言論状況の変化のなかで元従軍「慰安婦」がカミングアウトするようになったことであり、以後、この問題は日本でも韓国でも大論争となった。一九九五年に村山内閣がアジア女性基金を創設し、戦後五〇年に際して「村山談話」を出したのは和解を目指す一つの試みだったが、結果的には、むしろ新たな論争を引き起こした。九六年には「新しい歴史教科書をつくる会」が発足し、これ以降、日本国内で右派ナショナリストによる「自虐史観批判」キャンペーンが広まった。

筆者は二〇〇四年の拙著で、以上のような状況を念頭におきながら、「スターリニズム責任」という問題を提起し、それを日本の戦争責任問題と比較することを試みた。その際、「スターリニズム責任」の語で念頭においていたのは、第一義的にはもちろんソ連の歴史だが、東ドイツの状況もそれと関わっており、それは西ドイツにおける「過去の克服」との比較という論点をも含んでいた。(6) これは、今から振り返っていえば、日本を含む東アジア、ドイツをはじめとする西ヨーロッパ、そしてソ連および東欧社会主義諸国という多様な事例を共通の土俵で考えてみようとする萌芽的な試みだったということになるだろう。

こういう背景の上に、二〇〇五年の第二次世界大戦終結六〇周年は対抗関係を一段と白熱させ、問題状況をより深刻なものとした。そこにおいては、「歴史と記憶の政治」はそれぞれの国内におけるイデオロギー論争であるだけでなく、あるいはむしろそれ以上に、国と国の間の主張のぶつかり合いという様相を呈し、国際政治上の一大論点となった。(7) 東アジアでは、中国・韓国における「反日」宣伝がそれまで以上に高まる一方、それに対抗する日本の右翼ナショナリズムの運動も一段とエスカレートした。その典型が「日本会議」であり、これが二〇一二年発足の第二次安倍内閣を支えることになったのは周知のところである。

他方、ヨーロッパでは、二〇〇五年にモスクワで終戦六〇周年記念式典が開かれたとき、エストニアとリトアニアの大統領は出席を拒否し（ラトヴィア大統領は批判の発言をするために出席）、当時の米大統領ブッシュ・ジュニアはリガで「ヤルタ協定は誤りだった」と発言するなど、あたかもイデオロギー的「新冷戦」が始まるかのごとき様相が生じた。二〇〇七年にはエストニアで「ブロンズの兵士」事件――反ナチ闘争を戦ったソヴェト兵士の像の撤去をめぐる紛争――が起きた。バルト諸国とロシアの間での記憶および記念碑をめぐる紛争はこれが最初ではないが、この事件は平和的論争にとどまらない暴力的衝突となったことで、広く注目を集めた。(8)

同時期にウクライナのユーシチェンコ政権は、一九三〇年代の飢饉（ホロドモール）を「ウクライナ民族へのジェノサイド」と意義づけ、ロシアの責任を問う国際的宣伝を展開した。一九三〇年代の飢饉が歴史家の注目を集めたのはこれが最初ではないが、ペレストロイカ期の「歴史の見直し」においては、「ソ連農民共通の悲劇」として捉えられていたものが、この時期以降のウクライナでは、ウクライナ民族が一方的なジェノサイド（エスノサイド）の対象となったという民族主義的な発想が前景化し、論争が極度に政治化した。ポーランドのカティン問題をめぐる議論の場合、ポーランドもロシアもそれぞれ一枚岩ではなく、それほど明快に「国と国の対抗」という形をとっているわけではないが、二〇一〇年の飛行機墜落事件――カティンでの式典に出席しようとしていたカチンスキ・ポーランド大統領ら多くの要人が墜落死した――はポーランドの右派ナショナリストを強く刺激して、論争を一段とエスカレートさせたように見える（後注11参照）。

　このような経緯があった後、二〇一四年のウクライナ危機は、ロシアとウクライナの紛争を「歴史戦争」を超えた「戦争」そのものにしてしまった。直接当事者たるロシア・ウクライナ両政権だけでなく、アメリカおよびEU諸国もロシア制裁を発動して、この対抗関係の中にある。冷戦終焉後のロシアとEUが一貫して対抗関係にあったわけではなく、むしろある時期までは経済面をはじめとする協力関係が重視されてきたにもかかわらず、ここ数年の状況は、両者間に「歴史と記憶の政治」を含む激しい対抗があるかのような様相を呈し、その相互関係は最悪の状況になっている。

　こういうわけで、「歴史と記憶の政治」をめぐるここ数年来の状況は極端なまでに政治化され、これらの主題を現実政治から離れて冷静に検討することを極度に困難にしている。この暗い描写は、日本と韓国および中国との関係、またロシアとその諸隣国の関係に特に当てはまるように思われる。こうした硬直した図式を打開し、「和解」を目指す声がないわけではない。一例として、朴裕河の『和解のために』は、「被害者の示すべき度量と、加害者の身につけるべき慎みが出会うとき、はじめて和解は可能になるはずである」という印象的な言葉を含んでいる。[9] これは「犠牲者意識《ヴィクティムフッド》ナショナリズム」（この概念については後述）を克服しようとする企てとして有意味な発言であるように思われるが、彼女の近著『帝国の慰安婦』は、一部に不用意な表現が含まれたこともあって、韓国で大きな物議を醸し、歴史紛争の政治化を一段と強める結果になった[10]。このことは日本と韓国の間——またそれぞれの国の中でも——の歴史対話における和解の困難性を如実に物語る。

ヨーロッパの場合、ドイツとフランスとか、ドイツとポーランドなど、いくつかの国々の間では歴史対話の努力がかなりの程度積み重ねられてきた——それでもあらゆる問題が解決しきったというわけではない——が、ポーランドの場合、東の隣国とりわけロシアとの関係は、西の隣国との関係よりもはるかに悪い状態にあり[11]、ユダヤ人との関係もきわめて困難な条件をかかえている(ポーランド史におけるユダヤ人問題について後述)。バルト諸国の場合、ホロコーストとジェノサイドに関する委員会が設置され、大なり小なり一定の成果を上げたものの、そこにおける主要な目標は西欧諸国およびイスラエルとの対話に限られ、ロシアとの関係は背後に退いている[12]。

こういう風に見るなら、日本と韓国、ロシアとバルト諸国およびポーランドの間での「歴史対話」はとりわけて困難な状況が続いていると言わないわけにはいかない。

二　比較の観点——バルト＝ロシア関係および日韓関係を中心に

東アジアにおける日本・韓国関係と、ヨーロッパにおけるバルト諸国やポーランドとロシアの関係を、「歴史と記憶の政治」の観点から比較するのが本書の重要な狙いの一つだが、比較というものは一般に、対象事例の間の共通性の要素と差異・独自性の要素の双方に注目するものである。そこで、先ずいくつかの共通性を挙げ、次いで独自性について考えるという順序で議論を進めてみたい。

共通性

先ず確認しておくべきなのは、冷戦期に封じられていた過去の諸問題が冷戦終焉後にいわば「解凍」されて、一挙に吹き出したという点である。「共産主義か資本主義か」というイデオロギー対立が意味を失うにつれて、それにとって代わるかのように、ナショナリズム同士の対抗関係が世界各地で前面に立ち現われるようになった。そこにおいては、記念碑、記念日、博物館、教科書などが一種の「戦場」と化している。これらのシンボルは感情を揺り動かす力を持ち、高度の動員力を持つため、隣国間の対抗を昂進させやすい。

一般に隣国同士の国民感情というものは、過去の歴史に支配＝被支配の関係が含まれる場合、非常に複雑なものとなる。この点に関連して示唆的なのは、日本史研究者の三谷博の提起する「忘れ得ぬ他者」という概念である。「忘れ得ぬ他者」とは、周辺国家にとっての中心国家のことであり、前者はその自己主張のために「他者」としての後者を引き合いに出さずにはおれない。具体例としては、近世日本にとっての中国、一九世紀のドイツ人にとってのフランス、同時期のアメリカ人にとってのイギリス、植民地とその後継国家にとっての(旧)宗主国、現代の韓国や中国にとっての日本、現在のほとんどすべての国民にとってのアメリカ合衆国など、多数のものが挙げられている(13)。

「忘れ得ぬ他者」に関して重要なのは、これは愛憎の入り混じったアンビヴァレントな対象だという点である。一般に国と国、民族と民族の関係はしばしば《友好か憎悪か》という二者択一で捉えられがちだが、「アンビヴァレンス」という特徴に着目するなら、それは皮相な見方だといわなくてはならない。実際にはむしろ、近い間柄であればあるほど「愛」と「憎」がともに深くなるのに対し、遠い間柄であれば、愛憎ともに浅く、単純な無関心が優勢になりやすいという対比の方がリアルだろう。「愛憎ともに深い」といっても、常に「愛」と「憎」が同じ重さで存在するわけではなく、どちらか一方が前面に立ち現われることもあるが、それは固定的なものではなく、ある状況で背後に隠れていたものが別の条件下で表に現われる――憧れから敵愾心へ、またその逆――という変化もしばしば見られる。こうした揺れを含みつつも、構造的には常に両面があるのであって、どちらか一方だけに純化しきることはできないのが「忘れ得ぬ他者」との関係だといえよう。この概念は日中韓の相互関係についても、ロシアとその隣国の関係にも同じように当てはまる。また、現在では多くの旧ソ連諸国および東欧諸国にとってロシアが「忘れ得ぬ他者」という位置を占めているが、歴史的には西欧諸国がロシアにとっての「忘れ得ぬ他者」だったという面も見落とすことができない。

「忘れ得ぬ他者」との関係は宿命的に敵対的なものと決まっているわけではないが、近年の現実としては、「歴史と記憶の政治」の中で憎悪と糾弾の高まりが特徴的となっている。その背景を考えるなら、次のような事情が挙げられる。「歴史と記憶の政治」においては、しばしば「謝罪」「責任」がキーワードとなり、他者に対して「謝罪」を要求する、あるいは他者の「責任」を追及する言説が噴出して、それらの言説がぶつかりあう状況が生じる。過去の犯罪的行為の犠牲者が加害者の責任を問い、謝罪や補償を要求するのは自然なことだし、長いことそうした声をあげる可能性が封殺されていた場合、ようやくその主張を提示することができるようになったのは歓迎すべき進歩と評価することができる。しかし、厄介なのは、「犠牲者」というものは単一ではなく、多様な「犠牲者」の間で、それらの正義を求める要求が相互に衝突しあうことがあるという点である。この点で、イム・ジヒョン（林志弦）の「犠牲者意識ナショナリズム」という概念は示唆的である。(14) 自己を「犠牲者」と位置づけるネイションは、そのことによって自分たちは独自な地位にあり、他者を糾弾する特別な権利があると考えがちである。そこから、「犠牲者であること」をめぐる競争、あるいは「誰が最も苦しんだのかをめぐる競争」が生じることになる。ある民族の「犠牲者意識ナショナリズム」は、これに対置される側でも同様の現象を生み、双方からの相互非難が激しい感情を伴って応酬されるということになる。イム自身は主として韓国、イスラエル、ポーランドの例に即して論じているが、バルト三国の歴史について考える上でもこの概念は示唆的である。(15)

犠牲者意識ナショナリズムのもう一つの問題は、「犠牲者ネイション」は自らも他者に対して加害者だったかもしれないのに、そのことを無視しやすいという点にある。バルト三国やウクライナ——また、ソ連外だがポーランド——などでは、ナショナリストはソ連の犯罪を強調する一方、自らがユダヤ人虐殺に加担したことについてはあまり触れたがらないという傾向がある。この問題の典型的なあらわれは、イェドヴァブネ事件およびキェルツェ事件――いずれにおいても、一部のポーランド人がユダヤ人を虐殺した――を論じたヤン・グロスの著作をめぐる大論争に見ることができる(16)。同様のことは他の諸民族についても当てはまり、またロシア人――彼らもまた自らを「スターリン主義の犠牲者」と見なしている――にも当てはまる(17)。

以上に述べてきたことは、東アジアとヨーロッパに共通の特徴であり、その限りでは、旧ソ連空間は他の地域と特に異なるわけではない。そのことを確認した上で、次にソ連史における独自性という問題に目を向けることとしたい。

ソ連史に関わる独自性①――「ソ連帝国」の特徴

歴史論争はしばしば「帝国主義的支配者」と「被支配者」の関係という形で議論される。その文脈で、ソ連についても、自らは帝国であることを否定してきたにもかかわらず、「あれも一種の帝国ではないか」との見方が提起されてきた。ソ連解体後、ソ連を一種の帝国と捉える発想は一挙に広がり、もはや定着したといってよい。そのこと自体に問題があるわけではないが、それだけにとどまるなら認識として不十分ではないかということを問題提起したい。実際、近年のソ連史研究は、その焦点を「帝国か否か」という問いから「どのような帝国か」という問いへと移行させてきた。その中で、「アファーマティヴ・アクションの帝国」「諸ネイションの帝国」「民族自決の帝国」「反帝国主義の帝国」その他の新しい概念が提起されてきた(18)。

ソ連は一種独自な帝国だったが、その独自性の重要な要素として、公式イデオロギーにおける国際主義と平等主義が挙げられる。もちろん、イデオロギーと現実の間には大きな乖離があり、ソ連の実態は完全な平等とはほど遠く、諸民族は様々な意味で異なった状態におかれていた。にもかかわらず、イデオロギーが完全に意味を失うことはなく、ソヴェト・エリートは自らの優越性を何らかの民族固有の特質でもって正当化することはできなかった。確かに民族構成で見た場合、ロシア人は支配エリート中に過剰代表されていたが、だからといって無条件にその座を独占していたわけではない。一つの手がかりとして、ソ連共産党員の民族構成に関する統計を見るなら、いくつかの興味深い特徴を指摘することができる。①ロシア人は確かに過剰代表だが、その度合いはそれほど強いものではない。②ロシア人以外にも、ユダヤ人、グルジア人その他いくつかの民族は過剰代表だった。③エストニア人、ラトヴィア人、リトアニア人は確かに過小代表だったが、その度合いはそれほど大きなものではない。④それ以外の諸民族は、極端に入党率の低いチェチェン人とイングーシ人を例外として、概して大なり小なり似た度合いで代表されていた。(19)

こうした事実は、「ソヴェト帝国」は「ロシア帝国」ではなかったことを示唆している。もちろん、ソヴェト・エリートの絶対多数はロシア人だったが、それは極度の過剰代表によるわけではなく、人口の絶対数の大きさによる面もあった。反面からいえば、人口中の多数をなすロシア人は、スターリニズムの犠牲の中でも大きな比率を占めていた。(20)一九三〇年代の飢饉にしても、ウクライナ・ナショナリストが「ウクライナ民族へのジェノサイド」とするのに対し、ロシア人の間ではむしろ自分たちが最大の犠牲を出したという記憶が根付いている。ソルジェニツィンを典型とするロシア・ナショナリストたちがロシアこそソ連体制の最大の被害者だと考える一つの理由はこの点にある。マルクス主義イデオロギーは西欧で生まれ、外からロシアに押しつけられたものだ、というのが彼らの言い分となる。

ソ連史に関わる独自性②——責任とその継承

次の問題は、ソ連の継承者は誰かという点である。ソ連国家が消滅し、ソ連共産党も解散したことは、「継承者は誰か」の確定を困難なものにした。現在のロシアその他の諸国に存在している共産党はいったん解散した後に再建されたものであり、その指導者たちは旧ソ連共産党のトップエリートよりもむしろ二級の活動家たちを主体としている。これに対し、かつてのソヴェト・エリートのうちのかなりの部分は巧妙に時流に即応し、いまでは新しい資本家になったり、他の政治潮流へと鞍替えしているため、各国共産党を主たる後継者と見なすのは難しい。

一つの考え方として、今日のロシア連邦がソ連の継続国家であり、そういうものとしてソ連の国家的犯罪への責任を継承すべきだという見方があり、バルト三国やウクライナなどではこの考えが広くとられている。これにはそれなりの根拠がなくはないが、ここにはいくつもの複雑な問題が横たわっており、それを全面的に受け入れるには一定の慎重さが必要とされる。そもそも「継承国(successor state)」と「継続国家(continuing state)」という概念はどのように区別されるべきか、これと責任継承の問題はどういう関係にあるかといった論点をめぐり、国際法学者の間でも種々の議論が交錯しており、簡単には結論が出そうにない(21)。

私自身は法学者ではないので、この問題を正面から論じることはできないが、その代わりに、ある種の比喩で考えてみたい。人が死んだ場合、その相続の方法としては、大きく分けて二通りの型がある。第一は、一人の遺族(たいていは長男)による単独相続であり、第二は、配偶者や子どもたちによる分割相続である。後者は更に各相続者の持ち分決定という問題があるが、とにかくこの二つの型のどちらをとるかが先決問題となる。その際、注意しなくてはならないのは、遺産には、正の遺産(物的財産のほか、国家の場合にはその軍備、国際的地位など)もあれば、負の遺産(物質的な意味での債務の他、過去の犯罪行為への道徳的責任を含む)もあるということである。もし長男が正の遺産は単独相続しておきながら、負の遺産は分割相続しようというなら、それはダブル・スタンダードだといわねばならない。逆に、弟や妹が正の遺産は分割すべきだといいながら、負の遺産は長男だけに押しつけようとするなら、それもまたダブル・スタンダードである。いうまでもなく、ロシアはソ連国家の長男に当たる。ソ連解体に際して、ロシアは核兵器、国連安全保障理事会常任理事国議席、在外資産の大半を単独相続した。他面、各共和国内に所在していた連邦管轄国有財産については、概して当該共和国が自己のものとして獲得した。

ソ連の構成共和国による
ソ連の債権・債務の分割比率

共和国	割前
ロシア	61.34
ウクライナ	16.37
ベラルーシ	4.13
ウズベキスタン	3.27
カザフスタン	3.86
グルジア	1.62
アゼルバイジャン	1.64
リトアニア	1.41
モルドヴァ	1.29
ラトヴィア	1.14
キルギスタン	0.95
タジキスタン	0.82
アルメニア	0.86
トルクメニスタン	0.70
エストニア	0.62

Действующее международное право. т. 1, М., 1996, с. 476–482.
Распад СССР. Документы и факты (1986–1992 гг.). т. I, М., 2009, с. 1018–1024.

全体としていうなら、ここでは二通りの相続方法が非系統的に混在していた。

それでは、スターリン主義の犯罪の重荷という「負の遺産」をどのように分割するのが正当だろうか。明快な回答はあり得ないが、一つのヒントとなるかもしれない材料として、あまり知られていない一つの資料を紹介したい。それは、ソ連解体の最終局面（一九九一年一二月四日）にソ連政府および一連の共和国政府によって調印されたある条約である。国家の最後が迫っているという情勢の中で、この条約は、消滅しつつある国家の債権・債務をソ連の法的継承者としての構成共和国の間で別表の比率で分割することを規定した。

この条約を紹介するのは、それが歴史に関する負の遺産の分割比を決める基準だからというわけではない。条約は物的な債権・債務だけに関わり、過去の犯罪に関する道徳的もしくは法的責任には触れていない。また、そもそもこの条約が有効性を持ったかも疑問である[22]。それはともかくとして、この比率はある種の参考になるかもしれない。ロシア共和国の人口はソ連全体の五割をわずかに超える程度だったから、ロシアに割り当てられている六一・三四％という数字は人口比よりも大きい。これはソ連におけるロシアの優越的な地位を反映したものと考えられる[23]。だとしたら、ロシアは歴史に関する負の遺産についても応分の負担——たとえば六割とか七割とか——を負わねばならないということになる。実際には、印象論だが、ロシアは自分たちの責任はせいぜいのところ人口比に応じて五割程度だと考えているように見える。これに対し、ロシア以外の諸国は、ロシアが全責任つまり一〇〇％を負うべきだと考えているように見える。これはどちらも十分フェアとは言えないのではなかろうか。

関連する個別問題として、バルト諸国のソ連への編入は「占領」だったかという問題がある。関連しているというのは、一九四〇年の編入だけでなく、その後の半世紀全体を「占領」と見なすなら、バルト諸国はソ連時代の諸悪に関して純然たる「被害者」として、ソ連の継承者——理論的には他共和国を含みうるが、実際問題としては最大のロシア——にその責任を問いうるということになるからである。現代のバルト諸国では一九四〇—九一年のソヴェト期全体を「占領」と規定する考えが主流となっている。(24) 他方、バルト諸国でも高く評価されているロシアの歴史家エレーナ・ズプコヴァは、多くの点でバルト諸国で優勢な考えに同調しながらも、「占領」概念が当てはまるのは一九四〇年六月から八月までであって、その後については妥当しないとしている。(25) また、国際的に高く評価されているエストニア人国際法学者レイン・ミュラーソン（独立回復直後の一時期、エストニア外務次官を務めた）は、一九九一年末—九二年初頭に、エストニアのソ連加入が強引なものだったこと自体は疑う余地がないとはいえ、法的観点からは占領とはいえないと結論して外相と衝突し、その職を去ったという。(26) こうした論争は、基本的にソ連のバルト諸国併合を不法とし、独立に賛成する論者たちの間でも歴史認識に完全な一致があるわけではなく、諸種の論点をめぐって議論が続いていることを物語っている。

三　いくつかの理論的問題

「二つの全体主義」論

一連の歴史論争の中で特に大きな位置を占めているのがナチズムおよびスターリニズムの評価であることはいうまでもない。これらをめぐっては、伝統的に「全体主義」という概念が論争の焦点をなしてきたが、最近ではそれが一種のリヴァイヴァル現象を呈しており、そのなかで「二つの全体主義」という新しい用語法が広まりつつある。

最近の情勢について考える前に、「全体主義」概念をめぐる論争史を簡単に振り返っておきたい。この概念をめぐっては長い論争の歴史があるが、極く大まかにいうなら、哲学者、政治学者、文学者たちが「全体主義」概念の重要性を強調する傾向がある(代表例はハンナ・アーレント)のに対し、ナチズム、スターリニズム、イタリア・ファシズムその他の権威主義体制について実証史学の見地から研究する歴史家たちは、この概念はあまりにも壮大でおおざっぱに過ぎるのではないかという疑問を呈してきた。[27] だからといって、これらの政治体制を比較するのが無意味だというのではない。比較は常に有効な手法である。しかし、「比較する」ということと、それらを「同一視する」ということは、全く別の話である。比較研究においては、対象の間の共通性と相違点の双方を念頭に入れなくてはならない。ナチズムとスターリニズムは確かにいくつかの顕著な共通点を持っていたが、だからといって両者が同じだということになるわけではない。最近のナチズム・スターリニズム比較研究論集の代表的著作が *Beyond Totalitarianism* と題されているのは特徴的である。[28]

ともかく、全体主義概念は膨大な論争を伴いつつ、長きにわたって議論されてきた。ところが、近年、新しい変化が生じてきたように見える。一時期流行から去りつつあったこの概念が急激に復興したばかりか、「二つの全体主義」という新しい表現で、より強い意味内容を持たせられるようになってきているからである。「二つの全体主義」という表現は、全体主義と呼ばれうる体制は二つしかなく、その二つだけが比較を絶した「諸悪中の悪」だというニュアンスがある。それだけでなく、二つのうちの一方たるナチズムは一二年しか持続せず、とうの昔に消滅したのに対し、共産主義の方は最近まで生きており、ずっと長く続いたので、これこそが「悪ナンバーワン」だということにもなる。

この「二つの全体主義」論は、バルト諸国やポーランドなどで特に広まっている。それどころか、これら諸国はその見解を西欧諸国に教え込もうとしているようにみえる。それにはそれなりの理由があり、特にバルト諸国がこうむってきた苦難の歴史を思うとき、無下には退けられない重みがある。そのことを認めた上で、しかし、やはりこの概念は多くの点で論争的であり、簡単に「真実」として受け止めるには留保をつけねばならない。この文脈で思い起こされるのは、一九八〇年代の西ドイツにおける「歴史家論争」である。そこにおいては、ノルテがナチズムとスターリニズムの比較可能性という論点を問題提起したのに対し、ハーバーマスやウェーラーらがこれに反対していた。当時、西ドイツでも日本でも、いわゆる「進歩的」ないしリベラルな知識人の多数派は、保守的なノルテに反対して、ハーバーマスやウェーラーの方に共感していた。しかし、それから約三〇年を隔てたいま、直接にこの論争を振り返るかどうかは別として、事実上、ノルテ的な立場の方が優勢になっているのが現実であるように思われる。[29] そして、そうなった背景として、ハーバーマスらの議論にはある弱点があったということを認めなくてはならない。様々な対象を一定のパースペクティヴのもとで比較するというのは、歴史学や社会科学にとって必須の方法であり、これこれの対象は比較してはならないなどと主張するのは歴史家のとるべき態度ではない。「比較可能性」という論点についていう限り、ハーバーマスの議論には弱点があり、全体主義論――それはノルテ的な見地に親和的である――が復活するのは無理からぬところがある。もっとも、だからといって、ノルテがあらゆる意味で正しかったとか、ナチズムとスターリニズムを同一視する全体主義論や、近年有力な「二つの全体主義」論が正しいという結論が出るわけではない。これは非常にデリケートな問題であり、安易な結論を出すことはできない。ただ、ここで試練に立たされているのは共産主義者ないしその同調者だけではなく、より広い範囲の「進歩派」ないしリベラルでもあるということを確認しておきたい。

この問題を複雑化しているのは、認識の問題と価値評価の問題が往々にして重ね合わせられていることである。少なからぬ論争当事者が、スターリニズムとナチズムのどちらがより悪かったか／「ましだった」かを問題にし、一方を重視する論者は他方を重視する論者を「弁護論者」だと非難している。[30] 現在のバルト諸国やポーランドで優勢な議論によれば、西欧諸国はナチズムの犯罪に目を奪われるあまり、スターリニズムを免罪してきた――これは事実に合致しないが――と主張される。ここには、次元を異にする事柄の混同がある。比喩的にいうなら、虎とライオンはどちらも怖い猛獣だという点で異論はないだろうが、どちらの方がより怖いか／あまり怖くないかと問うことに意味はない。どちらかに肉親を食い殺された記憶をもつ遺族は、その悲惨さを唯一無比と感じるかもしれず、それは当事者の感覚として自然だが、当事者でない研究者にとって、それらを比較してはならないとか、一方の怖さを強調するなら他方の怖さを無視することになるなどということはない。動物学の観点からは、虎もライオンもともに怖いという点に加えて、哺乳類のネコ科としての共通性があるが、だからといって両者が同じということになるわけではない。同様に、ナチズムとスターリニズムはともに非人間的かつ犯罪的な現代史上の特異な現象だという共通性をもつが、その具体的なあり方は異なっていた。である以上、その差異を明らかにすることは歴史学の重要な任務の一つであり、両者の区別を考えることがどちらかの免罪論になるなどということはないはずである。(31)

責任論

様々な歴史論争においてしばしば中心的な位置を占めている論点として、過去の犯罪的行為への責任という問題があり、これをめぐる論争は長い歴史を持っている。そこでは、「責任の諸類型」という問題がしばしば注目されてきた。有名な例としては、哲学者ヤスパースの刑事的責任、政治的責任、道徳的責任、形而上的責任という四分類がある。(32)この分類を絶対視する必要はなく、あれこれの修正を提起することも可能であり、筆者自身、かつて一定の修正を試みたことがある。(33)それはともかくとして、責任を一種類ではなく複数の類型に分けて考えることはやはり重要な意味を持つ。では、異なる類型の責任の間には、どういう差異があるだろうか？(34)

まず、法的責任とりわけ刑事責任は、乱用を避ける意味で限定的に考えるべきものだという一般論がある。法的責任が国家権力によって強制的に科されるものである以上、それをなるべく抑制気味に運用すべきだというのは当然のことである。だが、そのことは他の種類の責任を狭く考えることを意味しない。往々にして、ある人たちは法的責任を拡大解釈気味に適用しようとする一方、それに反撥する人たちは責任の所在そのものをごく狭く限定しようとする傾向があるように思われるが、どちらも一面的である。むしろ、法的以外の責任について幅広く、そして深く考える必要があるのではないだろうか。

現実世界では、ある人たちが他者の刑事責任を薄弱な法的根拠で追及する一方、追及された側は刑事責任の欠如をひたすら強調することで一切の責任から免れようとするという傾向がしばしば見られる。だが、この種の複雑な事象に関して法的語彙というものは狭きにすぎるのであり、それだけでもって責任の問題を考えるのは不十分だというべきではないだろうか。関連して、本来一定の法的な定義を持っていた「ジェノサイド」とか「人道に対する罪」といった言葉を拡張解釈する傾向が近年広まっているが、そのことに対しても一定の疑念がある。あまりにも拡大された概念というものは、そのことによって意味を薄められ（言葉のインフレ現象）、一種の政治的レッテル貼りと化す恐れがあるからである。このように述べることは、それらの概念の拡大解釈に組み込まれている種々の現象を軽く見たり、それらの事件への責任を追及しなくてもよいということを意味するわけでは決してない。残虐な出来事はどのような形をとっても悲惨であることに変わりなく、責任問題は深く考察すべきである。ただ、それらを十把一絡げにして一つのカテゴリーに押し込めるのではなく、個別事例ごとにどのように概念化し、どのような種類の責任を追及すべきかを考察すべきだということである。(35)

責任の類型と関連するもう一つの論点として、次の点を指摘しておきたい。すなわち、法的および政治的責任は、たとえ本人が自ら「責任あり」と認めなくても、他者が追及するというのはごくありふれたことであり、そうした追及が法廷なり世論なりによって認められた場合には、責任は否応なしに負わされることになる。これに対し、道徳的、ましてや形而上的責任の場合、本人が心から認めるのでなくては本当に責任を負うことにならない。もっとも、形而上的責任はともかく、道徳的責任については、本人がなかなか認めようとしない状況に他者が苛立ち、責任追及を続けるのもよくあることである。だが、それは常に期待通りの効果を上げるとは限らない。本心から納得していない人が他者からの圧力で「反省しています」「謝罪します」という態度を外面的にとることもよくあるが、そのような見せかけだけの態度表明は相互理解や和解に貢献しない。たとえば、日本政府は朝鮮半島への植民地支配および関連する非道な行為について何度か遺憾の念を表明してきたが、その言葉があまり信頼されるものとなっていないのは、少なからぬ保守政治家たちがインフォーマルな発言で「あんな謝罪はする必要がなかった。外国からの圧力で不当にさせられたのだ」という「本音」を洩らしてきたからである。一部の政治家たちが繰り返し発してきたこの種の「本音」発言こそは、日韓関係改善の最大の障害となっている。日本の若い世代には、「自分たちが生まれるよりも前のことについて、しかも既に何度も謝罪してきたのに、どうしていつまでも謝罪を要求されるのか」という不満が広がっているが、そのことの最大の責任は、「本音」発言によって表向きの謝罪を台無しにしてきた保守政治家たちにあるというべきだろう。

私自身は一人の日本国民として、もちろん日本は過去に朝鮮や中国でおかした非行を真摯に認め、かつ反省すべきであり、韓国や中国からの日本批判は基本的に正当なものだと考えている。そのことを断った上で、彼らの批判の一部には、時として不正確さや行き過ぎが含まれることがあるということも指摘しないわけにはいかない。そうした行き過ぎは日本の側の感情的リアクションを呼び起こし、右翼ナショナリズムを強めてしまうという残念な結果となりやすい。過去の非行の責任という問題は重要であり、それを忘れまいとすることも重要だが、それと同時に、「どのような形で問題を提起するのか」という点も見過ごすことはできない。不適切な形での責任問題提起は相互関係の更なる悪化を招きやすいからである。今日の日韓関係はその最悪の例といえるだろう。

この問題は、ロシアとバルト諸国およびポーランドの関係を考える上でも示唆的である。スターリニズムの犯罪への責任という問題はもちろん忘れられるべきではないが、それが「ロシアの責任」として追及されるとき、そこには若干の不正確さ、過度の単純化、行き過ぎなどが含まれることがある。バルト諸国やポーランド——および大なり小なり彼らに共感するヨーロッパの論者——のロシア批判には、常にではないまでも時として、以下のような単純化あるいは誇張が紛れ込むことがある。簡略にまとめるなら、①共産主義とロシアの同一視、②ソ連時代全体をスターリン時代でもって代表させる傾向、③スターリン後のソ連における漸次的・部分的な状況改善は、バルト地域において他の地域よりも先行し、より高い程度になる傾向があったが、そのことの等閑視、④「自分たちは文明的なヨーロッパ人、奴ら（ロシア人）は野蛮なアジア人」というヨーロッパ中心主義的・オリエンタリズム的な感覚など。もちろん、こうした感覚がバルト諸国やポーランドのすべての人に共有されているということではないが、ある程度まで存在することは否定しがたい。そしてそれはロシア側の感情的反撥を招き、かえってロシアにおける右翼ナショナリズムを強める結果となっているのではないだろうか。

結びに代えて

本稿はあまりにも深刻かつ複雑な問題に取り組んでしまったため、明快な結論を出すことはできない[36]。一つだけ言えそうなのは、過去の悲劇的出来事に関する記憶は強烈な感情的リアクションを伴うため、しばしば政治論争の性格を帯びやすいことである。そのこと自体はある意味で不可避なことだが、それが特定の思惑によって動員されるとき、往々にしてナショナリスティックな対抗構図に巻き込まれがちであることには注意を要する。あるネイションがまるごと「加害者」だったり「被害者」だったりすることは本来ないはずだが、あたかもそうであるかの如き構図が描かれ、対抗図式が硬直したものになるという事情は、東アジアでも、ヨーロッパ——とりわけロシアとその諸隣国の間——でも共通している。現に悲劇的な過去があった以上、それを忘れ去るべきではないし、できる限り正確に近い像——もちろん完全な「客観的真実」などというものはありえないが、少しでもそれに近づこうと試みるという趣旨である——を復元し、記録していくことは歴史家の重要な課題である。そのような歴史家の作業自体が現実政治の磁場に引きずり込まれる度合いが高まっている今日、どのようにすれば歴史家の任務を果たすことができるのか――これは、この種の問題に関心を寄せるすべての人に共通の難問ではないだろうか。

1 膨大な関連文献があるが、とりあえずドイツについて石田勇治『過去の克服――ヒトラー後のドイツ』白水社、二〇〇二年、日本について大沼保昭『東京裁判から戦後責任の思想へ』増補版、東信堂、一九八七年を挙げておく。

2 R. W. Davies, *Soviet History in the Gorbachev Revolution*, Macmillan, 1989（富田武ほか訳『ペレストロイカと歴史像の転換』岩波書店、一九九〇年）; Ito Takayuki ed., *Facing Up to the Past: Soviet Historiography under Perestroika*, Slavic Research Center, Hokkaido University, 1989; 塩川伸明『終焉の中のソ連史』朝日新聞社、一九九三年など参照。なお、ここでの「見直し」という表現は、歴史修正主義的な意味ではなく、長らくタブーとされていたソヴェト史の暗部の再発掘を意味する。

3 J・ハーバーマス、E・ノルテほか著、徳永恂ほか訳『過ぎ去ろうとしない過去――ナチズムとドイツ歴史家論争』人文書院、一九九五年、ヴォルフガング・ヴィッパーマン著、増谷英樹ほか訳『ドイツ戦争責任論争――ドイツ「再」統一とナチズムの「過去」』未來社、一九九九年など参照。

4 ジョン・C・トーピー著、藤川隆男ほか訳『歴史的賠償と「記憶」の解剖――ホロコースト・日系人強制収容・奴隷制・アパルトヘイト』法政大学出版局、二〇一三年。

5 この問題については、本書収録のボグミウ論文の他、Jeffrey Burds, "AGENTURA: Soviet Informants' Networks & the Ukrainian Underground in Galicia, 1944-48", *East European Politics and Societies*, vol. 11, no. 1, Winter 1997; Anna Wylegała, "Managing the Difficult Past: Ukrainian Collective Memory and Public Debates on History", *Nationalities Papers*, vol. 45, no. 5, 2017; 吉岡潤「ポーランド共産政権支配確立過程におけるウクライナ人問題」『スラヴ研究』第四八号（二〇〇一年）などを参照。

6 塩川伸明『《二〇世紀史》を考える』勁草書房、二〇〇四年。なお、塩川『民族とネイション――ナショナリズムという難問』岩波新書、二〇〇八年、一六八―一八〇頁では、その少し後の時期まで見据えた再考を試みた。

7 橋本伸也『記憶の政治――ヨーロッパの歴史認識紛争』岩波書店、二〇一六年、とりわけその第3章を参照。

8 この事件およびその背景について、Eva-Clarita Onken, "The Baltic States and Moscow's 9 May Commemoration: Analysing

Memory Politics in Europe", *Europe-Asia Studies*, vol. 59, no. 1, 2007 ; 小森宏美『エストニアの政治と歴史認識』三元社、二〇〇九年、同「国と国際が溶解する空間としてのバルト地域」、塩川伸明・小松久男・沼野充義編『ユーラシア世界5 国家と国際関係』東京大学出版会、二〇一二年、橋本伸也『記憶の政治』、とりわけそのプロローグなどを参照。

9 朴裕河、佐藤久訳『和解のために——教科書・慰安婦・靖国・独島』平凡社、二〇〇六年、二三二頁。

10 朴裕河『帝国の慰安婦——植民地支配と記憶の闘い』(著者自身による日本語版)朝日新聞出版、二〇一四年。また、浅野豊美・小倉紀蔵・西成彦編『対話のために——「帝国の慰安婦」という問いをひらく』クレイン、二〇一七年も参照。

11 ポーランドとロシアの歴史対話の試みおよびそこにおける困難性については、観点を異にする多くの文献がある。本書収録の橋本論文、ボグミウ論文の他、И. С. Яжборовская, А. Ю. Яблоков, В. С. Парсаданова. Катынский синдром в советско-польских и российско-польских отношениях. М., 2001 ; И. С. Яжборовская. Катынское дело : на пути к правде // Вопросы истории, 2011, № 5など。筆者の覚書「ワイダとカティン」(http://www7b.biglobe.ne.jp/~shiokawa/2013-/KatynWajda.pdf)も参照。また、ポーランドとウクライナの間の歴史論争については前注5を参照。

12 Eva-Clarita Pettai, "Negotiating History for Reconciliation : A Comparative Evaluation of the Baltic Presidential Commissions", *Europe-Asia Studies*, vol. 67, no. 7, 2015.

13 三谷博『明治維新を考える』有志舎、二〇〇六年、一一五—一一九頁。また塩川伸明『民族浄化・人道的介入・新しい冷戦——冷戦後の国際政治』有志舎、二〇一一年、一四二—一四五頁も参照。

14 イム・ジヒョン「「世襲的犠牲者」意識と脱植民地主義の歴史学」、三谷博・金泰昌編『東アジア歴史対話——国境と世代を越えて』東京大学出版会、二〇〇七年、同「犠牲者意識の民族主義」『立命館言語文化研究』第二〇巻第三号、二〇〇九年、Lim, Jie-Hyun, "Victimhood Nationalism in Contested Memories : National Mourning and Global Accountability", in Aleida Assmann and Sebastian Conrad eds., *Memory in a Global Age : Discourses, Practices and Trajectories*, Palgrave Macmillan, 2010. 本書収録のイム論文も参照。

15 ラトヴィアをまさしく犠牲者たるネイションとして構築しようとする議論の例として、Katja Wezel, "The Unfinished Business of Perestroika : Latvia's Memory Politics and Its Quest for Acknowledgement of Victimhood in Europe", *Nationalities Papers*, vol. 44, no. 4, 2016. これに対して、現代のバルト諸国における集団的犠牲者意識のナラティヴ——それは加害者としてのロシアのイメージとセットになっている——が記憶の聖化と過剰な政治化をもたらす危険性を指摘して、より多面的な考察の必要性を説く議論の例として、Eva-Clarita Pettai, "Memory and Democratic Pluralism in the Baltic States : Rethinking the Relationship", in Eva-Clarita Pettai ed., *Memory and Pluralism in the Baltic States*, Routledge, 2011 ; Siobhan Kattago, "Memory, Pluralism and the Agony of Politics," in Pettai ed., *Ibid.*

16 Jan T. Gross, *Neighbors: The Destruction of the Jewish Community in Jedwabne, Poland*, Princeton University Press, 2001; id., *FEAR: Anti-Semitism in Poland After Auschwitz*, Random House, 2006（染谷徹訳『アウシュヴィッツ後の反ユダヤ主義——ポーランドにおける虐殺事件を糾明する』白水社、二〇〇八年）。解良澄雄「ホロコーストと「普通の」ポーランド人——一九四一年七月イェドヴァブネ・ユダヤ人虐殺事件をめぐる現代ポーランドの論争」『現代史研究』第五七号、二〇一一年、また本書収録のイム論文も参照。二〇一五年二月に第八七回米アカデミー賞外国語映画賞を受賞した『イーダ』という作品も、抑制されたタッチながらこの深刻な問題に触れている（監督は国外に居住するポーランド人）。

17 スターリン時代ソ連のユダヤ人問題については、長尾広視「スターリン時代のユダヤ人問題」、塩川伸明・小松久男・沼野充義編『ユーラシア世界2　ディアスポラ』東京大学出版会、二〇一二年を参照。

18 Terry Martin, *The Affirmative Action Empire: Nations and Nationalism in the Soviet Union, 1923–1939*, Cornell University Press, 2001（荒井幸康ほか訳、半谷史郎監修『アファーマティヴ・アクションの帝国——ソ連の民族とナショナリズム、一九二三年—一九三九年』明石書店、二〇一一年）、Francine Hirsch, *Empire of Nations: Ethnographic Knowledge and the Making of the Soviet Union*, Cornell University Press, 2005; 熊倉潤「民族自決の帝国——ソ連中央アジアの成立と展開」『国家学会雑誌』第一二五巻第一＝二号（二〇一二年）、塩川伸明『ナショナリズムの受け止め方』三元社、二〇一五年、第六、七章、長縄宣博「反帝国主義の帝国——イスラーム世界に連なるソヴィエト・ロシア」、松戸清裕ほか編『ロシア革命とソ連の世紀』第五巻、岩波書店、二〇一七年など参照。

19 塩川伸明『国家の構築と解体——多民族国家ソ連の興亡Ⅱ』岩波書店、二〇〇七年、一三八—一四一頁。党中央委員会をはじめとする上層部ではロシア人の過剰代表度はより大きかったが、それでも独占的というほどではなかった。

20 収容所群島の民族構成比について、塩川『終焉の中のソ連史』三七七—三八〇頁参照。

21 バルトの専門家の見解として、Ineta Ziemele, “Is the Distinction between State Continuity and State Succession Reality or Fiction? The Russian Federation, the Federal Republic of Yugoslavia and Germany”, *Baltic Yearbook of International Law*, vol. 1, 2001; Lauri Mälksoo, “State Responsibility and the Challenge of the Realist Paradigm: the Demand of Baltic Victims of Soviet Mass Repressions for Compensation from Russia”, *Baltic Yearbook of International Law*, vol. 3, 2003; Rein Müllerson, “The Continuity and Succession of States, by Reference to the Former USSR and Yugoslavia”, *International and Comparative Law Quarterly*, vol. 42, no. 3, 1993 など。ロシアの専門家の見解の例として、С. В. Черниченко. Континуитет, идентичность и правопреемственность государств //Российский ежегодник международного права. 1996–1997. Санкт-Петербург, 1998. 筆者の旧稿における簡単な問題提起として、塩川伸明「国家の統合・分裂とシティズンシップ」、塩川伸明・中谷和弘編『国際化と法』東京大学出版会、二〇〇七年、一一〇—一一一頁。

22 条約に調印したのは、八共和国(アルメニア、ベラルーシ、グルジア、カザフスタン、キルギスタン、ロシア、タジキスタン、ウクライナ)およびソ連代表であり、逆に言えば、アゼルバイジャン、トルクメニスタン、ウズベキスタン、モルドヴァ、バルト三国は調印しなかった(もっとも、それらの共和国にも一定の比率が割り当てられているが)。この条約は批准を要せず、調印と同時に発効とされているが、実際には調印直後から忘れ去られたように見える。

23 ついでにいうと、人口比よりも大きなシェアを割り当てられているのは、ロシアの他に、ベラルーシ、リトアニア、ラトヴィア、エストニアである。バルト三国は絶対規模は小さいが、相対比でいえばソ連の中で比較的豊かな部類に属したことがここには反映している。

24 橋本伸也『記憶の政治』、とりわけその第3章を参照。

25 Елена Зубкова. Прибалтика и Кремль. 1940–1953. М., 2008, с. 98–101. 小森宏美「体制転換と歴史認識――エストニアのソヴェト化をめぐる複数の語り」『地域研究』第一二巻第一号、二〇一二年、二四八頁も参照。

26 Р. Х. Симонян. Проблема негражданства в странах Балтии: истоки возникновения и перспективы решения //Государство и право, 2006, № 10, с. 54.

27 手際よい概念史整理として、エンツォ・トラヴェルソ著、柱本元彦訳『全体主義』平凡社新書、二〇一〇年参照。筆者は全体主義論について何度も論じてきたが、最近のものとしては、塩川伸明「スターリニズム・全体主義論・比較史――バベロフスキ氏の報告原稿に寄せて」『現代史研究』第五七号(二〇一一年)がある。上記トラヴェルソ著についても、書評的エッセイを筆者のホームページ上に載せてある(http://www7b.biglobe.ne.jp/~shiokawa/shortreview/traverso.pdf)。

28 Michael Geyer and Sheila Fitzpatrick eds., *Beyond Totalitarianism: Stalinism and Nazism Compared*, Cambridge University Press, 2009.

29 イェルク・バベロフスキ、佐藤公紀監訳「テロがつくりだす秩序――ナチズムとスターリニズムの比較」『現代史研究』第五七号、二〇一一年は「歴史家論争」に明示的に言及して、ウェーラーを批判している。もっとも、その積極的な主張は暗示的なものにとどまり、不分明なものを残している。これに対する筆者の論評は、塩川伸明「スターリニズム・全体主義論・比較史」一一六頁および一二二頁の注2。また、同『冷戦終焉二〇年――何が、どのようにして終わったのか』勁草書房、二〇一〇年、二一二頁、イアン・ブルマ著、石井信平訳『戦争の記憶――日本人とドイツ人』ちくま学芸文庫、二〇〇三年、三五一―三五二頁なども参照。

30 冷戦後の状況で改めてこの問題が浮上していることについて、ミヒャイル・ヤイスマン、辻英史訳「ホロコースト・テロル・追放――新しいヨーロッパ共通の記憶とは?」『ヨーロッパ研究』第六号、二〇〇七年、二三九―二四〇頁参照。

31 さしあたり、塩川「スターリニズム・全体主義論・比較史」一一七―一一九頁参照。

32カール・ヤスパース著、橋本文夫訳『戦争の罪を問う』平凡社ライブラリー、一九九八年(原著は一九四六年)。

33塩川『《二〇世紀史》を考える』五四―七三頁。

34責任論に関し、瀧川裕英『責任の意味と制度――負担から応答へ』勁草書房、二〇〇三年、同「個人自己責任の原則と集合的責任」、井上達夫・嶋津格・松浦好治編『法の臨界』第Ⅲ巻、東京大学出版会、一九九九年参照。

35とりあえずの問題提起として、塩川『民族浄化・人道的介入・新しい冷戦』第Ⅰ部参照。

36本稿で取り上げられなかったいくつかの論点について、橋本伸也『記憶の政治』への書評である程度触れてみた(『歴史学研究』二〇一七年九月号)。あわせて参照していただけるなら幸いである。


(付記) 脱稿後に刊行された *Nationalities Papers*, vol. 45, no. 6, 2017 は、The Memory of Communism: actors, norms, institutions という特集を組んでいる。また橋本伸也編『せめぎあう中東欧・ロシアの歴史認識問題――ナチズムと社会主義の過去をめぐる葛藤』ミネルヴァ書房、二〇一七年も出た。いずれもポスト共産主義諸国における「記憶と歴史の政治」という問題群への関心の高まりを反映していて興味深い。

福元健之（ふくもと けんし）【第5章翻訳】
1988年生．関西学院大学文学部研究特別任期制助教．専門：ポーランド近代史

早瀬晋三（はやせ しんぞう）【第7章】
1955年生．早稲田大学大学院アジア太平洋研究科教授．専門：東南アジア史．主要著作：『フィリピン近現代史のなかの日本人――植民地社会の形成と移民・商品』（東京大学出版会，2012年），『グローバル化する靖国問題――東南アジアからの問い』（岩波書店，2018年）ほか．

イム・ジヒョン（林志弦 /Lim, Jie-Hyun）【第8章】
1959年生．ソガン大学校（韓国）教授．専門：歴史学研究とナショナリズム論．主要著作：*The Palgrave Handbook of Mass Dictatorship* (Co-editor, Palgrave Macmillan, 2016), *Mass Dictatorship and Memory as Ever Present Past* (Co-editor, Palgrave Macmillan, 2014).

原 佑介（はら ゆうすけ）【第8章翻訳】
1980年生．立命館大学衣笠総合研究機構専門研究員．専門：比較文学．

メルテルスマン，オラフ（Mertelsmann, Olaf）【第9章】
1969年生．タルト大学（エストニア）准教授．専門：エストニア現代史，バルト現代史．主要著作：*Everyday Life in Stalinist Estonia* (Peter Lang, 2012), *Die Sowjetisierung Estlands und seiner Gesellschaft* (Verlag Dr. Kovac, 2012).

吉澤 賢（よしざわ まさる）【第9章翻訳】
1977年生．関西学院大学文学部文学研究科非常勤講師．専門：ドイツ文学．

山室信一（やまむろ しんいち）【第10章】
1951年生．京都大学名誉教授．専門：法政思想連鎖史．著書：『思想課題としてのアジア――基軸・連鎖・投企』（岩波書店，2001年），『アジアびとの風姿――環地方学の試み』（人文書院，2017年）ほか．

塩川伸明（しおかわ のぶあき）【終章】
1948年生．東京大学名誉教授．専門：ロシア・旧ソ連諸国現代史．著書：『多民族国家ソ連の興亡』（全3巻，岩波書店，2004-07年），『冷戦終焉20年――何が，どのようにして終わったのか』（勁草書房，2010年）ほか．

〈執筆者紹介〉

ヤーラオシュ，コンラート(Jarausch, Konrad Hugo)【序章】
1941年生．ノースカロライナ大学チャペルヒル校(アメリカ)ラーシー・ヨーロッパ文明論教授．専門：近現代ドイツ史，ヨーロッパ史．主要著作：*Out of Ashes: A New History of Europe in the Twentieth Century* (Princeton University Press, 2015), *Reluctant Accomplice: A Wehrmacht Soldier's Letters from the Eastern Front* (Princeton University Press, 2011).

コスチャショーフ，ユーリー(Костяшов, Юрий/Kostyashov, Yury)【第1章】
1955年生．イマニュエル・カント・バルト連邦大学(ロシア)教授．専門：カリーニングラード史、南スラヴ諸民族史．主要著作：Повседневность послевоенной деревни: из истории переселенческих колхозов Калининградской области, 1946-1953 гг [Everyday Life of the Post-war Village: from the History of the Resettlement Collective Farms of the Kaliningrad Region] (РОССПЭН. М., 2015), Секретная история Калининградской области: Очерки 1945-1956гг [Secret History of the Kaliningrad Region: Essays of 1945-1956] (Терра Балтика, Калининград, 2009).

立石洋子(たていし ようこ)【第1章翻訳】
1980年生．成蹊大学法学部助教．専門：ロシア・ソ連史．

イ・ソヨン(李昭永/Lee, Soyoung)【第2章】
1979年生．チェジュ国立大学(韓国)助教．専門：法社会史，法と記憶研究．主要著作："'Taking Laughter Seriously': The Politics of Memory in Regulating Jokes on Korea's Colonial/Dictatorial Past" (*Asia Europe Journal*, vol. 15, no. 3, 2017), "The Wholesome Society and Its Enemies: Biopolitics of Vagrant Crackdown in the 1960-80s" (*Korean Journal of Law and Society*, vol. 51, 2016)ほか．

平野千果子(ひらの ちかこ)【第3章】
1958年生．武蔵大学人文学部教授．専門：フランス植民地史．主要著作：『フランス植民地主義と歴史認識』(岩波書店，2014年)，『アフリカを活用する——フランス植民地からみた第一次世界大戦』(人文書院，2014年)．

藤川隆男(ふじかわ たかお)【第4章】
1959年生．大阪大学大学院文学研究科教授．専門：オーストラリア史．主要著作：『妖獣バニヤップの歴史——オーストラリア先住民と白人侵略者のあいだで』(刀水書房，2016年)，『人種差別の世界史——白人性とは何か？』(刀水書房，2011年)ほか．

ボグミウ，ズザンナ(Bogumił, Zuzanna)【第5章】
1978年生．マリア・グジェゴジェフスカ教育大学(ポーランド)助教．専門：文化人類学，メモリー・スタディーズ．主要著作：*Stare i nowe tendencje w obszarze pamięci społecznej* [Old and New Tendencies in the Social Memory] (Co-editor, Scholar, Warsaw 2018), *Gulag Memory: The Rediscovery and Commemoration of Russia's Repressive Past* (Berghahn Books, 2018 forthcoming).

橋本伸也【はじめに，第 6 章／序章，第 2 章翻訳】
1959 年生．関西学院大学文学部教授．専門：ロシア近現代史，バルト地域研究．主要著作：『記憶の政治――ヨーロッパの歴史認識紛争』(岩波書店，2016 年)，『帝国・身分・学校――帝制期ロシアにおける教育の社会文化史』(名古屋大学出版会，2010 年)．

紛争化させられる過去
――アジアとヨーロッパにおける歴史の政治化

2018 年 3 月 27 日　第 1 刷発行

編　者　橋本伸也《はしもとのぶや》

発行者　岡 本　厚

発行所　株式会社 岩波書店
〒101-8002 東京都千代田区一ツ橋 2-5-5
電話案内 03-5210-4000
http://www.iwanami.co.jp/

印刷・精興社　製本・牧製本

ISBN 978-4-00-061257-9　　Printed in Japan